世纪英才高等职业教育课改系列规划教材（经管类）

人力资源管理案例引导教程

贺秋硕　喻靖文　主　编
殷智红　副主编

人民邮电出版社
北　京

图书在版编目（CIP）数据

人力资源管理案例引导教程 / 贺秋硕，喻靖文主编
. -- 北京：人民邮电出版社，2010.2
（世纪英才高等职业教育课改系列规划教材．经管类
）
ISBN 978-7-115-20040-2

Ⅰ．①人… Ⅱ．①贺… ②喻… Ⅲ．①劳动力资源－
资源管理－案例－高等学校：技术学校－教材 Ⅳ.
①F241

中国版本图书馆CIP数据核字(2009)第194069号

内 容 提 要

本书主要内容包含人力资源管理的 8 个工作模块，包括"人力资源规划"、"工作分析"、"人力资源招聘与录用管理"、"员工培训与发展"、"绩效管理"、"薪酬管理"、"员工激励"和"劳动法律关系管理"。与以往的人力资源管理教材编写方法不同，本书的编写打破一贯到底的单一叙述方式，从高职学生的特点出发，结合高职教育工学结合的要求，采用课题模式，以"案例引导、引导知识介绍及实践"的思路进行讲解。书中的每一个课题又包含若干个小课题，课题之间互相关联，基于工作过程逐渐深入，可以为高职学生的学习提供便利。另外，本书提供了大量来自各种社会企业组织实际管理的第一手资料，具有真实性。

本书可作为管理类专业的公共教材，也可作为企业管理人员管理技能的培训手册。

世纪英才高等职业教育课改系列规划教材（经管类）
人力资源管理案例引导教程

◆ 主　　编　贺秋硕　喻靖文
　　副 主 编　殷智红
　　责任编辑　丁金炎
　　执行编辑　洪　婕

◆ 人民邮电出版社出版发行　　北京市崇文区夕照寺街 14 号
　　邮编　100061　电子函件　315@ptpress.com.cn
　　网址　http://www.ptpress.com.cn
　　北京鑫正大印刷有限公司印刷

◆ 开本：787×1092　1/16
　　印张：15
　　字数：343 千字　　　　　　　　2010 年 2 月第 1 版
　　印数：1 – 4 000 册　　　　　　2010 年 2 月北京第 1 次印刷

ISBN 978-7-115-20040-2

定价：28.00 元

读者服务热线：**(010)67129264**　印装质量热线：**(010)67129223**
反盗版热线：**(010)67171154**

丛书前言

随着我国社会经济的发展，近几年，我国高等职业教育规模快速增长，到 2008 年年底，全国独立设置的普通高职高专院校已经达到 1000 多所。应当说，基本适应社会主义现代化建设需要的高等职业教育体系已经初步形成。

高等职业教育依托经济发展，为经济发展提供适应需要的人力资源；同时，高等职业教育要适应经济和社会发展的需要，就必须提高自身创新能力，不断深化课程和教学改革，依靠传统的课程已经不能满足现代职业教育对职业能力培养的要求。围绕高等职业教育专业课程体系建设及课程开发，做好人才培养模式、课程改革、专业师资队伍、实践教学条件等方面的建设，已经成为高职院校教学改革的首要任务，同时也成为我国高等职业教育发展的当务之急。

随着高等职业教育改革形势的纵深发展，我国高等职业教育在课程体系建设指导思想上逐渐汇流，"基于工作过程"的课程与课程开发的理念逐渐为广大高职院校师生所接受。

"基于工作过程"的课程开发设计导向遵循现代职业教育指导思想，赋予了职业能力更加丰富的内涵，它不仅打破了传统学科过于系统化的理论束缚，而且提升了职业教育课程设计水平。这与高等职业教育的办学方向比较吻合，因此，得到了教育部有关部门的大力倡导。为了响应教育部的号召，我们于 2008 年组织了"基于工作过程"课改系列规划教材课程改革和教材建设研讨会，认真分析了当前我国高等职业教育课改现状，充分讨论了高等职业教育课改形势以及课程改革思路，并初步构建了面向 21 世纪的"世纪英才高等职业教育课改系列规划教材"体系。

我国高等职业教育是以培养高级应用型人才为目标，承担着为我国社会主义新型工业化社会建设输送人才的重任，大力发展高等职业教育是我国经济社会发展的客观需要。自国家大力倡导高职高专院校积极研究探索课程改革思路以来，我国的高等职业教育就步入了一个追求内涵发展的新阶段。"世纪英才高等职业教育课改系列规划教材"按照"基于工作过程"的课改思路，将科学发展观贯彻在高等职业教育的教材出版领域里，希望能为促进我国高等职业教育的发展贡献一份力量。

"世纪英才高等职业教育课改系列规划教材"汇聚了国内众多职业教育专家、高职高专院校一线教师的智慧和心血，以工作过程的发展展开教学过程，有区别地运用"结构模块化、技能系统化、内容弹性化、版面图表化"的呈现手段，内容结构层次从简从便，教材容量深度适当、厚度适合，并配以必要的辅助教学手段。相信本系列教材一定能成为广大高职高专院校师生的良师益友。

"世纪英才高等职业教育课改系列规划教材"建设是对高等职业教育课程改革的一次建设性的探索，期望得到广大读者的首肯和大力支持。如果您在阅读本系列教材的过程中有什么意见和建议，请发邮件至 wuhan@ptpress.com.cn 与我们进行交流，或进入本系列教材服务网站 www.ycbook.com.cn 留言。

世纪英才高等职业教育课改系列规划教材编委会

　　管理的核心问题是对人的管理。在管理学的学科群中，对如何管理人的研究历来处于基础地位；各种管理学流派的分类，大都与对这一问题的不同理解和处理方式有关。管理学界一个基本的共识是，人力资源管理将会成为 21 世纪企业管理的核心所在，人力资源已经成为企业乃至整个国家的第一资源，对于中国来说，人力资源具有非同寻常的价值和作用。

　　作为高等学校中从事人力资源管理教学、研究以及管理咨询的学者来说，一个责无旁贷的任务是，积极学习和借鉴国外人力资源管理的新理念、新知识、新技术，同时用科学的研究精神来探索如何将这些最新的知识和技术与中国本土的实际情况相结合，从而帮助中国企业通过提高人力资源管理水平来谋求竞争优势。近年来，很多高校纷纷开设了对各个层次人力资源的管理课程。目前市场上各层次的人力资源管理理论教材相对较为丰富，而对于专科层次的教学来说，实训教材则显得尤为珍贵，特别是在职业教育进行工学结合大改革的今天，对课程的实用性和实训性都提出了更高的要求，在这方面，教材建设就显得落后了。

　　随着高等职业教育改革形势的纵深发展，"基于工作过程"的课程与课程开发理念逐渐为广大高职院校师生所接受，这也从侧面印证了该理念与高等职业教育方针相吻合。本书根据教育部制定的教学大纲来构筑知识结构，以"基于工作过程"这一先进课改理念来设计教学内容，同时以实际职业岗位需要的工作任务为指导进行教学内容的选择，体现以学生学习为主，教师教学为辅的"学、教、做"一体化的教学模式，体现了"就业为导向"的职业院校办学宗旨。

　　本书的主要内容是介绍人力资源管理的 8 大工作模块，即"人力资源规划"、"工作分析"、"人力资源招聘与录用管理"、"员工培训与发展"、"绩效管理"、"薪酬管理"、"员工激励"和"劳动法律关系管理"。与以往的人力资源管理教材编写方法不同，本书完全从高职学生的特点出发，结合高职教育工学结合的要求，每一章以"案例引导、引导知识介绍以及实践"的思路进行编写，希望可以为高职学生的学习提供便利。

　　总体来说，本书具有以下几个特点。

　　第一，本书按照高职学生培养要求，在工学结合改革的背景下，遵循"实用为主、理论够用"的原则，在内容的讲述中侧重"是什么，如何做"，而弱化"为什么"的问题；

　　第二，面向高职教育，突出实践性。书中注重理论联系实际，在介绍人力资源管理各个模块的操作实务的过程中，辅之图形和表格，便于学生掌握。引导案例的阅读使学生一开始就认识到所要学习知识的重要性，接着便介绍该模块所需要了解和掌握的基本知识，并辅之以实际操作案例进行讲解，便于学生掌握实际的操作方法，缩短学生进入社会的时间，赢得比较优势，实践页的安排有利于学生对该模块技能的熟悉；

　　第三，适用范围广。本书可以成为管理类专业的公共教材，对于提高毕业生的职业适应能力和熟悉企业组织的实际情况有很大帮助，另外，本书提供了大量来自各种社会企业组织实际管理的第一手资料，具有真实性，除教学用途外，也可以成为企业管理人员管理技能的培训手册。

为了增强本教材的趣味性和教学活动开展的生动性，本教材中引用了一些精彩的案例，编者在这里对这些案例作者的辛勤劳动表达诚挚的谢意，编者也曾试图努力联系这些案例的作者，由于各种原因未能全部联系上，在此深表歉意，并欢迎相关案例作者主动与编者联系，编者将深表感谢！编者的联系邮箱为 heqs@sziit.com.cn

本书由深圳信息职业技术学院贺秋硕以及湖北职业技术学院喻靖文任主编，贺秋硕负责课题一、课题二和课题四的编写，喻靖文负责课题九的编写。北京联合大学殷智红任副主编，负责课题五和课题八的编写，参与各课题编写的还有：湖北职业技术学院涂琼霞负责课题三的编写，湖州职业技术学院翁士增负责课题六和课题七的编写，全书由贺秋硕总纂。

在本书编写、出版过程中，得到深圳信息职业技术学院信息经济系的大力支持，在此表示衷心感谢。

由于编者水平有限，书中难免存在错误和不足之处，衷心希望广大读者批评指正。

编　者

目录

Contents

Contents

课题一　人力资源管理概述

知识目标	技能目标	建议学时
➤ 了解人力资源的概念、功能等 ➤ 掌握人力资源管理的基本内容及其职能 ➤ 掌握人力资源的基本原理	➤ 掌握人力资源管理的内容 ➤ 能运用人力资源管理的基本职能 ➤ 能运用人力资源管理的基本原理	4 学时

第一部分　案例与分析

 案例1：三国演义中的人力资源管理

日本企业管理界对中国的《三国演义》研究颇深。《三国演义》中贯穿着人力资源管理的脉络，从人力资源管理的角度来讲，《三国演义》的历史演变是企业和人力资源管理方面发人深省的反面教材。

由于曹操、孙权、刘备尤其是诸葛亮人力资源管理能力的不同，间接导致了曹操能够统一北方但始终无法统一全国；孙权稳据东南；刘备缔结下的基业在诸葛亮手中化为泡影。我们都知道，诸葛亮在军事方面的才能是平常人难以望其项背的，但他在人力资源管理上的手段与策略都接连出现了重大的失误，从处理和孙吴、曹魏的关系，到过度放任关羽并安排与孙吴不共戴天的关羽镇守荆州，一切的一切都为后来埋下了失败的火种。

而相反的，东吴孙权却理智地在不同的阶段重用不同的人才，从重用周瑜开拓疆土，到任用鲁肃整顿内务，再到使用吕蒙稳定局面，孙权在人才的任用方面是清醒的，有条理的。公元 221 年，刘备称帝后，立即起兵攻打东吴，名曰为关羽报仇，实为争夺荆州。孙权果断任命 39 岁的陆逊为大都督，迎战刘备。陆逊在彝陵火攻大破刘备。刘备病逝后，诸葛亮为了北伐，派邓芝过江与东吴讲和。孙权就与蜀汉和睦，共伐曹魏。公元 224 年曹丕大军攻打东吴，孙权便任命大将徐盛火攻并大破曹丕。孙权知人善用，在人力资源管理方面有着合理而有效的措施，充分发挥人才优势，恰当使用人力资源，不盲从、不个人主义。

而反观诸葛亮，虽是谋事能臣，用人方面却不够清醒、果决。刘备去世后，实际掌握蜀汉大权的诸葛亮的每一决策几乎都与人力资源管理理念背道而驰。其用人策略与其战略理念相违背，空使英雄泪满襟。

我们试想，如果诸葛亮投奔曹操且得到重用，孙权是不是还能够独霸南方地区长达半个世纪之久？或者以诸葛亮之才，又懂得运用人力资源管理策略，也许历史将会被重写。

（资料来源：谌新民，新人力资源管理，中央编译出版社，2003 年）

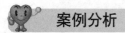 **案例分析**

现代企业在快速发展与成长中，往往会大量招收新人进入公司的经营与管理中，可很多时候，企业往往会出现"有人无法用、有事无人用"的尴尬局面，这种现象事实就是在企业管理与人力资源配置工作中，未能有效系统地区分人才特性与岗位能级对应而造成的结果。只有把各种岗位的不同需要和各种人才的不同能量结合起来考虑，使相应才能的人处于相应能级的岗位上，方能做到人尽其才，人尽其用。

案例 2：猎狗的故事

一条猎狗将兔子赶出了窝，一直追赶它，追了很久都没有捉到。牧羊人看到了，对大猎狗冷笑说："你怎么还不如小猎狗跑得快。"猎狗回答说："你不知道，我跑只是为了一顿饭，它跑可是为了性命呀"。

1. 猎物的目标

猎人听完之后就想，猎狗说得对啊，我得想个好法子来得到更多猎物才行。于是，猎人又买来几条猎狗，规定：能捉到兔子的就有骨头吃，没捉到的就没饭吃。这个方法很管用，猎狗们捕到了不少兔子，因为都不想挨饿。

可是过了一段时间，新的问题出现了。由于不管兔子大小所得到的奖赏是一样的，所以猎狗们都弃大追小，因为大兔子难捉，小兔子好捉。当然猎人也看到了这个问题。

2. 猎物的动力

猎人发现这个问题后决定改变方法，不再将所得骨头的数量与是否捉到兔子挂钩，而是每隔一段时间，统计猎狗所得兔子的总重量，按总重量的多少来决定所分得的兔子的多少，这个方法一实施，果然就凑效了，猎狗们捉到的兔子数量和重量都增多了。然而，一段时间以后，捕捉到的兔子数量又变少了，并且越是经验丰富的猎狗，捕捉到的兔子数量下降得越多，于是猎人去问猎狗，猎狗说："我们年轻的时候卖命地捕兔子，可是到我们老了捉不到兔子的时候，我们还会有骨头吃吗？"

3. 怎么样能长期有骨头吃

于是猎人又改变方法，规定：如果捕捉到的兔子数量超过一定的数量之后，即使捉不到兔子了，每顿饭也还是可以得到一定数量的骨头。规定一发布，为了达到规定标准的数量，猎狗们就拼命去捉兔子，并且有部分猎狗达到了规定的数量。然而一段时间以后，猎狗们发现自己所捉到的兔子都给了猎人，只得到了几根骨头，感觉非常不划算，所以有部分猎狗就离开猎人，单独去捉兔子养活自己去了。

4. 骨头与肉如何兼得

猎狗一天一天流失，并且还像野狗般和自己剩下的猎狗抢捉兔子，这引起了猎人的注意。于是猎人逮住一只野狗询问：为何要去当野狗？野狗说："猎狗吃的是骨头，吐出来的是肉啊！当然，也不是所有的野狗都顿顿有肉吃，大部分最后骨头都没的舔！不然也不至于为你效力。"于是猎人又想出了一个办法，规定：每条猎狗除获得基本的骨头外，随着为猎人服务时间的加长，可以额外再享受所捉兔子总量的一定比例，这个比例随着服务年限的延长而增长。新办法实施后，猎狗们使出浑身解数，拼命捉兔，把野狗们逼得叫苦连天，并纷纷要求重新回到猎人的怀抱。

5．利益永远是第一位的

冬天到了，兔子越来越少，猎人的日子也越来越不好过，然而那些服务多年的老猎狗们虽然老得一只兔子也捉不到，但仍然大口大口地吃着兔肉。终于有一天猎人无法承受了，就把老猎狗们赶出了家门，重新寻找身强力壮的猎狗。

怎么样？故事是不是很精彩？你从中得到了什么启示呢？

（资料来源：http://cho.icxo.com）

案例分析

这则寓言故事可以给我们如下一些启示。

1．需要是产生行为的动力——人力资源管理的基础

管理学中有一个非常著名的理论——马斯洛需要层次理论，它阐述了一般人的需求层次，并说明人的行为总是由主导需求决定。从这个故事中也应该看到，人力资源管理者应及时了解员工需求，并针对性地采取应对措施。在不同的阶段，猎狗的需求都是不一样的，正如同马斯洛的需要层次理论一样。从最初的希望有骨头吃到希望年迈体弱时有骨头吃，继而是希望有兔肉吃，倘若人力资源管理者忽视了这些需求，最终只能导致猎狗的流失，从而使竞争对手更多、更强。所以我们应当向猎人学习，及时了解员工的合理需求，作为制订人力资源计划的出发点，反之，最终的结果只会是闭门造车，政策与实际情况相背离或是不符合。

2．考核与激励——人力资源管理的催化剂

整个故事的发展也可以说是考核制度的一个缩影，最初分配的依据是数量，忽视了质量，即兔子也有大小之分，工作也有难易差别。完全依据数量进行分配，就好像吃大锅饭，干好干坏一个样，严重影响了工作人员的积极性，导致大兔子越来越少；于是进行改革，按照一段时间内兔子的数量和质量进行考核，决定下一阶段的分配量。

考核的目的有很多，多数情况下会将考核与薪酬挂钩，即根据考核成绩适当调整薪酬，从而使得考核成绩的实效性更大，更能发挥作用。因为考核的结果是如此地和眼前利益挂钩，于是，考核标准、考核的公平公正性便浮出水面等待人力资源工作者的讨论和实践。总之，考核是摆在每位人力资源管理工作者面前的一道颇具技术性和见智见仁的难题。

3．员工职业发展问题——人力资源管理的内核

目前从雇员结构来看，已经慢慢走向多元化，SOHO族、飘一族，工作不再是必需的谋生手段，人们越来越注重精神上的享受和自我实现，在工作上或其他方面体现自我的人生价值。按照马斯洛需求层次理论，当员工较低层次的需求得到满足后必然会走向对较高层次的需求的追求，于是新的课题出现在人力资源管理者的面前，如何对员工或者对自己进行职业生涯规划，用什么样的方式激励员工。

从长远来看，是要将人力资源管理做到实处、做到较高的水平还能解决保持员工稳定性的问题，但需要时间、精力和摸索。短期内行之有效的方法，是进行离职原因调查或离职面谈，了解员工离职的真实原因，因为员工离职也会存在种种机会成本的考虑，只有当员工的某一需求长期未能达到或经过努力也未达到时，才会使员工产生离意以致离职。

第二部分　课题学习引导

1.1　人力资源管理的内容及基本职能

1.1.1　人力资源的定义

资源是"资财的来源"（《辞海》）。在经济学上，资源是为了创造物质财富而投入于生产活动中的一切要素。主要包括以下几种：

（1）自然资源；

（2）资本资源；

（3）信息资源；

（4）人力资源：它是生产活动中最活跃的因素，也是一切资源中最重要的资源，由于该资源特殊的重要性，它被经济学家称为第一资源。

人力资源，又称劳动力资源或劳动力，是指能够推动整个经济和社会发展、具有劳动能力的人口总和。

人力资源的最基本方面，包括体力和智力。如果从现实的应用形态来看，则包括体质、智力、知识和技能4个方面。

具有劳动能力的人，不是泛指一切具有一定的脑力和体力的人，而是指能独立参加社会劳动、推动整个经济和社会发展的人。所以，人力资源既包括劳动年龄内具有劳动能力的人口，也包括劳动年龄外参加社会劳动的人口。

关于劳动年龄，由于各国的社会经济条件不同，劳动年龄的规定不尽相同。一般国家把劳动年龄的下限规定为15岁，上限规定为64岁。我国招收员工规定一般要年满16周岁，员工退休年龄规定男性为60周岁（到60岁退休，不包括60岁），女性为55周岁（不包括55岁），所以我国劳动年龄区间应该为男性16~59岁，女性16~54岁。

人力资源由数量和质量两个方面构成。人力资源数量又分为绝对数量和相对数量两种。人力资源的质量是人力资源所具有的体质、智力、知识和技能水平，以及劳动态度。

具体说来，人力资源的数量构成包括8个方面。

（1）处于劳动年龄之内、正在从事社会劳动的人口，它占据人力资源的大部分，可称为"适龄就业人口"。

（2）尚未达到劳动年龄、已经从事社会劳动的人口，即"未成年劳动者"或"未成年就业人口"。

（3）已经超过劳动年龄、继续从事社会劳动的人口，即"老年劳动者"或"老年就业人口"。

以上3部分人口，构成就业人口的总体。

（4）处于劳动年龄之内、具有劳动能力并要求参加社会劳动的人口，这部分可以称作"求业人口"或"待业人口"，它与前3部分一起构成经济活动人口。

（5）处于劳动年龄之内、正在从事学习的人口，即"就学人口"。

（6）处于劳动年龄之内、正在从事家务劳动的人口。

（7）处于劳动年龄之内、正在军队服役的人口。

（8）处于劳动年龄之内的其他人口。

1.1.2 人力资源的特点

人本身所具有的生物性、能动性、智力性和社会性，决定了人力资源具有以下特点。

1．人力资源是主体性资源或能动性资源

主体性或能动性是人力资源的首要特征，是与其他一切资源最根本的区别。所谓主体性，就是说人力资源在经济活动中起着主导作用。一切经济活动都首先是人的活动，由人的活动才引发、控制、带动了其他资源的活动。另外，在经济活动中人力资源是唯一起创造作用的因素。经济活动的生命是发展、是进取、是创新，而只有人力资源才能担负起这种发展、进取和创新的任务，其他任何生产要素都不具有这样的能力。

2．人力资源是特殊的资本性资源

人力资源作为一种经济性资源，它具有资本属性，与一般的物质资本有共同之处。即：（1）人力资源是公共社会、企业等集团和个人投资的产物，其质量高低主要取决于投资程度。从根本上说，人力资源的这个特点起因于人的能力获得的后天性。因为任何人的能力都不可能是先天就有的，为了形成能力，必须接受教育和培训，必须投入财富和时间；（2）人力资源也是在一定时期内可能源源不断地带来收益的资源，它一旦形成，一定能够在适当的时期内为投资者带来收益；（3）人力资源在使用过程中也会出现有形磨损和无形磨损。例如，劳动者自身的衰老就是有形磨损，劳动者知识和技能的老化就是无形磨损。

但是，人力资源又不同于一般资本，对一般实物资本普遍适用的收益递减规律，不完全适用于人力资源。在现代社会的经济发展中，呈现的是人力资本收益递增规律，这使得当代经济的增长主要应当归因于人力资源。

3．人力资源是高增值性资源

目前在国民经济中，人力资源收益的份额正在迅速超过自然资源和资本资源。在现代市场经济国家，劳动力的市场价格不断上升，人力资源投资收益率不断上升，同时劳动者的可支配收入也不断上升。与此同时出现的还有一种变动，就是高质量人力资源与低质量人力资源的收入差距也在扩大。

人力资源的经济作用日益强化，不仅仅是人力资源质量提高的结果，同时也是由于人力资源的使用过程是一个不断自我补偿、更新、发展和丰富化的过程所决定的。

4．人力资源是再生性资源

人力资源的再生性，主要基于人口的再生产和劳动力的再生产，通过人口总体内个体的不断更替和"劳动力耗费→劳动力生产→劳动力再次耗费→劳动力再次生产"的过程得以实现。当然，人力资源的再生性不同于一般生物资源的再生性，除了遵守一般生物学规律外，它还受人类意识的支配和人类活动的影响。

1.1.3　人力资源管理的含义

1．人力资源管理的定义

人力资源管理这一概念是在德鲁克 1954 年提出人力资源的概念之后出现的，虽然它出现的时间不长，但是发展的速度却非常快。对于它的含义，国内外的学者们也给出了诸多的解释，综合起来，人力资源管理就是指运用现代化的科学方法，对与一定物力相结合的人力进行合理的培训、组织和调配，使人力、物力经常保持最佳比例，同时对人的思想、心理和行为进行恰当的诱导、控制和协调，充分发挥人的主观能动性，使人尽其才，事得其人，人事相宜，以实现组织目标。

根据定义，可以从两个方面来理解人力资源管理，即：① 对人力资源外在要素——量的管理。就是根据人力和物力及其变化，对人力进行恰当的培训、组织和协调，使二者经常保持最佳比例并有机地结合，使人和物都充分发挥出最佳效应；② 对人力资源内在要素——质的管理。主要是指采用现代化的科学方法，对人的思想、心理和行为进行有效的管理（包括对个体和群体的思想、心理和行为的协调、控制和管理），充分发挥人的主观能动性，以达到组织目标。

2．与传统人事管理的区别

现代人力资源管理，深受经济竞争环境、技术发展环境和国家法律及政府政策的影响。它作为近 20 年来出现的一个崭新的和重要的管理学领域，远远超出了传统人事管理的范畴，具体说来，存在以下一些区别。

（1）传统人事管理的特点是以"事"为中心，只见"事"不见"人"，只见某一方面而不见人与事的整体、系统性，强调"事"的单一方面的静态的控制和管理，其管理的形式和目的是"控制人"；而现代人力资源管理以"人"为核心，强调一种动态的、心理、意识的调节和开发，管理的根本出发点是"着眼于人"，其管理归结于人与事的系统优化，致使企业取得最佳的社会和经济效益。

（2）传统人事管理把人设为一种成本，将人当作一种"工具"，注重的是投入、使用和控制。而现代人力资源管理把人作为一种"资源"，注重产出和开发。是"工具"，你可以随意控制它、使用它；是"资源"，特别是把人作为一种资源，你就得小心保护它、引导它、开发它。难怪有学者提出要重视人的资源性的管理，并且认为 21 世纪的管理哲学是"只有真正解放了被管理者，才能最终解放管理者自己"。

（3）传统人事管理是某一职能部门单独使用的工具，似乎与其他职能部门的关系不大，但现代人力资源管理却截然不同。实施人力资源管理职能的各组织中的人事部门逐渐成为决策部门的重要伙伴，从而提高了人事部门在决策中的地位。人力资源管理涉及到企业的每一个管理者，现代的管理人员应该明确：他们既是部门的业务经理，也是这个部门的人力资源经理。人力资源管理部门的主要职责在于制订人力资源规划、开发政策，侧重于人的潜能开发和培训，同时培训其他职能经理或管理者，提高他们对人的管理水平和素质。所以说，企业的每一个管理者，不单要完成企业的生产、销售目标，还要培养一支为实现企业组织目标而能够打硬仗的员工队伍。传统人事管理与现代人力资源管理的不同点具体如表 1-1 所示。

表1-1 传统人事管理与现代人力资源管理的区别

比较项目	现代人力资源管理	传统人事管理
管理视角	视员工为第一资源、资产	视员工为负担、成本
管理目的	组织和员工利益的共同实现	组织短期目标的实现
管理活动	重视培训开发	重使用、轻开发
管理内容	非常丰富	简单的事务管理
管理地位	战略层	执行层
部门性质	生产效益部门	单纯的成本中心
管理模式	以人为中心	以事为中心
管理方式	强调民主、参与	命令式、控制式
管理性质	战略性、整体性	战术式、分散性

1.1.4 人力资源管理的职能

人力资源经理通过人力资源管理系统来工作，并且主要为达到5大目标，分别是：求才、用才、育才、激才、留才。要达到这些目标，人力资源管理工作主要通过以下一些职能来展开，包含有7个方面。

1．制订人力资源计划——求才

根据组织的发展战略和经营计划，评估组织的人力资源现状及发展趋势，收集和分析人力资源供给与需求方面的信息和资料，预测人力资源供给和需求的发展趋势，制订人力资源招聘、调配、培训、开发及发展计划等政策和措施。

2．岗位分析和工作设计——求才

对组织中的各个工作和岗位进行分析，确定每一个工作和岗位对员工的具体要求，包括技术及种类、范围和熟悉程度，学习、工作与生活经验，身体健康状况，工作的责任、权利与义务等方面的情况。这种具体要求必须形成书面材料，这就是工作岗位职责说明书。这种说明书不仅是招聘工作的依据，也是对员工的工作表现进行评价的标准，是进行员工培训、调配、晋升等工作的根据。

3．人力资源的招聘与选拔——用才

根据组织内的岗位需要及工作岗位职责说明书，利用各种方法和手段，如接受推荐、刊登广告、举办人才交流会、到职业介绍所登记等从组织内部或外部吸引应聘人员，并且经过资格审查，如接受教育程度、工作经历、年龄、健康状况等方面的审查，从应聘人员中初选出一定数量的候选人，再经过严格的考试，如笔试、面试、评价中心、情景模拟等方法进行筛选、确定。

4．员工的培训与职业生涯发展——育才

人力资源管理部门和管理人员有责任鼓励和关心员工的个人发展，帮助其制订个人发展计划，并及时进行监督和考察。这样做有利于促进组织的发展，使员工有归属感，进而激发其工作积极性和创造性，提高组织效益。人力资源管理部门在帮助员工制订其个人发展计划时，有必要考虑其与组织发展计划的协调性或一致性。也只有这样，人力资源管理部门才能对员工实施有效的帮助和指导，促使个人发展计划的顺利实施并取得成效。

5. 工作绩效考核——激才

工作绩效考核，就是对照工作岗位职责说明书和工作任务，对员工的业务能力、工作表现及工作态度等进行评价，并给予量化处理的过程。这种评价可以是自我总结式的，也可以是他评式的，或者是综合评价。考核结果是员工晋升、接受奖惩、发放工资、接受培训等的有效依据，它有利于调动员工的积极性和创造性，便于检查和改进人力资源管理工作。

6. 员工薪酬管理——留才

合理、科学的薪酬体系关系到组织中员工队伍的稳定与否。人力资源管理部门要从员工的资历、职级、岗位及实际表现和工作成绩等方面，来为员工制订相应的、具有吸引力的工资制度。工资报酬应随着员工的工作职务升降、工作岗位变换、工作表现好坏与工作成绩进行相应的调整，不能只升不降。

员工福利是社会和组织保障的一部分，是工资的补充或延续。它主要包括政府规定的退休金或养老保险、医疗保险、失业保险、工伤保险、节假日，以及为了保障员工的工作安全卫生，提供必要的安全培训教育、良好的劳动工作条件等。

7. 劳资关系管理——留才

员工一旦被组织聘用，就与组织形成了一种雇佣与被雇佣的、相互依存的劳资关系，为了保护双方的合法权益，有必要就员工的工资、福利、工作条件和环境等事宜达成一定协议，签订劳动合同。

对于人力资源管理的各项职能，应当以一种系统的观点来看待，它们之间并不是彼此割裂、孤独存在的，而是相互联系，相互影响，共同形成了一个有机的系统，如图 1-1 所示。

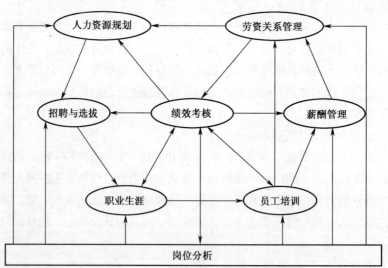

图 1-1 人力资源管理职能的关系图

从该图中，我们可以看出职能之间的相互关系。

（1）工作分析是基础。工作分析和工作评价是一个平台，其他各项职能的实施基本上都要以此为基础。

（2）绩效管理是整个系统的核心。绩效管理在整个系统中居于核心的地位，其他职能或多或少都要与它发生关系。

（3）其他各职能关系密切。人力资源管理的其他职能之间同样也存在着密切的关系。

如果把企业看作为一个资源转换器，那么，人力资源管理就是如何选择和控制进入企业的人力资源，然后加以开发利用、使之发挥作用，继而根据企业发展战略需要保留或排出人力资源的过程。简单来讲，在这一转换过程中，人力资源管理工作就是要实现求才、用才、育才、激才和留才的目标（见表1-2）。

表1-2　　　　　　　　　　企业人力资源管理的目标及实现方式

	求　才	用　才	育　才	激　才	留　才
目标	吸收和寻求优秀人才	充分发挥人才优势，恰当地使用人才	通过培训教育，进一步开发人才潜力	通过各种激励措施，充分调动人才积极性	珍惜人才，留住所需人才
条件	建立和完善劳动力市场	尊重员工，信任员工	建立员工培训、教育体系	建立良好激励机制	树立"人才是企业之本"的意识
职能	科学的工作分析，制订人力资源计划	统一的选才标准，双向选择机制，创造人尽其才的环境	员工培训、职工生涯发展	目标管理配套考核、评估与奖励机制	科学的薪酬标准及和谐的劳资关系
关键	依靠良好的企业形象吸引人	树立"以人为中心"的管理思想	形成"经营即教育"的管理哲学	产生企业文化的凝聚力作用	极大程度地满足员工需要

1.1.5　人力资源管理的功能

现代企业人力资源管理，具有获取、整合、保持、评价、发展5种基本功能。

1．人力资源获取

根据企业目标确定的所需员工条件，通过规划、招聘、考试、测评、选拔获取企业所需人员。

2．人力资源整合

通过企业文化、信息沟通、人际关系和谐、矛盾冲突的化解等有效整合，使企业内部的个体、群众的目标、行为、态度趋向企业的要求和理念，使之形成高度的合作与协调，发挥集体优势，提高企业的生产力和效益。

3．人力资源保持

通过薪酬、考核、晋升等一系列管理活动，保持员工的积极性、主动性、创造性，维护劳动者的合法权益，保证员工在工作场所的安全、健康、舒适的工作环境，以增进员工满意感，使之安心满意地工作。

4．人力资源评价

对员工工作成果、劳动态度、技能水平以及其他方面作出全面考核、鉴定和评价，为做出相应的奖惩、升降、去留等决策提供依据。

5．人力资源发展

通过员工培训、工作丰富化、职业生涯规划与开发，促进员工知识、技巧和其他方面素质的提高，使其劳动能力得到增强和发挥，最大限度地实现其个人价值和对企业的贡献率，达到员工个人和企业共同发展的目的。

1.2　人力资源管理的基本原理

管理是科学，科学由原理组成。人力资源管理作为管理学的一个分支，和其他管理领域一样，也必须遵循相应的管理规律，才能做到科学化、功能化、效率化。

人力资源管理的基本原理包括以下几个方面。

1．增值原理

增值原理是指对人力资源的投资可以使人力资源增值，而人力资源增值是指人力资源质量的提高和人力资源存量的增大。

人力资源是指社会劳动者的劳动能力，而劳动能力的提高主要靠两方面的投资，营养保健投资和教育培训投资，其中更为重要的是教育培训投资。要想使企业中的员工提高其生产效率和生产能力，就必须对其进行业务培训。

2．激励原理

激励原理指的是通过对员工的物质的或精神的需求欲望给予满足的允诺，来强化其为获得满足就必须努力工作的心理动机，从而达到充分发挥积极性、努力工作的效果。

人在工作过程中是否有积极性，或积极性有多高，对于其能力的发挥程度至关重要。我们知道，人的能力只有在工作中才能发挥出来。人所拥有的能力和他在工作中发挥的能力往往是不等量的，这除了受到诸如工作环境的好坏、工作条件的良好程度，以及单位或组织内人际关系（包括上下级关系、同事关系）的协调、配合情况等客观因素影响之外，还要受到人的积极性的发挥程度这一主观因素制约。在客观因素相同的条件下，主观因素是个人能力发挥的决定性因素。

人力资源管理者的任务不只是以获得人力资源为目标，人力资源管理者在为单位或组织获得人力资源之后，还要通过各种开发管理手段，合理使用人力资源，提高人力资源的利用率，为此就必须坚持激励原理。

3．差异原理

人力资源管理的根本任务是合理配置使用人力资源，提高人力资源投入产出比率。要合理使用人力资源，就要对人力资源的构成和特点有详细的了解。"知己知彼，百战不殆"。人力资源是由一个个劳动者的劳动能力组成的，而各个劳动者的劳动能力由于受到身体、受教育程度、实践经验等因素的影响而各自不同，形成个体差异。就个体能力来说，这种差异包括两方面：一是能力性质、特点的差异；二是能力水平的差异。"用人之长，避人之短"是人力资源管理的基本原则。

承认人与人之间能力水平上的差异，目的是为了在人力资源的利用上坚持能级层次原则，大才大用，小才小用，各尽所能，人尽其才。在人力资源管理中，差异原理指的是：具有不同能力层次的人，应安排在要求相应能级层次的职位上，并赋予该职位应有的权力和责任，使个人能力水平与岗位要求相适应。

4．互补原理

在现代社会中，任何一个人都不可能孤立地去做事，人们只有结成一定的关系或联系，形成一个群体才能共事。因此，群体内部的关系如何，直接关系到该群体所承担任务完成的好坏。

现代人力资源管理要求，一个群体内部各个成员之间应该是密切配合的互补关系。人各有所长也各有所短，以己之长补他人之短，从而使每个人的长处得到充分发挥，避免短处对工作产生的影响，这就叫做互补。个体与个体之间的互补主要指：性别互补、能级互补、年龄互补、气质互补。

5．动态原理

动态原理指的是人力资源的供给与需求要通过不断的调整才能求得相互适应；随着事业的发展，适应又会变为不适应，又要不断调整达到重新适应，这种不适应—适应—再不适应—再适应的循环往复的过程，正是动态原理的体现。动态原理使我们认识到人力资源规划的重要性。

当前企业面临的情况是外部环境变化万千，而组织要生存与发展，必须有一支规模适当、素质较高的员工队伍，如何在组织需要的时候和需要的岗位上及时得到各种需要的人才，是组织增加竞争力、实现战略目标的关键。为此，必须对组织当前和未来各种人力资源的供求进行科学的预测和规划。

6．系统优化原理

系统优化原理源于系统理论的进展，它是从组织的整体系统性质出发，按照系统特征的要求从整体上把握系统运行的规律，对管理过程中各个方面出现的问题进行系统的分析和优化，并按照外部环境的变化和组织内部条件，及时调整和控制组织系统的运行，最终实现组织的整体目标。

组织系统作为由若干个相互联系、相互作用的要素组成的为实现特定目标而存在的有机体，其基本特征表现为系统的整体性、相关性和有序性。整体性要求系统具有共同的整体目标，它并非各部门目标的简单相加，而必须达到整体大于部分之和的功效。各个部门的功能也非简单叠加，而应从质和量两方面予以放大，创造出局部所没有的功能。

人力资源管理作为组织系统中的关键一环，除了具有系统的一般特征外，它还特别具有组织的目的性功能。也就是说，通过一系列人力资源管理活动和一系列制度安排，要使得组织内部各个分系统之间的结构优化合理，使得组织各部分和各个成员的行为指向组织所期望的目标。人力资源管理部门在进行具体的组织结构设计时，应该使得各部门的设置配合产生系统优化效果，使得组织的管理成本低，效益好。此外，人力资源管理自身的各项管理功能，如岗位设计、招聘、选拔、培训、考核、薪酬、激励和劳动关系等方面也是一个相互联系的子系统，必须相互配合才能产生整体大于部分之和的效应。

轻松一下

罗丹砍手：罗丹是法国著名雕塑家，一次，他应法国作家协会邀请，为著名作家巴尔扎克雕像。巴尔扎克的文学成就举世闻名，但他却长得又矮又胖，怎样塑造出美好的形象呢？罗丹为此伤透了脑筋。

经过反复琢磨，罗丹决定着力刻画这位大作家的精神美，雕塑出一位磊落、高尚和智慧的人。他前后花了七年工夫，终于完成了任务。

罗丹看着自己的杰作，心情十分激动，便叫来几位学生，让他们一起来欣赏。一位学生看着看着，把眼睛盯在雕像的手上，说："这手像极了！老师，我从来也没见过这么奇妙而完美的手啊！"学生的赞美之词却引起了罗丹的沉思。不一会儿，他猛地操起一把斧子，朝雕像的双手砍去，一双"奇妙而完美"的手消失了，学生们都惊呆了！罗丹却平静地说："这双手太突出了！它已经有了自己的生命，不再属于这座雕像的整体了。记住，一件真正完美的艺术品，没有哪一部分会比整体更重要。"

罗丹说的是雕塑的道理，其实，作文又何尝不是如此呢？一篇文章就是一个整体，所谓整体，是指文章各个部分的有机统一。整体是由部分构成的，即一段一段的材料，每一段材料都不能脱离整体而独立存在，都必须围绕整体确定的中心来安排。如果某个部分的材料，不服从整体的需要，不为中心思想服务，哪怕写得再精彩，也是徒劳的。

谨记：理论为实践提供依据，并在实践中不断被检验和发展。

1.3 人力资源管理工作绩效的评估

众所周知，人力资源管理能给组织带来效益和效率。但是，如何才能进行测量呢？不管是人力资源管理的收益还是为此而付出的支出，都难以得到准确的计算值，这说明运用简单的比值法去评估人力资源管理绩效的做法并不现实可行，还需要研究和开发适用的能够反映企业人力资源管理绩效的其他测评方法。

人力资源管理评估是对人力资源管理总体活动的成本—效益进行测量，并与组织过去绩效、类似组织的绩效、组织目标进行比较的过程，是指通过科学规范的绩效评估方法，采用特定的指标，对照统一的评价标准，按照一定的程序，通过定量、定性分析方法，对组织人力资源管理在一定的经营期内的工作成果、效率和效益等业绩作出客观、公正和准确的测量和评估。通过人力资源管理评估，可以证明人力资源管理部门存在的价值，使人力资源管理对组织目标有显著贡献。目前主要有以下一些评估方法。

1.3.1 评估方法一

该方法从顾客、财务、内部业务和创新学习4个角度，选取一些考核指标，然后按照一定的评价标准（每个企业可能都不一样），按照一定程序作出客观的测量和评估。

举例如表1-3所示。

表1-3　　　　企业人力资源管理绩效评价表

测评要素	权重	综合指标	相对权重	基本测评指标	单位	评价标准	实际结果	分数	备注
顾客角度		员工满意度		员工满意度	%				评价表
		员工关系		员工年发生劳动争议率	%				
		流失率		企业劳动争议胜诉率	%				
				员工流失率	%				
			100						

续表

测评要素	权重	综合指标	相对权重	基本测评指标	单位	评价标准	实际结果	分数	备注
内部业务		人力资源管理评估		企业人力资源管理评估	分数				
		招聘质量		平均招聘到岗时间	天数				
				新员工流失率	%				
				新员工表现满意率	%				
		人员比例		人力资源专业人员占员工比例	%				
			100						
创新与学习		培训与发展		培训与发展	分数				
				培训费占工资总额比例	%				
				人年均培训小时	小时/人				
		经理人员内部提升比例		经理人员内部提升比例	%				
			100						
财务		财务		人均销售收入	万元/人				
				人均利润	万元/人				
				劳动生产率	万元/人				
				单位工资创造的工业增加值	万元/人				
			100						
	100	综合评分							

1.3.2 参照组织绩效评价的评估方法二

美国有学者（R. S. Schuler）提出用评估组织绩效的关键量化指标来说明人力资源工作的业绩，关键指标方法，是将员工空缺率、招聘时间长短、培训投入、薪酬标准、员工缺勤率、投诉率、违纪行为发生率、加班率等与人力资源管理工作的绩效相联系，所有评估指标均与人力资源管理的绩效显著相关。一些研究表明，人力资源管理的很多活动，如培训、绩效考核方法、员工辞职率等，与企业绩效具有很强的相关性和一致性（如图 1-2 所示评估中使用的一些指标）。

影响评估人力资源管理工作对组织绩效贡献度的困难之一是缺乏合适的数据库。用于人力资源评估的关键指标的数据资料，需要企业建立起人力资源管理信息系统，进行长期不懈的收集、整理和分析工作。这是人力资源管理中有待探索和研究、开发的一个领域。

1.3.3 人力资源效用指数评估方法三

有些企业试图通过建立一个指数来衡量人力资源管理工作的效益情况（如表 1-4 所示人力资源评估中所用的关键指标）。早在 20 世纪 50 年代，通用电气公司就建立了雇员关系指数，由反映员工行为的 8 个代表性指标组成，包括旷工、首次进入诊所的时间、完工情况、不满、罢工等，通过赋予各个指标不同权重加权计算而来。员工关系指标被用来帮助管理者评估人力资源管理政策及其实施情况，发现员工关系的趋向，更有效地发挥人际关系的作用，并控制人事成本。

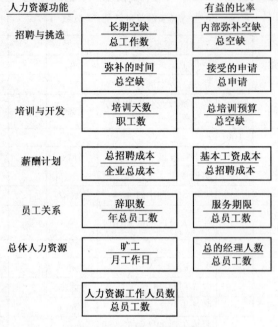

图 1-2　人力资源比率和评价指标

表 1-4　　　　　　　　　　　　　　　人力资源评估中所用的关键指标[1]

人力资源规划与招聘	薪酬管理
● □　填补职业空缺的平均天数	● □　一段连续时间内加班时间的比重
● □　岗位与求职者的比率	● □　平均工资与工资中位点的比例
员工培训	福利
● □　每一种工种员工与完成培训人员的比例	● □　带薪病假的比重
● □　每一个员工的培训时间	● □　实现要求所花费的平均时间，工作环境、安全
员工绩效考核	● □　事故的发生频率
● □　绩效评估等级的分配	● □　传唤占员工的比重
● □　评定等级的可靠性	劳资关系
员工职业发展	● □　抱怨发生的比例
● □　升迁员工比例	● □　处理抱怨的平均时间
● □　平均升迁间隔长短（年/月）	人力资源管理工作有效性
	● □　人事变动率
	● □　缺勤率

衡量人力资源部门贡献率的 3 项测评指标：
● □　劳动生产率（反映在成本中）
● □　质量（反映在维修率中）
● □　员工关系（反映在缺勤率和员工的建议与投诉中）

1.3.4　人力资源绩效指数评估方法四

衡量人力资源管理工作还有一种方法是人力资源绩效指数。它是使用大量的人力资源系

---
[1]　R. S. Schuler: Managing Human resources, 5th edn, St Paul, MN: West Publishing Co.，1995.

统数据来建立的，开发者称它能够成功地用来评估企业在招聘、选择、培训和留用等方面的工作，但是目前还缺乏将其与组织绩效相比较的尝试。

最具综合性的研究是由美国学者杰克·菲力浦斯（Jack J. Phillips）研究开发的人力资源有效性指数[1]。他通过对 8 个工业部门、91 家企业的研究表明，人力资源绩效和组织有效性之间存在一定联系。研究中所采用的、被实践证明是可行的 6 个衡量人力资源部门绩效的指标是：

- 人力资源部门费用/总经营费用；
- 酬金总支出/总经营费用；
- 福利总成本/总经营费用；
- 培训与开发成本费用/总雇员数；
- 缺勤率；
- 流动率（人事变动率）。

人力资源有效性指数由上述 6 个指标及其有意义的关联式组合而成，其表达如下：

- 总收入/员工总数；
- 资产总数/员工费用；
- 经营收入/员工费用；
- 经营收入/股东、股本总数。

以上指标因简单明了、易于计算和理解而被人乐于接受。它们在进行不同组织间的比较时很有用，也可以用于组织内部控制和目标制订工作。

第三部分　课题实践页

1. 选择题

（1）人力资源与其他资源不同，它具有（　　）等特征。

A. 战略性、能动性和被开发的无限性

B. 战略性、能动性和被开发的有限性

C. 积极性、创造性、可用性和无限性

D. 积极性、主动性、创造性和有限性

（2）从（　　）看，传统的人事管理采取制度控制和物质刺激的手段，而现代人力资源管理则更多地强调人性化管理。

A. 管理手段上　　B. 管理方式上　　C. 管理内容上　　D. 管理体制上

（3）现代人力资源管理就是一个人力资源（　　）的过程。

A. 获取和整合　　B. 输入与输出　　C. 保持和激励　　D. 控制与调整

E. 培训与开发

（4）现代人力资源管理的工作内容和主要任务是（　　）。

A. 求才　　　B. 用才　　　C. 育才　　　D. 激才　　　E. 爱才

[1] Jack J. Phillips：Accountability in Human Resource Management，Gulf Publishing, 1996.

2．问答题

（1）什么是人力资源管理？

（2）谈谈人力资源管理工作的重要性。

3．案例讨论

某汽车配件股份有限公司的人力资源管理

某汽车配件股份有限公司位于广东省，是它的董事长兼总经理乔某于 10 年前创办的，专门生产活塞、活塞环、汽门之类产品，为华南的汽车制造与修理业服务。

乔某今年 53 岁，他本来在北方一家国有大型汽车制造厂的销售部门工作，20 世纪 80 年代初他毅然辞职南下，在一家中外合资汽车制造公司，仍搞销售工作。干了近 10 年后，他积攒了一些经验和资本，于是他找了他的老同事傅某一起成立了一个共 10 人的汽车修理店。由于两人优势互补，生意很快就发展壮大起来了，3 年后，又找了一位会计能人关某加入，合伙办起来汽配公司，乔、傅、关各占股本的 40%、30% 和 30%。乔某是董事长兼总经理，但做营销是他的专长，所以坚持自己又兼营销副总，关某任财务副总，傅某是生产副总，他手下还有位生产厂长刘某，是傅某自己找来的。事实上，创业之初，厂区布局、车间设备、工艺、质量标准，直至 4 位车间主任人选，全由傅某包揽，连第一批生产工人中不少人也是他招考进来的。而乔某把精力都花在了营销和公关等业务上，对于公司全局发展战略问题考虑较少，由于公司规模不大，这么干下来，效益还是很不错的。

公司成立的头几年，一直采取放权的政策，各部门负责人对人员招聘、考核等都拥有绝对的话语权，领导基本不干涉。

发展 7 年之后，公司不断壮大，员工人数达到 300 多人，业务也复杂多了。然而乔总却发现公司的工作氛围已经发生改变了，以前的和乐融融的气氛消失了，员工士气不断下降，于是公司领导开会决定，公司专门设立一个人事职能的办公室。该办公室由哪个部门管辖，意见不统一，几经争论后，才决定设在生产厂长之下，办公地点在生产厂进门左边一间小房间内。该办公室有主任 1 名并配 1 名秘书。

自公司决定设立人事办公室之后，财务科的成本会计师李某就主动请缨，要求当人事办公室主任，上任前，乔总告诫说"人事办公室工作很重要，一定要干好"。李某新官上任三把火，上任伊始，他就向各车间主任发出书面通知说："为适应公司的扩展，公司领导决定对全厂员工的人事管理实行集权，为此成立本办公室。今后各车间一切人事方面的决定，未经本主任批准，一概不得擅自执行。"

通知下发后，各车间主任们对此政策变化纷纷表示不满，都说李某太过于集权，厂长见到一位车间主任询问为何生产效率下降了，该车间主任说："现在招聘、考核、辞退等我都没权力管了，所以我管不了工人，没法调度他们，怎么让他们积极干活呢。"

有一天，有一位林姓女职工被车间主任辞退了，于是林某找到人事主任李某找说法，李某联系该车间主任，为何不经过人事批准私自辞退工人，车间主任说："我不喜欢她，这个理由就够了。"

于是李主任把此事报告给了刘厂长，在刘厂长的一再坚持下，才让林某复职了。然而关于人事主任招的工人素质低，自己没有人事权的呼声越来越高，车间主任们坚持人事办公室应该缩小职权范围，并且越小越好，事情最终闹到了傅某那里，但乔某当时不在公司，最后，刘厂长对傅总提出建议，废除人事办公室，仍然由车间主任管理本车间的人事工作，李某则回财务科。

傅某听完犹豫不决，只好说等乔总回公司后再商量。

（资料来源：郑晓明，人力资料管理导论（第2版），机械工业出版社，2005.5）

【思考题】

（1）你认为该公司人事职能处理办法正确吗？为什么？

（2）李某改行去请求干人事，是否正确？为什么？

（3）该公司实行的是传统人事管理还是现代人力资源管理？你从该案例的研讨中得到什么启示？

4. 实训题

（1）实训目的：通过对本地区某企业的调研，尝试对企业人力资源管理工作有一个初步的了解。

（2）实训方式：实地调研，撰写调研报告。

（3）实训对象：本地区的某家企业。

（4）实训内容：该企业人力资源管理方面的调研。

（5）实训步骤如下。

① 学生分组；

② 分组进行前期调研，收集和整理相关资料，了解该企业的人力资源政策、公司文化特征、公司组织结构、薪酬福利水平、培训开发水平、绩效考核制度、在职人员的人事信息等方面的数据信息；

③ 深入公司内部，进行实地考察；

④ 分组完成调研及规划报告；

⑤ 全班集体讨论。

课题二 人力资源规划

知识目标	技能目标	建议学时
➢ 了解人力资源规划的概念、功能等 ➢ 掌握人力资源需求预测的方法 ➢ 掌握人力资源供给预测的方法 ➢ 掌握人力资源供需平衡分析的方法 ➢ 掌握制订企业人力资源规划的步骤	➢ 掌握人力资源规划的内容 ➢ 能进行人力资源供给预测 ➢ 能进行人力资源需求预测 ➢ 能进行人力资源供需平衡分析 ➢ 能制订企业人力资源规划	6学时

第一部分 案例与分析

案例1：洗衣公司的困境

2009年5月，每周的经理例会上，××洗衣有限公司的营销经理王某宣布了一个好消息，刚与某大型公司签订了一份300万的洗衣合同，所有人都鼓掌示好。然而在座的人力资源经理邓某却浇了一盆冷水，她说："我们公司现有的工人数根本不能保证完成合同任务，当然，我们可以额外再招聘一些工人，但目前各行各业均缺工人，并且高技术洗衣工人也很难在短时间内招聘到，对现有工人进行培训也来不及补充空缺，这个问题要怎么解决呢？"

问题：人力资源规划与组织规划的关系是怎样的？

案例分析

组织的人力资源规划是组织整体计划的重要组成部分，而且人力资源规划要适应整个组织的整体计划。

首先，组织的整体规划包括营销、生产、技术、人力资源、财务等部门计划，组织整体规划时各项职能计划有机结合，各职能计划之间是相互影响、相互制约的，这就要求人力资源规划与其他职能计划在内容和实践上要协调一致，才能使组织得到良性发展。

其次，人力资源规划要适应组织规划。人力资源规划实际上是组织规划的保证，因为通过对组织目标的变化和组织人力资源的现状分析，预测人力资源的供需，采取必要的人力资源政策，平衡人力资源的供给与需求，可以使组织发展所需的人力资源在数量上和质量上有所保障。譬如，案例中提到的××洗衣公司实施营销计划，就必然会要求该公司人员的需求和配置相应地进行调整，从而减少对组织整体规划的影响。

案例2：苏澳玻璃公司的人力资源规划

近年来苏澳公司遇到了人员空缺尤其是经理层次人员空缺的难题，为了摆脱这种困局，公司决定进行人力资源规划，委派人事部管理人员分析目前公司生产部、市场销售部、财务部和人事部4个部门的管理人员和专业人员的需求情况以及市场和公司内部此类人员的供给情况，并估计未来几年，苏澳公司各职能部门内部可能会出现的关键职位的空缺数量。

以上的分析和预测结果作为人力资源规划和直线管理人员制订操作方案的基础。但是在实施（如决定技术培训方案和实行工作轮换等）过程中却遇到了很多合作不协调的问题，例如，生产部经理为了让本部门的员工轮换到市场销售部工作，就需要市场销售部提供合适的职位，还需要人事部门提供相应的人事服务，由此则给人事部门进行人力资源规划增加了难度，因为部门合作的协调度是很难控制的，当然这也会影响人事部门规划的准确性和可靠性。

最终，苏澳公司的人事管理人员排除万难，较准确地对经理层次的职位空缺进行了预测，使得经理层次人员的空缺困境得到了缓解，人员调动成本也大大降低，内部招聘的效率都得到了很大提高，并且提高了人员的合格率，整个人员配备过程得到了大幅改进。

当然，苏澳公司能取得上述进步，除了制订了科学的人力资源规划之外，还在于能很好地执行和评价人力资源规划。每个季度，公司的高层管理都会对人事管理人员的工作按照严格的标准进行检查评估，具体的标准有：各职能部门现有人员，人员状况，主要职位空缺及候选人，其他职位空缺及候选人，多余人员的数量，自然减员，人员调入，人员调出，内部变动率，招聘人数，劳动力其他来源，工作中的问题与难点，组织问题及其他方面（如预算情况、职业生涯考察、方针政策的贯彻执行等）。根据这些标准，人事管理人员必须清楚地认识到公司现状与人力资源规划的差距，并想办法纠正，尽量使各部门在下一季度在要采取的措施上达成一致。

（资料来源：www.aq800.com）

案例分析

苏澳公司之所以取得上述进步，一是得利于正确的人力资源规划的制订，其中包括总计划、职务编制计划、人员配置计划、人员需求计划、人员供给计划、教育培训计划、人力资源管理政策调整计划和投资预算等的制订；二是得利于公司对人力资源规划的实施与评价。

作为人力资源管理的重要内容之一，人力资源规划在企业管理中具有重要的功能。

1. 确保企业在生存发展过程中对人力的需求

企业的生存和发展与人力资源的结构密切相关。对于一个动态的组织来说，人力资源的需求和供给的平衡就不可能自动实现，因此就要分析供求的差异，并采取适当的手段调整差异。由此可见，预测供求差异并调整差异，就是人力资源规划的基本职能。

2. 是企业管理的重要依据

在大型和复杂结构的组织中，人力资源规划的作用是特别明显的。因为无论是确定人员的需求量、供给量，还是职务、人员以及任务的调整，不通过一定的计划显然都是难以实现的。例如，什么时候需要补充人员、补充哪些层次的人员、如何避免各部门人员提升机会不均等的情况、如何组织多种需求的培训等。这些管理工作在没有人力资源规划的情况下，就避免不了"头痛医头、脚痛医脚"的混乱状况。因此，人力资源规划是组织管理的重要依据，它会为组织的录用、晋升、培训、人员调整以及人工成本的控制等活动提供准确的信息和依据。

3．控制人工成本

人工成本中最大的支出是工资，在没有人力资源规划的情况下，未来的人工成本是未知的，难免会发生成本上升、效益下降的趋势，因此，在预测未来企业发展的条件下，有计划地逐步调整人员的分布状况，把人工成本控制在合理的支付范围内，展望是十分重要的。

4．是人事决策的重要依据

人力资源规划的信息往往是人事决策的基础，例如，采取什么样的晋升政策、制订什么样的报酬分配政策等。例如，一个企业在未来某一时间缺乏某类有经验的员工，而这种经验的培养又不可能在短时间内实现，那么如何处理这一问题呢？如果从外部招聘，有可能找不到合适的人员，或者成本高，而且也不可能在短时间内适应工作。如果自己培养，就需要提前进行培训，同时还要考虑培训过程中人员的流失可能性等问题。显然，在没有确切信息的情况下，决策是难以客观的，而且可能根本考虑不到这些方面的问题。

5．有助于调动员工的积极性

人力资源规划对调动员工的积极性也很重要。因为只有在人力资源合理规划的条件下，员工才可以看到自己的发展前景，从而去积极地努力争取。人力资源规划有助于引导员工职业生涯设计和职业生涯发展。

第二部分　课题学习引导

2.1　人力资源规划概述

2.1.1　人力资源规划的含义

人力资源规划（HR Planning，HRP）是指根据企业的发展规划，通过企业未来人力资源需要和供给状况的分析及估计，对职务编制、人员配置、教育培训、人力资源管理政策、招聘和选择等内容进行的人力资源部门的职能性计划。人力资源规划又称人力资源计划，是人力资源管理的重要部分和重要领域。一般来说，关于人力资源规划的理解，主要有 3 个层次的意思：

（1）确保组织和部门在需要的时间和岗位上获得所需要的合格人员，并使组织和个人得到长期的益处；

（2）在组织和员工目标达到最大一致的情况下，使人力资源的供给和需求达到平衡；

（3）分析组织在环境变化中的人力资源需求状况，并制订必要的政策和措施以满足这些要求。

所以，实际上人力资源规划是预测未来的组织任务和环境对组织的要求以及为此而提供人员的过程。其目的是为了工作者和组织的利益，最有效地利用短缺人才。

2.1.2　人力资源规划的内容

在一个企业中，人力可分为3个层次。

高层：包括企业和组织的行政主管人员、工程师、专业技术人员。

中层：包括一般技术人员、监工人员、助理人员等。

基层：包括领班、普通工人等。

以上3种人员，高层人员的需求相对较少，但人员的培养最为困难。而中层及基层的人力需求较多。人力资源管理的责任是要设法通过培养或管理发展等方式，将中层人员培养为高层人员。因此，人力资源规划常常与发展是相提并论的。人力资源规划包括下列内容。

1．预测未来的组织结构

一个组织或企业经常随着外部环境的变化而变化，如全球市场的变化、生产技术的突破、生产设备的更新、生产程序的变更、新产品的问世等。这些变化都将影响整个组织结构（关于组织结构的内容可以参考管理学原理或组织行为学的内容），即组织结构必须去适应企业经营策略的变化。而组织结构的变化必然牵涉到人力资源的配置。因此，对未来组织结构的预测评估应列为第一步。

2．制订人力供求平衡计划

该计划应考虑以下3点。

（1）因业务发展、转变或技术装备更新所需增加的人员数量及层次。

（2）因员工变动所需补充的人员数量及层次，这种变化包括退休、辞职、伤残、调职、解雇等。

（3）因内部成员升迁而发生的人力结构变化。

3．制订人力资源征聘补充计划

征聘原则包括以下方面问题。

（1）内部提升或向外征聘以何者为先？

（2）外聘选用何种方式？

（3）外聘所选用的人力来源如何？有无困难？如何解决？

（4）如果是内部提升或调动，其方向与层次如何？

4．制订人员培训计划

人员培训计划的目的是为了培养人才，它包括两方面：对内遴选现有员工，加强对员工进行产品专业知识及工作技能培训；对外积极猎取社会上少量的且未来急需的人才，以避免企业中这种人才的缺乏。

5．制订人力使用计划

人力资源规划不仅要满足未来人力的需要，更应该对现有人力做充分的运用。人力运用涵盖的范围很广，而其关键在于"人"与"事"的圆满配合，使事得其人、人尽其才。

2.1.3　人力资源规划的功能

一个组织或企业要维持生存和发展，拥有合格、高效的人员结构，就必须进行人力资源规划。首先，任何组织和企业都处在一定的外部环境之中，其各种因素均处于不断的变化和运动状态。这些环境中政治的、经济的、技术的等一系列因素的变化，势必要求组织和企业做出相应的变化。而这种适应环境的变化一般都要带来人员数量和结构的调整。其次，组织和企业内部的各种因素同样是无时无刻不在运动着和变化着，人力因素本身也会处于不断的变化之中。比如，离退休、自然减员、招聘人员以及企业内部进行的工作岗位调动、晋升等导致的人员结构变化。再次，在改革开放形势下向市场经济机制过渡的时期，组织和企业内外各种因素的变化会更加剧烈。在计划经济体制下，除了自然减员和组织调动外，人员的滚动似乎是不可思议的。但是，在市场经济机制下，其情况却完全不同，各种资源，包括人力资源，要靠市场机制的作用进行合理地配置，随着劳动力市场的建立，人才的大量流动或许会变得习以为常。为了保证企业的效率，内部也必然要进行人员结构的调整和优化。最后，我国目前还处于新旧经济体制的过渡时期，这一时期的变动或许是最剧烈的，新企业的大量增加，老企业的改造，三资企业、私营企业乃至乡镇企业的大力发展，都对人员的变动数量、技能常识等提出了新的要求。

因此，为了适应组织环境的变化和技术的不断更新，保证组织目标的实现，就必须加强人力资源规划，这对正在走向市场的中国企业尤其重要，否则必然是一方面不合要求的人员大量过剩，另一方面某些具有特殊技能和知识的人才紧缺，企业的竞争能力和效益就会难以提高，以致在激烈的竞争中遭到失败。

在所有的管理职能中，人力资源规划最具有战略性和主动性。科学技术瞬息万变，而竞争环境也变化莫测。这不仅使得人力资源预测变得越来越困难，也变得更加紧迫。人力资源管理部门必须对组织未来的人力资源供给和需求做出科学预测，以保证在需要时就能及时获得所需要的各种人才，进而保证实现组织的战略目标。看来，人力资源规划在各项管理职能中起着桥梁和纽带的作用。

2.1.4 人力资源规划的原则

1．充分考虑内部、外部环境的变化

人力资源计划只有充分地考虑了内外环境的变化，才能适应需要，真正地做到为企业发展目标服务。内部变化主要指销售的变化、开发的变化，或者说企业发展战略的变化，还有企业员工的流动变化等；外部变化指社会消费市场的变化、政府有关人力资源政策的变化、人才市场的变化等。为了更好地适应这些变化，在人力资源计划中应该对可能出现的情况做出预测和风险变化，最好能有面对风险的应对策略。

2．确保企业的人力资源保障

企业的人力资源保障问题是人力资源计划中应解决的核心问题。它包括人员的流入预测、流出预测、人的内部流动预测、社会人力资源供给状况分析、人员流动的损益分析等。只有有效地保证了对企业的人力资源供给，才可能去进行更深层次的人力资源管理与开发。

3．使企业和员工都得到长期的利益

人力资源计划不仅是面向企业的计划，也是面向员工的计划。企业的发展和员工的发展是互相依托、互相促进的关系。如果只考虑企业的发展需要，而忽视了员工的发展，则会有

损企业发展目标的达成。优秀的人力资源计划，一定是能够使企业和员工达到长期利益的计划，一定是能够使企业和员工共同发展的计划。

2.2 人力资源需求预测

2.2.1 人力资源需求预测概述

小故事：总是缺人的企业

为了调查人才流动中的各种问题，我们采用了在人才交流中心蹲点观察的办法，如同上班一样，每天准时"到岗"。一段时间以后，我们发现了一个有趣的现象：有一个表情非常严肃的经理，每周都会在固定的两天用固定的招聘广告出现在固定的招聘展位上，这一点让我们非常困惑，为了了解真相，我们主动找到了他。

经了解，原来他是一家民营电子企业的人力资源经理，他说很奇怪，他的企业并没有扩张并且员工福利待遇都很不错，但好像他的企业总是处于缺人的状态。更让人纳闷的是，他一直在不断地招人。这一点他始终都无法理解，于是受他之托，我们帮忙去寻找答案，经过一系列的调查和询问，谜底终于被揭开。

我们问这个人力资源经理是否对企业的人力资源需求进行过预测，这个经理觉得我们的问题非常可笑，因为在他看来，他的企业现在的需求都没有得到满足，如何谈得上预测未来，所以他直摇头说没有。然而问题就恰恰出在这里，曾在这个企业工作或正在工作的员工反映了几个问题：第一，招聘非常盲目，目标不明确，招进来的人相当一段时间都不知道自己应该干什么工作；第二，正是这样盲目的招聘损害了企业的形象，员工认为企业不重视自己；第三，持续不断地更新换代，让老员工没有安全感，增加了员工流动的概率。

听完这番话，这位人力资源经理恍然大悟，自责没有很好地做人力资源规划和预测工作，深刻认识到这正是工作没有成效的原因。

对人力资源进行规划，必须掌握未来情况，而未来具有很大的不确定性，因此，人力资源经理只能通过预测对未来做出一个尽可能贴近的描述。在人力资源规划中，最关键是人力资源需求预测和人力资源供给预测，它们是制订各种战略、计划、方案的基础，在人力资源规划中占据核心地位。

（资料来源：博锐管理在线）

人力资源需求预测的含义：人力资源需求预测是指根据企业的发展规划和企业的内外条件，选择适当的预测技术，对人力资源需求的数量、质量和结构进行预测。首先，预测要在内部条件和外部环境的基础上做出，必须符合现实情况；其次，预测是为企业的发展规划服务，这是预测的目的；再次，应该选择恰当的预测技术，预测要考虑科学性、经济性和可行性，综合各方面做出选择；最后，预测的内容是未来人力资源的数量、质量和结构，应该在预测结果中体现。

2.2.2 人力资源需求预测的方法

1. 定性方法

（1）德尔菲法。这种方法又叫专家评估法，是一种主观预测的方法。德尔菲法分几轮进行，具体的操作步骤是：第一轮要求专家以书面形式提出各自对企业人力资源需求的预测结果，在预测过程中，专家之间不能互相讨论或交换意见；第二轮，将专家的观测结果进行综合，再将综合的结果通知各位专家，以进行下一轮的预测。反复几次直至得出大家都认可的结果。通过这种方法得出的是专家们对某一问题的看法达成一致的结果。

这种方法实际是依靠专家的个人经验、知识和综合分析能力，对组织未来人力资源需求做出分析评估。作为一种定性预测技术，该方法的显著特点是：采取匿名形式进行咨询，使参与预测咨询的专家互不协商，可以消除心理因素的影响。几轮反复发函咨询，每一轮的统计结果都寄回给专家，作为反馈，供下轮咨询参考，调查结果采用一定的统计处理，使之有使用价值，一般说来，经过四轮咨询，专家们的意见可以相互协调。当然，协调程度受专家人数的制约，一般以 10～15 人为宜。

（2）经验预测法。经验预测法是人力资源预测中最简单的方法，它适合于较稳定的小型企业。经验预测法，顾名思义就是用以往的经验来推测未来的人员需求。当然，不同管理者的预测可能有所偏差。可以通过多人综合预测或查阅历史记录等方法提高预测的准确度。要注意的是，经验预测法只适合于一定时期内企业的发展状况没有发生方向性变化的情况，对于出现的新职务，或者工作的方式发生了大的变化的职务，则不适合使用经验预测法。

（3）现状规划法。现状规划法假定当前的职务设置和人员配置是恰当的，并且没有职务空缺，所以不存在人员总数的扩充。人员的需求完全取决于人员的退休、离职等情况的发生。所以，人力资源预测就相当于对人员退休、离职等情况的预测。人员的退休是可以准确预测的；人员的离职包括人员的辞职、辞退、重病（无法工作）等情况，所以离职是无法准确预测的。通过对历史资料的统计和比例分析，可以相对准确地预测离职的人数。现状规划法适合于中、短期的人力资源预测。

具体的操作步骤如下：

① 分析当前的人力资源状况，确认是否需要较大的变动（如无较大变动，继续下一步；如有较大变动，换用其他方法预测）；

② 准确预测出退休人员数量；

③ 大致预测出辞职、辞退、重病等离开岗位的人员数量；

④ 局部是否有较小的岗位变化，如有，预测需要变动的人员数量；

⑤ 第④步用变动的人员数量对第②、③步离开岗位的人员总和进行修正后，得到的人员数量即是未来的人员需求。

（4）专家预测法。专家预测法是利用专家的知识、经验和综合分析能力，对组织未来的人力资源需求进行预测的方法，根据专家间是否有直接交流，将专家预测法分为"面对面"和"背对背"两种方式。

"面对面"方式的具体操作步骤如下：

① 事先将有关人力资源需求预测的背景资料分发给各位专家；

② 举行会议，让专家自由交流观点；

③ 在听取各自的观点和理由后，专家们形成比较一致的看法；

④ 如果分歧很大，可考虑举行第二次会议，甚至更多次的会议，最终要使专家的看法趋于一致；

⑤ 根据专家们的观点，制订人力资源需求预测方案。

"背对背"方式的具体操作步骤如下：

① 成立研究小组，将人力资源需求预测设计成若干问题；

② 将人力资源需求预测的背景资料和问题发给各个专家，请专家回答；

③ 收回专家意见，统计、归纳结果，将整理好的结果以匿名形式反馈给各位专家；

④ 在此基础上，专家进行新一轮的回答；

⑤ 重复第③步和第④步，直到专家的意见趋于一致；

⑥ 根据专家们的最终预测，预测人力资源需求。

（5）描述法。描述法是预测者通过对预测期内企业发展目标和相关因素进行假定性描述、分析、综合，并给出多种备选方案，从而预测人力资源需求量的一种方法。由于要进行假设性描述，这种预测方法被称为描述法，同时由于要给出多个方案，这种方法又被称为多方案法。具体操作步骤如下：

① 明确企业目标，并对影响人力资源需求的各个因素进行假定性描述和分析；

② 预测在每种特定环境和条件下对于人力资源的需求，形成多个方案；

③ 综合分析，制订人力资源需求预测总方案。

（6）工作研究预测法。工作研究预测法是在掌握各个岗位的工作内容和职责范围基础上，根据需要完成的工作量，预测需要的人员的一种方法。由于是通过分析岗位来预测人员，所以这种预测法又被称为岗位分析法。具体操作步骤如下：

① 职务分析；

② 根据企业目标，确定各单位组织的工作量；

③ 结合职务分析和工作量，预测人力资源需求。

（7）驱动因素预测法。有些与企业特征相关的因素主导着企业活动，从而决定企业的业务量，进而决定人员的需求量。驱动因素预测法是要找出这些驱动因素，并根据这些因素预测人力资源需求。具体操作步骤如下：

① 寻找驱动因素；

② 分析驱动因素与人力资源需求之间的关系；

③ 预测驱动因素的变动；

④ 根据预测的驱动因素影响，预测人力资源需求。

2．定量预测法

（1）趋势预测法。趋势预测法是一种基于统计资料的定量预测方法，一般是利用过去5年左右时间里的员工雇用数据，以时间或产量等单个因素作为自变量，人力需求为因变量，且假设过去人力的增减趋势保持不变，一切内外影响因素保持不变。

【操作举例1】

某企业，已知过去12年的人力数量（见表2-1）。

表2-1　　　　　　　　　　　某企业过去12年的人力数量

年度	1	2	3	4	5	6	7	8	9	10	11	12
人数	510	480	490	540	570	600	640	720	770	820	740	930

公式：

$$a = y - b\overline{x}, \quad b = \frac{\sum_{i=1}^{n}(x_i - \overline{x})(y_i - \overline{y})}{\sum_{i=1}^{n}(x_i - \overline{x})^2}$$

$$\overline{y} = \frac{\sum_{i=1}^{n} y_i}{n}, \quad \overline{x} = \frac{\sum_{i=1}^{n} x_i}{n}$$

利用最小平方法，求直线方程：$y = a + bx$

其中，得出 $a = 390.7$，$b = 41.3$

$y = 390.7 + 41.3x$

则可预测未来第三年的人数为 $y = 390.7 + 41.3 \times 15 \approx 1010$（人）

（2）比率分析法。比率分析法是通过计算特殊的商业要素和所需员工之间的比率关系来确定未来人力资源需求的方法，它是以下两种因素之间的比率为分析依据的：

① 某些原因性商业要素（如销售额）；

② 所需要的员工数量（如销售人员数量）。

【操作举例2】

假设你发现一名销售人员每年通常能实现 70 万元的销售额。在过去的两年中，你每年需要 10 名销售人员来完成 700 万元的销售额。再假如你计划在下一年将销售额提高到 980 万元，并在再下一年将销售额提高到 1400 万元，那么，如果销售收益和销售人员的数量仍然保持不变，你在下一年就需要增加 4 名新的销售人员（每人将完成 70 万元以上的销售额），再过一年，你就又需要增加 6 名新的销售人员来完成要求增加的另外 420 万元销售额（下一年的 980 万元销售额和再下一年的 1400 万元销售额之间的差额）。

此外，我们还可以利用比率分析法来预测其他一些人员需求。比如，可以计算销售人员与文秘人员之间的比率，然后以此来确定需要增雇多少文秘人员与销售人员的增加相匹配。

注意：比率分析法假定生产率保持不变，比如无论对销售人员如何进行激励，也不可能使每位销售人员每年的销售额超过 70 万元。如果销售生产率上升或下降，销售额与销售人员的比率就要改变，那么根据历史比率所进行的人员预测就不太准确了。

（3）劳动定额法。它是对劳动者在单位时间内应完成工作量的规定，在已知企业计划任务总量及制订了科学合理的劳动定额的基础上，运用劳动定额法能较准确地预测企业人力资源需求量。

公式：

$$N = \frac{W}{q \times (1 + R)}$$

其中，N 为人力资源需求量，W 为计划期任务总量，q 为企业现行定额，R 为部门计划期内劳动生产率变动系数。$R = R_1 + R_2 + R_3$；R_1 为企业技术进步引起的劳动生产率提高系数；R_2 为经验积累导致的劳动生产率提高系数；R_3 为由年龄增大及某些社会因素引起的劳动生产率降低系数。

【操作举例3】

某企业预计明年生产机床 3000 台，平均每个工人的年生产能力是 10 台，企业技术进步使工人劳动生产率提高 12%，经验使劳动生产率提高 4%，因管理问题导致劳动生产率降低

5%，问明年需要多少工人？

解：$N = \dfrac{3000}{10 \times (1+0.12+0.04-0.05)} \approx 270$（人）

（4）计算机模拟预测法。随着计算机技术的飞速发展，人力资源管理的信息化趋势越来越明显，运用计算机技术来完成人力资源需求预测在很大程度上依靠计算机强大的数据处理能力，一些企业已经在组织内部开发出了完善的人力资源信息系统，运用 IT 技术管理人力资源，将人力资源总店和直接总店所需的信息集中在一起，建立起综合的计算机预测系统。在这一系统中需要保存的信息包括：生产单位产品所需要的直接劳动工时（对生产率的一种衡量）以及当前产品系列的 3 种销售额计划——最低销售额、最高销售额、可能销售额。以这些数据为基础，不仅可以预测"满足生产需要的平均人员需求水平"的数字，而且可以分别预测对生产类人员（如流水线上的生产员工）、间接生产人员（如文秘人员）以及职能管理人员（如行政管理人员）的需求数字。

运用这一系统，管理者可以很快地将劳动生产率水平计划和销售水平计划转化为人员需求的预测，同时，也可以预测各种劳动生产率水平及销售水平对人员需求的影响。

3. 各种方法的比较（见表 2-2）

表 2-2　　　　　　　　　　　　　人力资源需求预测定量方法比较

方法名称	功　　用	优　　点	局　　限
趋势预测法	根据数学中回归原理对人力资源需求进行分析	分析影响需求的重要因素	当因素之间无关联或关联性较差时，方法不实用
比率分析法	将企业业务量转换为人力资源需求，是一种适合短期需求预测的方法	精确、简单地认识相关因素和人员需求之间的关系	进行估计时需要对计划期的业务量、目前人均业务量和生产率的增长率进行精确的估计；只考虑人工需求总量，未说明其中不同类别员工需求的差异
劳动定额法	在已知企业计划任务及制订了科学合理的劳动定额基础上，运用此法能较准确地预测企业人力资源需求量	操作性高、使用简便、成本较低	衡量标准确定的科学性问题
计算机模拟预测法	利用强大的数据处理能力预测人力资源需求量	最复杂也最精确的一种方法	操作起来要求较高

小贴士

1. 定性与定量方法的结合应用

在对人力资源需求影响因素较多时，只凭以往的经验和少数人的判断来定性地预测企业的人力资源需求是危险的；而刻板地只套用定量方法模型而不顾企业的具体因素，不仅有可能使需求预测任务更复杂，而且可能出现严重脱离实际的预测结果。相反，灵活地将定性和定量方法相结合常常会产生科学合理符合实际的预测结果。

2. 定量方法的选择和应用要经过严格的检验步骤

由于定量方法的模型往往会涉及众多的变量和参数，其变量的选择和参数的制订必须经过多次的试验才能确定其正确有效，从而保证整个模型的科学可信。

3．切忌认为预测模型越复杂就越科学

对于一个具体的企业，其人力资源需求预测模型的合适与否关键在于该模型对于这个企业是否有效。如果复杂模型考虑的众多因素中有些因素对这个企业的人力资源需求状况并不产生影响，其预测结果肯定是事倍功半的。

2.3　人力资源供给预测

2.3.1　人力资源供给预测概述

小故事：价格不定的青椒童子鸡

人力资源管理部门周经理最近遇到了危机，他公司的各个部门都向人力资源部门要人，然而短时间内怎么可能找到那么多合适的人呢。这种情况反复发生，让周经理陷入了迷惘，不知道是别的部门出了错，还是自己的工作出了错。为了放松心情，周经理来到了一间自己熟悉的饭店用餐，并无意间听到了一段酒楼经理和顾客甲的对话。

顾客甲正在找酒楼经理抱怨："前天我来贵店时，青椒童子鸡是限量供应特色菜，并且味道鲜美，所以今天特地赶早请同事来品尝，但没想到今天青椒童子鸡却成了限时特价菜，弄得我成了同事的笑柄，说我赶早是为了请大家吃便宜菜。"

由于顾客甲和酒楼经理熟识，所以酒楼经理不由大倒苦水："甲主任，你也知道，采购的负责人是我们饭店的股东，每天采购的品种和数量都是由他来定的，前天你来的时候鸡订少了，但今天又订多了，所以他就把限量供应改成特价供应，非常不好意思，请您多包涵，我建议您下次来前先打电话询问，如何？"

顾客甲听完反口说道："咦，你们饭店为什么不先问问下个星期供应什么菜，然后提前挂出来让顾客知道呢？"

一旁的周经理不禁失笑，一个不知道外面供应什么，一个不知道自己供应什么，不出乱才怪。但转而一想，自己不正也犯着同样的错误吗，一方面不清楚企业内部的人员情况，每次缺人都措手不及；一方面也不清楚劳动力市场的供给情况，常常找不到合适的人，想到这周经理只好苦笑了一下，当然一下子也豁然开朗了。最后，他特意享受了一盘青椒童子鸡。

（资料来源：博锐管理在线）

人力资源需求预测只是分析企业内部对人力资源的需求，而人力资源供给预测需要分析企业内部供给和企业外部供给两个方面。内部供给预测需要考虑企业的内部条件，从而估计经过未来一段时间的调整后，企业内部供给将会怎样。外部供给预测需要考虑企业外部环境的变化，预期劳动力市场满足企业需求的能力如何。供给预测需要考虑的因素更多、更不可控，只有认识到其特点，选取合适的方法，才能增加预测的准确性。

1．人力资源供给预测的含义

人力资源供给预测是人力资源规划中的核心内容，是预测在某一未来时期，组织内部所能供应的（或经有培训可能补充的）及外部劳动力市场所提供的一定数量、质量和结构的人员，以满足企业为达成目标而产生的人员需求。从供给来源看，人力资源供给分为外部供给和内部供给两个方面。其中，外部供给是指研究外部劳动力市场对组织的员工供给；内部供给是指在对组织内部人力资源开发和使用状况考察的基础上，对未来企业人力资源状况的预测。外部供给在大多数情况下，不为组织所了解或掌握，因而多通过对本地劳动力市场、企业雇佣条件和竞争对手的策略分析来实现。因而，供给预测的研究主要集中于组织人力资源内部供给。

2．人力资源外部供给预测

（1）人力资源外部供给预测的影响因素。人力资源外部供给预测实质就是分析社会劳动力资源的供给状况，而社会劳动力供给状况受人口数量与结构、经济与技术、社会文化教育等外界因素的影响，因而当企业预测外部人力资源供给时，应考虑以上这些因素；另外，就考虑范围来看，更重要的应是考虑企业所在地区的以上因素。

① 人口因素。具体又包括以下几个方面。

A．本地区人口总量与人力资源率：它们决定了该地区可提供的人力资源总量，且这两个因素与人力资源总量成正比。

B．本地区人力资源的总体构成：它决定了在年龄、性别、教育、技能、经验等层次与类别上可提供的人力资源的数量与质量。

② 经济与教育因素。

A．本地区的经济发展水平决定了对外地劳动力的吸引能力。显然经济发展水平越高，对外地劳动力的吸引力就越强，则本地劳动力供给也就越充分，如广州、深圳的外来劳动力较于其他地区更多。

B．本地区的教育水平特别是政府与组织对培训和再教育的投入，直接影响劳动力供给的质量。

③ 劳动力市场状况。

A．本地劳动力平均价格/外地劳动力平均价格，若此比值大于 1，则本地劳动力供给更充分，否则更低。

B．本地区劳动力的择业心态、工作价值观及择业模式，如深圳劳动者的平均年龄较低，年轻一族有不同于传统的工作价值观，他（她）们普遍持以下观点："拼命工作，喜欢花钱，只有当把手里的钱花光花尽，才会真正有一种强烈的危机感，而这种危机感才会促使他们去更好地把握机会甚至是创造机会，更积极地去发挥主观能动性；也就是说会花钱，才能会去挣更多的钱。"这种观点不仅是一种新型的工作价值观，而且也是一种生活方式，更是一种生活哲学。现在深圳有号称"月光一族"（即把当月工资全部花光）的"新新人类"。

C．本地区地理位置对外地人口的吸引力，如沿海地区对外地人口吸引力较大。

D．本地区外来劳动力的数量与质量。

④ 科技因素。科技对人力资源供应预测的影响主要体现在以下几个方面。

A．掌握高科技的员工的供给量增大。高科技发展和在各行各业中的运用，使得对掌握高科技的人员的需求量急剧上升，从而推动了教育界对高科技人才的培养，进而使劳动力市场中掌握高科技的劳动力增加。

B．办公自动化的普及使中层管理者的需求量大规模削减，从而导致中层管理者的供给量相对缩减。

C. 科技发展使人们从事生产的时间越来越少，闲暇时间越来越多，因而服务行业的劳动力需求增加，从而导致向该行业供给的劳动力增加。如我国下岗职工主要在服务性行业中再就业。

⑤ 相关的政府政策、法规。本地政府从本地经济和保护本地劳动力就业机会出发，都会在国家有关法令的基础上颁布一些政策法规，如防止外地劳动力盲目进入本地劳动力市场、严禁童工就业、员工安全保护法规等。

（2）人力资源外部供给预测的方法。

① 相关因素预测法。具体做法是找出影响劳动力市场供给的各种因素，分析这些因素对劳动力市场变化的影响程度，预测未来劳动力市场的发展趋势。具体操作步骤如下：

A. 分析哪些因素是影响劳动力市场供给的主要因素，选择相关因素；

B. 根据历史数据，找出相关因素与劳动力供给的数量关系；

C. 预测相关因素的未来值；

D. 预测劳动力供给的未来值。

② 市场调查预测法。此方法是指运用科学的知识和手段，系统地、客观地、有目的地收集、整理、分析与劳动力市场有关的信息，在此基础上预测劳动力市场未来的发展趋势。具体操作步骤如下：

A. 确定问题和预测目标；

B. 制订市场调查计划；

C. 收集信息；

D. 整理、分析信息；

E. 提出结论，预测未来劳动力市场发展趋势。

2.3.2 人力资源内部供给预测的方法

1. 定性方法

（1）人力资源盘点法：对现有的人力资源数量、质量、结构进行核查，掌握目前拥有的人力资源状况，对短期内人力资源供给做出预测。

具体操作步骤如下：

① 设计人事登记表；

② 在日常人力资源管理中，做好记录工作；

③ 定期核查现有的人力资源状况；

④ 预测未来内部的人力资源供给。

人事登记表不是简单地记录个人的人事信息，而是一份为供给预测服务的登记表。首先，人事登记表要包括员工的个人基本信息，这是"盘点"的基础；其次，要体现员工调动工作的意愿，在人员变动时作为参考，让员工从主观上胜任未来岗位；最后，要反映出员工的工作能力和发展潜力，评估其调动的可能性，在客观上确认员工能胜任未来岗位。设计合理的人事登记表可以为企业收集重要的人事信息，但要使表格有效，平时的记录工作显得更为重要。

（2）替换单法：在对组织人力资源彻底调查和现有员工能力以及潜力评估的基础上，指出企业中每一个职位的内部供应源状况。具体而言，即根据现有人员分布状况及绩效评估的资料，在未来理想人员分布和流失率已知的条件下，对各个职位尤其是管理阶层的继任计划预做安排，并且记录各职位的接班人预计可以晋升的时间，作为内部人力供给的参考。经过这一规划，由待补充职位空缺所要求的晋升量和人员补充量即可知道人力资源供给量。

替换单法的具体操作步骤如下：

① 确定某个待预测内部供给的具体岗位；

② 分析这个岗位的晋升者来源；

③ 根据人员的能力素质和绩效评估其可提升时间；

④ 分析岗位人员的可能流动率；

⑤ 计算该岗位的内部供给。

在现有人员分布状况、未来理想人员分布和流失率已知的条件下，由待补充职位空缺所要求的晋升量和人员补充量即可知人力资源供给量，如图2-1所示。

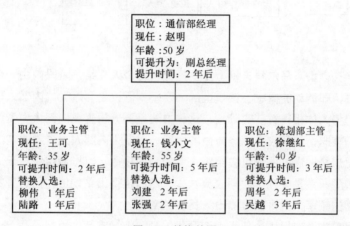

图 2-1　替换单图

2．定量方法

（1）人力资源"水池"模型。此法是在预测企业内部人员流动的基础上来预测人力资源的内部供给，它与人员替换有些类似，不同的是人员替换是从员工出发来进行分析，预测的是一种潜在的供给；而"水池"模型则是从职位出发进行分析，预测的是未来某一时间现实的供给。这种方法一般针对具体的部门、职位层次或职位类别来进行。

【操作举例 4】

下面通过一个职位层次分析的例子来看一下这个模型是如何运用的。首先，我们要分析每一层次职位的人员流动情况，可以用下面的公式来进行预测：

未来的内部供给量=现有的人员数量+流入人员的数量–流出人员的数量

其流程如图2-2所示。

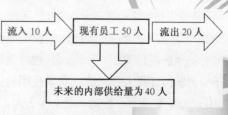

对每一个层次的职位来说，人员流入的原因有平行调入、上级职位降职和下级职位晋升；流出的原因有向上级职位晋升、向下级职位降职、

图 2-2　人力资源内部供给分析流程图一

平行调出和离职。

对所有层次的职位分析完之后，将他们合并在一张图中，就可以得出企业未来各个层次职位的内部供给量以及总的供给量，如图2-3所示。

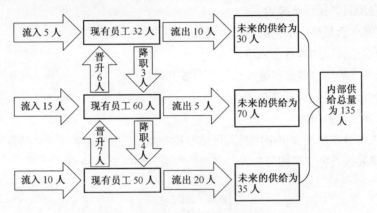

图2-3　人力资源内部供给分析流程图二

（2）马尔科夫模型。马尔科夫模型主要是分析一个人在某一阶段内由一个职位调到另一个职位的可能性，即调动的概率。该模型的一个基本假设是，过去的内部人事变动的模式和概率与未来的趋势大体相一致。实际上，这种方法是要分析企业内部人力资源的流动趋势和概率，如升迁、转职、调配或离职等方面的情况，以便为内部人力资源的调配提供依据。

它的基本思想是：通过发现过去组织人事变动的规律，以推测组织在未来人员的供给情况。马尔科夫模型通常是分几个时期收集数据，然后再得出平均值，用这些数据代表每一种职位中人员变动的频率，就可以推测出人员变动情况。

这种方法目前广泛应用于企业人力资源供给预测上，其基本思想是找出过去人力资源变动的规律，来推测未来人力资源变动的趋势。

具体操作步骤如下：

将计划初期每一种工作的员工数量与每一种工作的人员变动概率相乘，然后纵向相加，即得到组织内部未来劳动力的净供给量。其基本表达式为：

$$N_i(t) = \sum_{j=1}^{k} * P_{ij} + V_i(t)$$

$N_i(t)$：t 时间内 i 类人员数量；

P_{ij}：人员从 j 类向 i 类转移的转移率；

$V_i(t)$：在时间（$t-1$, t）内 i 类所补充的人员数。

企业人员的变动有调出、调入、平调、晋升与降级5种。表2-3中假设某零售企业在2007～2008年各类人员的变动情况。年初经理有10人，在此期间平均80%的商店经理仍在商店内，20%的商店经理离职，另外，20位经理助理有15%晋升到商店经理，70%留在原来的职务，15%离职；如果人员的变动频率是相对稳定的，那么在2008年留在商店经理职位上有8人（10×80%），另外，经理助理中有3人（20×15%）晋升到经理职位，最后经理的总数是11人（8+3）。可以根据这一矩阵得到其他人员的供给情况，也可以计算出其后各个时期的预测结果。

表2-3 某零售企业的马尔科夫分析

1999~2000	商店经理	经理助理	区域经理	部门经理	销售员	离职
商店经理（n=10）	80% 8					10% 2
经理助理（n=20）	15% 3	70% 14				15% 3
区域经理（n=40）		10% 4	60% 24	10% 4		20% 8
部门经理（n=300）			10% 30	70% 210	5% 15	15% 45
销售员（n=1500）				5% 75	75% 1125	20% 300
供给预测	11	18	54	289	1140	358

3．各种方法的比较

人力资源内部供给预测方法比较如表2-4所示。

表2-4 人力资源内部供给预测方法比较

方 法 名 称	功 用	优 点	局 限
人力资源"水池"模型	决定由哪些人员可以补充企业的重要职位空缺	在重要岗位人员的配置时效果好	缺少对一般岗位的认识和分析
马尔科夫模型	用来进行组织内部人力资源供给预测的方法	能够准确全面地了解组织内部人员流动状况	缺少对组织外部人员流动信息的认知和分析

2.4 人力资源供需平衡分析

企业人力资源供给和需求预测的比较，一般会有以下几种结果。

2.4.1 总量平衡，结构失衡

在出现总量平衡，结构失衡的结果时，可以采取以下措施。

（1）进行人员内部的重新配置，包括晋升、调动、降职等，来弥补那些空缺的职位，满足这部分的人力资源需求；

（2）对人员进行有针对性的专门培训，使他们能够从事空缺职位的工作；

（3）进行人员的置换，释放那些企业不需要的人员，补充企业需要的人员，以调整人员的结构。

2.4.2 供过于求

当出现供过于求的结果时，可以采取以下措施。

（1）永久性地裁员或者辞退员工，这种方法虽然比较直接，但是由于会给社会带来不安定因素，因此往往会受到政府的限制；

（2）减薪；

（3）降级；

（4）工作分享或工作轮换，通过这种方式也可以减少供给；

（5）鼓励员工提前退休，就是给那些接近退休年龄的员工以优惠的政策，让他们提前离开企业；

（6）冻结招聘，就是停止从外部招聘人员，通过自然减员来减少供给；

（7）对员工进行重新培训，调往新岗位，或适当储备一些人员。

2.4.3 供不应求

当出现供不应求的结果时，可以采取以下措施。

（1）延长工作时间，让员工加班加点；

（2）聘用临时工；

（3）根据企业情况，将非核心业务部分或整块地承包给外部企业去完成；

（4）适当进行岗位培训后进行平行性岗位调动；

（5）降低员工的离职率，减少员工的流动数量，同时进行内部调配，增加内部的流动来提高某些职位的供给；

（6）从外部雇用人员，包括返聘退休人员，这是最为直接的一种方法，可以雇用全职的也可以雇用兼职的，根据企业自身的情况来确定；

（7）改进技术（技术创新）或进行超前生产。

表 2-5 所示是对各种供需平衡方法的比较。

表 2-5 供需平衡的方法比较[1]

	方法	速度	员工受伤的程度
供大于求	裁员	快	高
	减薪	快	高
	降级	快	高
	工作分享或工作轮换	快	中等
	退休	慢	低
	自然减员	慢	低
	再培训	慢	低
	方法	**速度**	**可以撤回的程度**
供不应求	加班	快	高
	临时雇佣	快	高
	外包	快	高
	培训后换岗	慢	高
	减少流动数量	慢	中等
	外部雇佣新人	慢	低
	技术创新	慢	低

2.5 人力资源规划制订

编写人力资源规划的步骤如下。

---

[1] 参见雷蒙德·A.诺伊等：《人力资源管理》，北京：中国人民大学出版社，2001，第 168 页。

步骤1：制订职务编写计划。根据企业发展规划，综合职务分析报告的内容，来制订职务编写计划。编写计划陈述企业的组织结构、职务设置、职位描述和职务资格要求等内容。制订职务编写计划是描述企业未来的组织职能规模和模式。

步骤2：根据企业发展规划，结合企业人力资源盘点报告制订人员盘点计划。人员配置计划陈述了企业每个职务的人员数量、人员的职务变动、职务人员空缺数量等。制订配置计划的目的是描述企业未来的人员数量和素质构成。

步骤3：预测人员需求。根据职务编制计划和人员配置计划，使用预测方法来预测人员需求预测。人员需求中应陈述需求的职务名称、人员数量、希望到岗时间等。最好形成一个标明有员工数量、招聘成本、技能要求、工作类别及为完成组织目标所需的管理人员数量和层次的分列表。

步骤4：确定员工供给计划。人员供给计划是人员需求的对策性计划。主要陈述人员供给的方式、人员内外部流动政策、人员获取途径和获取实施计划等。通过分析劳动力过去的人数、组织结构和构成以及人员流动、年龄变化和录用等资料，就可以预测出未来某个特定时刻的供给情况。预测结果勾画出组织现有人力资源状况以及未来在流动、退休、淘汰、升职以及其他相关方面的发展变化情况。

步骤5：制订培训计划。为了提升企业现有员工的素质，适应企业发展的需要，对员工进行培训是非常重要的。培训计划中包括培训政策、培训需求、培训内容、培训形式、培训考核等内容。

步骤6：制订人力资源管理政策调整计划。计划中明确计划内的人力资源政策的调整原因、调整步骤和调整范围等。其中包括招聘政策、绩效政策、薪酬与福利政策、激励政策、职业生涯政策、员工管理政策等。

步骤7：编写人力资源部费用预算。其中主要包括招聘费用、培训费用、福利费用等费用的预算。

步骤8：关键任务的风险分析及对策。每个企业在人力资源管理中都可能遇到风险，如招聘失败、新政策引起员工不满等，这些事件很可能会影响企业的正常运转，甚至会对企业造成致命的打击。风险分析就是通过风险识别、风险估计、风险驾驭、风险控制等一系列活动来防范风险的发生。

第三部分　课题实践页

1. 选择题

（1）狭义的人力资源规划的最终目的是（　　　）。

    A. 保持人力　　　　　　　　B. 制定政策

    C. 预测目标　　　　　　　　D. 供需平衡

（2）对于管理人员供给的预测，最简单有效的方法是（　　　）。

    A. 马尔科夫分析法　　　　　B. 竞标法

    C. 德尔菲法　　　　　　　　D. 管理人员接替计划

（3）人力资源规划（　　　）。

    A. 可充分利用现有的人力资源

B. 能够预测组织中潜在的人员过剩或人力不足

C. 可充分满足每一个员工的个人职业发展需求

D. 能减少企业在关键技术环节对外部招聘的依赖性

E. 能得到和保持一定数量具备特定技能、知识结构和能力的人员

（4）采用德尔菲法进行人力资源需求分析，应遵循下列原则：（　　）。

A. 向高层领导部门和决策人说明预测的益处，以争取支持

B. 尽量精确，让专家们说明预计数字的肯定程度

C. 尽量简化，不要问没有必要问的问题

D. 所问的问题应是被问者都能回答的问题

E. 保证所有专家能从同一角度去理解自己的定义

（5）人力资源需求预测的方法分定性和定量预测两类，下列方法中（　　）属于定量方法。

A. 指数平滑法　　　　　B. 竞标法　　　　　　C. 移动平均法

D. 时间序列分析法　　　E. 德尔菲法

（6）影响人力资源供求平衡的因素主要包括（　　）。

A. 企业员工关系　　　　B. 业务高速发展　　　C. 绩效管理

D. 培训与开发　　　　　E. 人员流动

2. 判断题

（1）德尔菲法是选取国内外本行业最先进企业作为标杆，与最先进企业的主要经济和人力资源管理指标进行对照比较的方法。（　　）

（2）竞标法是特别的专家意见咨询方法，是一种避免专家之间相互影响及"从众行为"，能够逐步达成一致意见的结构化方法。（　　）

（3）人力资源需求预测的方法分定性和定量预测两类。（　　）

（4）马尔科夫分析方法是找出过去人事变动的规律，以此来推测未来人事变动趋势的一种方法。（　　）

（5）对于管理人员供给的预测，最简单有效的方法就是管理人员接任计划。（　　）

3. 问答题

（1）什么是人力资源规划？

（2）谈谈您认为企业中制订人力资源规划有何重要性？

（3）预测人力资源需求有几种方法？试分析各种方法的长处和短处。

4. 操作题

（1）某企业 3 年后人力资源成本预计总额是 300 万元/月，目前每人的平均工资是 1000 元/月，每人的平均资金是 200 元/月，每人的平均福利是 72 元/月，每人的平均其他支出是 80 元/月。若企业计划人力资源平均每年增加 5%，则 3 年后需要的人力资源是多少？

（2）试用马尔科夫分析法对某企业业务部人员下一年度的供给情况进行预测。请在表 2-6 中

根据给出的各种人员的现有人数和每年平均变动概率，计算出各种人员的变动数和需补充的人数。

表2-6 某企业业务部人员下一年度的供给情况预测表

职 务	现 有 人 数	人员变动概率			
		经 理	科 长	业 务 员	离 职
经理	5	0.9	0.0	0.0	0.1
科长	12	0.1	0.8	0.05	0.05
业务员	60	0.0	0.05	0.9	0.05
总人数	77				
需补充人数					

5. 案例讨论

某环保企业人力资源规划的编制

一家专门从事垃圾再生的环保企业需要人力资源主管王静在10天内为企业拟一份5年的人力资源规划书，这可把王静给难倒了，因为这是她第一次做这样的工作。

王静认真看过任务书以后，觉得需要考虑以下一些关键的因素。

第一是企业的现状。企业的人员构成如下：生产与维修工人825人，行政和文秘性白领职员143人，基层与中层管理干部79人，工程技术人员38人，销售人员23人。此外，据统计，近5年来员工的平均离职率为4%，并且一直稳定，没有什么改变。但王静却观察到一个现象，不同类的员工的离职率并不一样，生产工人离职率高达8%，而技术和管理干部则只有3%。再则，按照既定的扩产计划，白领职员和销售员要新增10%～15%，工程技术人员要增加5%～6%，中、基层干部不增也不减，而生产与维修的蓝领工人要增加5%。

第二，最近当地政府颁发了一项政策，要求当地企业招收新员工时，要优先照顾妇女和下岗职工。当然，该企业一直没有歧视妇女或下岗职工，只要符合条件，会按照同一标准进行选拔录用，但也不会特殊照顾。然而现在摆在眼前的事实是，只有一位女销售员，中、基层管理干部除两人是女性外，其余也都是男的，工程师里只有3个是女性，蓝领工人中约有11%是妇女或下岗职工，而且都集中在最底层的劳动岗位上。

王静需要根据以上两个情况，作出该企业的人力资源规划，其中包括各类干部和员工的人数，要从外界招收的各类人员的人数以及如何贯彻政府关于照顾妇女与下岗人员政策的规划。

此外，该环保企业刚开发出几种有吸引力的新品，所以预计企业销售额5年内会翻一番，她还得提出一项应变规划以便应付这种快速增长。

（资料来源：陈维政等，人力资源管理，高等教育出版社，2002）

【思考题】

王静在预测企业人力资源需求和供给时，她能采用哪些方法？

【提示】

王静在编制人力资源规划时需要考虑的影响因素，她可以利用哪些人力资源规划的方法来进行预测，从而确定企业人员需求方案。

6. 实训题

（1）实训目的：通过对本地区某企业的调研，尝试对该企业进行人力资源的规划。

（2）实训方式：实地调研方式、撰写规划报告。

（3）实训对象：本地区的某家企业。

（4）实训内容：

① 该企业各方面的分析和考察，如产业环境分析、组织战略分析、内部分析等；

② 人力资源需求分析及预测；

③ 人力资源供给分析及预测。

（5）实训步骤如下。

① 学生分组。

② 分组进行前期调研，收集和整理相关资料。

a. 调查、收集和整理涉及企业战略决策和经营环境的各种内外部信息；公司整体战略规划、企业组织结构（尤其是项目管理部的结构设置）、市场预期与规划、新项目规划等数据信息；

b. 了解该企业的人力资源政策、公司文化特征、公司行为模式特征、薪酬福利水平、培训开发水平、绩效考核制度、在职人员的人事信息、人员的流动率、人员的年龄结构等方面的数据信息——为制订行动计划做准备；

c. 选取同行业的一些标杆企业进行调研，了解其在人才的规划和培养方面的成熟做法，为公司的相关决策提供参考。

③ 进行人力资源的需求预测——预估将来需要的人力资源。

在以上信息的基础上，利用专业的人力资源需求预测工具和方法（如比例趋势预测法、马尔可夫法、回归分析法、德尔菲法等），考虑近年来两个岗位的人员流动率分析结果，制订某一岗位的人力资源需求预测。

④ 对现有人力资源进行评价（人力资源普查），进行内部人力资源的供给预测——评价现有的人力资源。

a. 根据后备人才的测评结果，结合某一具体岗位，提出岗位后备人才的继任等级，如，一级继任——基本适合目标岗位的能力素质要求，当出现岗位空缺时，马上可以继任；二级继任——与目标岗位的能力素质要求尚有一定的差距，经过一定的培养和锻炼后可以胜任；三级继任——与目标岗位的能力素质要求有较大的差距，有些能力在短期内也无法加以快速提升，只能重新设计其职业发展计划；

b. 根据以上评价结果，提出公司该岗位的供给预测；

c. 根据公司人力资源供给预测结果，制订人员接替和提升计划（接班人计划或后备人才计划）；

d. 根据人员配置计划的实现情况，分析人员供给的缺口；

e. 综合以上结果，提出公司内部人力资源的供给预测报告。

⑤ 对内部人力资源的供给缺口进行分析，对外部人力资源的供给进行预测。

a. 针对缺口提出弥补方案（外部招聘和内部培养）；

b. 明确需要外部补充的人员数量、质量和结构等方面要求；

c. 外部补充人员的来源（社会招聘、校园招聘、短期聘用、人才租赁等）及可靠性分析；

　　d. 结合人才市场的相关调研和分析，提出外部人力资源的供给预测（分年度）。

　　⑥ 进行供需平衡分析，制订公司的人力资源总体规划——制订满足未来人力资源需要的行动方案。

　　a. 人员供给计划——主要阐述人员供给的方式（外部招聘、内部招聘等）、人员内部流动政策、人员外部流动政策、人员获取途径和获取实施计划等；

　　b. 人员招聘计划——招聘的流程、评价的方法体系等。

　　⑦ 分组完成调研及规划报告；

　　⑧ 全班集体讨论。

课题三　工作分析

知识目标	技能目标	建议学时
➢ 了解工作分析的概念、内容、作用 ➢ 掌握岗位信息收集的主要方法 ➢ 掌握岗位分析的程序 ➢ 掌握岗位设计的方法 ➢ 掌握岗位描述的内容	➢ 掌握工作分析的内容 ➢ 能进行岗位信息收集 ➢ 能进行岗位分析 ➢ 能进行岗位设计 ➢ 能进行岗位描述	6 学时

第一部分　案例与分析

案例 1：岗位职责的分歧

　　某厂在一次接受上级检查后，领导在反馈信息时说门口卫生没做好，办公室主任就叫门卫打扫，门卫拒绝执行，理由是说明书中没有包括门口清扫的条文。办公室主任顾不得查看说明书原文，找来勤杂工清扫，勤杂工同样拒绝，理由也和门卫一样。办公室主任威胁要将其解雇，勤杂工才勉强同意清扫，但干完活以后，就向厂领导投诉。有关人员看了投诉后，审阅了门卫勤杂工和清洁工的岗位说明书。门卫的岗位说明书上明确规定："门卫的工作职责是按时开关厂门，检查进出人员的证件，进行外来人员登记。"但未提及门口卫生；勤杂工的岗位说明书明确规定："勤杂工以各种方式保持车间的卫生"，但没有包括厂门口的清扫工作。清洁工的岗位说明书上确实包含了各种清扫内容，但它的工作时间是下班以后开始。

案例分析

　　从以上案例中不难发现以下问题：为什么门卫、勤杂工、清洁工的岗位职责、工作权限、工作关系会相互重叠界定不清呢？为什么有的工作没人去做？为什么有的责任没人承担？为什么办公室主任难以确定下属的工作职责呢？

　　要回答这些问题，我们必须进行工作分析，因为工作分析是人力资源管理众要素中最基本的要素，是开展人力资源管理工作的基础，只有进行了工作分析，才能科学地界定各岗位的工作职责、任职资格等，为企业设计组织结构、制订人力资源计划、人员招聘与配置、员工培训与开发、绩效管理、薪酬管理等工作提供依据。

案例2：某公司人力资源管理员工作说明书

一、职务名称：人力资源管理员　　　　　　所属部门：人力资源部

二、职务代码：XL-HR-021　　　　工资等级：9—13

三、直接上级职务：人力资源部经理

四、工作目标

为企业招聘优秀、适合的人才；科学地进行薪酬、福利管理。

五、工作概要

1．制订和执行企业的人力资源计划

2．制订、完善和监督执行企业的各项人力资源管理制度

3．落实人力资源计划、招聘和配置、绩效管理、培训和开发等工作

六、工作内容及职责

1．根据企业发展情况提出企业人力资源管理计划

2．执行企业各项人力资源管理计划

3．制订、完善和监督执行企业的人力资源管理制度

4．制订人力资源管理工作流程

5．落实人力资源计划

6．进行企业的人力资源招聘和配置

7．按标准进行绩效考评和管理

8．组织企业的人力资源培训

9．负责企业的人力资源档案管理，建立企业人才数据库

10．完成直属上司交办的所有工作任务

七、考核标准

1．上交的报表和报告的时效性和建设性

2．工作档案的完整性

3．企业人力资源管理材料的完整性

八、任职资格条件

1．学历要求：本科以上

2．工作经验：3年以上大型企业工作经验

3．专业背景：从事人力资源招聘工作两年以上

4．英语水平：达到国家四级水平

5．计算机水平：熟练使用 Windows 和 Office 系列

6．能力要求

（1）语言表达能力：能够准确、清晰地向企业内外人员表述自己的想法和观点、巧妙地解答企业内部和外部人员提出的各种问题。

（2）文字表述能力：能够准确、快速地将希望表达的内容用文字表述出来，对文字描述很敏感。

（3）观察能力：能够很好地把握工作对象的心理。

（4）处理事务能力：能够将多项并行的事务安排得井井有条。

7．综合素质要求

（1）有良好的职业道德，能够保守企业人事秘密。

（2）独立工作能力强，能够独立完成企业的人力资源招聘、绩效考评、培训和开发管理工作。

（3）工作认真细心，能准确地把握同行业的人力资源管理情况。

案例分析

上述例子可以说明，某一职务（如以上的招聘专员）经工作分析后，名称规范化，工作职责、目标任务、工作关系都比较明确，在整个组织中定位也比较清楚。在现代企业人力资源管理实践中，人力资源部门通过工作说明书来指导人力资源管理工作，因为工作分析是人力资源规划的基础。工作分析有助于选拔和任用合格人员，有助于设计积极的员工开发计划，有助于实现公平报酬；工作分析有助于实现人力资源开发与管理的整合功能；工作分析还可以为绩效考评提供标准和依据；工作分析是实现人力资源调控的基本保障。

第二部分　课题学习引导

3.1　工作分析基础知识

3.1.1　工作分析的基本含义

工作分析是对各类工作岗位的性质任务、职责、权限、岗位关系、劳动条件和环境，以及员工承担本岗位任务应具有的资格条件所进行的系统研究，并制订出工作说明书等岗位人事规范的过程。

3.1.2　工作分析的常见术语

在工作分析中，常常会用到一些术语，但这些术语的含义经常被人们混淆，所以，理解并掌握它们的含义对科学、有效地进行工作分析十分必要。

1．工作要素

工作要素是指工作中不能继续再分解的最小动作单位。例如，酒店服务员为客人倒酒，这项工作就包含放酒杯、打开瓶盖、倒酒这 3 个工作要素。

2．任务

指为达到某种目的而进行的一系列活动。任务可由一个或多个工作要素组成。例如，生产线上的工人给瓶子贴标签这一任务就只有一个工作要素，而前面提到的给客人倒酒的任务中就包含 3 个工作要素。

3．职责

职责是由一个人负担的一项或多项任务组成。它是指任职者为实现一定的组织职能或完成工作时而进行的一个或一系列工作。例如，营销部的经理要实现新产品推广的职责就需要完成一系列工作，包括制订新产品推广策略、组织新产品推广活动和培训新产品推广人员等。

4．职位

职位也叫岗位，它是一个人完成的任务和职责的结合。担任一项或多项职责的一个任职者所对应的位置就是一个职位。例如，总经理、秘书、会计、人事总监等。

5．职务

职务也叫工作，是由一组主要职责相似的职位所组成的。在组织规模大小不同的组织中，根据不同的工作性质，一种职务可以有一个职位，也可以有多个职位。例如，营销人员的职务中可能有从事各种不同营销工作的人，但是他们的主要工作职责是相似的，因此可以归于同样的职务中。

6．职业

职业是在不同组织、不同时间从事相似活动的一系列工作的总称。例如，教师、医生、工程师等都属于职业。

3.1.3　工作分析的内容

在企业单位中，每一个工作岗位都有它的名称、工作条件、工作地点、工作范围、工作对象以及所使用的工作资料。

岗位分析包括以下 3 个方面的内容。

（1）在完成岗位调查取得相关信息的基础上，首先要对岗位存在的时间、空间范围作出科学的界定，然后再对岗位内在活动的内容进行系统的分析，即对岗位的名称、性质、任务、权责、程序、工作对象和工作资料，以及本岗位与相关岗位之间的联系和制约方式等因素逐一进行比较、分析和描述，并作出必要的总结和概括。

（2）在界定岗位的工作范围和内容以后，应根据岗位自身的特点，明确岗位对员工的素质要求，提出本岗位员工所应具备的，诸如知识水平、工作经验、道德标准、心理品质、身体状况等方面的资格和条件。

（3）将上述岗位分析的研究结果，按照一定的程序和标准，以文字和图表的形式加以表述，最终制订出工作说明书、岗位规范等人事文件。

3.1.4　工作分析的作用

（1）工作分析为招聘、选拔、任用合格的员工奠定了基础。通过工作岗位分析，掌握了工作任务的静态与动态特点，能够系统地提出有关人员的文化知识、专业技能、生理及心理品质等方面的具体要求，并对本岗位的用人标准做出具体而详尽的规定。这就使企业的人力资源管理部门在选人、用人方面有了客观的依据，经过员工素质测评和业绩评估，为企业单位招聘和配置符合岗位数量和质量要求的合格人才，使人力资源管理"人尽其才，岗得其人，能岗匹配"的基本原则得以实现。

（2）工作分析为员工的考评、晋升提供了依据。员工的评估、考核、晋级与升职，如果

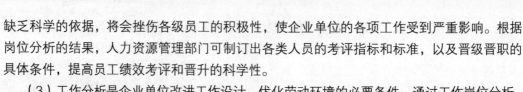

缺乏科学的依据，将会挫伤各级员工的积极性，使企业单位的各项工作受到严重影响。根据岗位分析的结果，人力资源管理部门可制订出各类人员的考评指标和标准，以及晋级晋职的具体条件，提高员工绩效考评和晋升的科学性。

（3）工作分析是企业单位改进工作设计、优化劳动环境的必要条件。通过工作岗位分析，可以揭示生产和工作中的薄弱环节，反映工作设计和岗位配置中不合理、不科学的部分，发现劳动环境中危害员工生理卫生健康和劳动安全，加重员工的劳动强度和工作负荷，造成过度的紧张疲劳等方面不合理的因素，有利于改善工作设计，优化劳动环境和工作条件，使员工在安全、健康、舒适的环境下工作，最大限度地调动员工的工作兴趣，充分地激发员工的生产积极性和主动性。

（4）工作分析是制订有效的人力资源规划，进行各类人才供给和需求预测的重要前提。每个企业对于岗位的配备和人员安排都要预先制订人力资源规划，并且要根据计划期内总的任务量、工作岗位变动的情况和发展趋势，进行中长期的人才供给和需求预测，工作分析是编制企业人力资源中长期规划和年度实施计划的重要前提。

（5）工作分析是工作岗位评价的基础，而工作岗位评价又是建立健全企业单位薪酬制度的重要步骤。因此，可以说，工作岗位分析为企业单位建立对外具有竞争力、对内具有公平性、对员工具有激励性的薪酬制度奠定了基础。

此外，工作分析还能使员工通过工作说明书、岗位规范等人事文件，充分了解本岗位在整个组织中的地位和作用，明确自己的工作性质、任务、职责、权限和职务晋升路线以及今后职业发展的方向、愿望和前景，更有利于员工"量体裁衣"，结合自身的条件制订职业生涯规划，愉快地投身于本职工作中。

总之，工作岗位分析无论是对我国宏观社会和经济发展还是对企业单位的人力资源开发和管理都具有极为重要的作用。

3.1.5　工作分析信息的主要来源

（1）书面资料。在企业中，一般都保存各类岗位现职人员的资料记录以及岗位责任的说明，这些资料对工作岗位分析非常有用。例如，组织中现有的岗位职责、供招聘用的广告等。

（2）任职者的报告。可以通过访谈、工作日志等方法得到任职者的报告。因为如果让任职者自己描述所做的主要工作以及是如何完成的，很难保证所有的工作方面都能涉及，而且无法保证信息本身的客观性和真实性。

（3）同事的报告。除了直接从任职者那里获得有关的资料外，也可以从任职者的上级、下属处获得资料。这些资料可以弥补其他报告的不足。

（4）直接的观察。到任职者的工作现场进行直接的观察也是一种获取有关工作信息的方法。尽管岗位分析人员出现在任职者的工作现场对于任职者会造成一定的影响，但这种方法仍能提供一些其他方法所不能提供的信息。

除此之外，岗位分析的资料还可以来自于下属、顾客和用户等处。尽管信息的来源多种多样，但作为岗位分析人员，要寻求最为可靠的信息来源渠道。

3.1.6　工作分析的程序

工作分析是对工作的一个全面评价过程，这个过程可以分为 4 个阶段：准备阶段、调查阶段、分析阶段和完成阶段。这 4 个阶段关系十分密切，它们相互联系，相互影响，如图 3-1 所示。

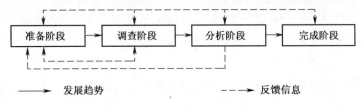

图 3-1　工作分析各个阶段的关系

1．准备阶段

准备阶段是工作分析的第 1 个阶段，主要任务是了解情况，确定样本，建立关系，组成工作小组。具体的工作如下：

（1）职务分析专家、岗位在职人员、上级主管组成工作小组；

（2）确定调查和分析对象的样本，同时考虑样本的代表性；

（3）利用现有的文件与资料（如岗位责任制、工作日志等），对工作的主要任务、主要责任、主要流程进行分析总结；

（4）把各项工作分解成若干工作元素和环节，确定工作的基本难度；

（5）找出原来的任职说明书中存在的不清楚的、模棱两可的主要条款，或对新岗位任职说明书提出拟解决的主要问题。

2．调查阶段

调查阶段是工作分析的第 2 个阶段，主要任务是对整个工作过程、工作环境、工作内容和工作人员等方面作一个全面的调查，具体工作如下：

（1）制作各种调查问卷和调查提纲；

（2）到工作场地进行现场观察，观察工作流程，记录关键事件，调查工作必需的工具与设备，考察工作的物理环境与社会环境；

（3）对主管人员、在职人员广泛进行问卷调查，并与主管人员、"典型"员工进行面谈，收集有关工作的特征以及需要的各种信息，征求改进意见，同时注意做好面谈记录，并注意面谈的方式方法；

（4）若有必要，职务分析人员可直接参与调查工作，或通过实验的方法分析各因素对工作的影响。

3．分析阶段

分析阶段是工作分析的第 3 个阶段，主要任务是对有关工作特征和工作人员特征的调查结果进行深入全面的总结分析。具体工作如下：

（1）仔细审核、整理获得的各种信息；

（2）创造性地分析发现有关工作和工作人员的关键成分；

（3）归纳、总结出职务分析的必需材料和要素。

4．完成阶段

这是工作分析的最后阶段。前3个阶段的工作都是以此阶段作为工作目标，此阶段的任务就是根据工作分析规范和信息编制"工作说明书"。具体工作如下：

（1）根据职务分析规范和经过分析处理的信息草拟"工作说明书"；

（2）将草拟的"工作说明书"与实际工作对比；

（3）根据对比的结果决定是否需要进行再次调查研究；

（4）修正"工作说明书"；

（5）若需要，可重复（2）~（4）的工作，对特别重要的岗位，其"工作说明书"就应多次修订；

（6）形成最终的"工作说明书"；

（7）将"工作说明书"应用于实际工作中，并注意收集应用的反馈信息，不断完善"工作说明书"；

（8）对工作分析本身进行总结评估，注意将"工作说明书"归档保存，为今后的工作分析提供经验和信息基础。

3.2　岗位信息收集

岗位信息收集一般通过组织保存的书面材料、任职者的报告、同事的报告、直接的观察来进行。一般采用下列方法进行收集。

3.2.1　访谈法

访谈法又称面谈法，是一种应用最为广泛的工作分析方法。访谈法是指通过与某项工作有关的人员，如工作的现任者、主管、曾任者等，进行交谈而获得工作信息的方法。一般情况下，应用的面谈法是以标准化访谈格式记录，目的是便于控制访谈内容以及对同一职务不同任职者的回答进行相互比较。

访谈法的典型问题包括：有哪些工作，主要职责，如何完成，在哪些地点工作，工作需要怎样的学历、背景、经验、技能条件或专业资格，基本绩效标准，工作有哪些环境条件，工作有哪些生理要求和心理要求，工作的安全和卫生状况等。图3-2以岗位分析为例，列举了访谈提纲。

岗位分析访谈提纲

	姓名	性别		职务	学历
1. 基本资料	身体状况			部门	
	工龄	公司工龄		直接领导	
2. 工作时间	（1）上、下班时间是否随业务情况经常变化？				
	（2）工作量是否随业务量发生显著的变化？最忙时在何时，最闲时在何时？				

图3-2　岗位分析访谈提纲

	具体职责	责任大小	工作的具体目标	工作中的突发事件及可能发生的频率	使用何种设备或材料
3. 工作内容					
4. 工作失误产生的影响	(1) 经济方面的影响程度：		(2) 对其他部门或企业整体的影响程度：		
5. 工作范围	(1) 内部接触情况：		(2) 外部接触情况：		
	(3) 自己正在做哪些不属于本岗位职责范围内的事情？				
6. 工作权责	(1) 本职位直接主管的领导方式：				
	(2) 什么样的事情应向主管汇报？				
	(3) 工作量的饱满程度如何？				
	(4) 工作中需要做计划的程度：				
	(5) 是否有提出改进本岗位工作方法和程序的权利？				
	(6) 本岗位的下属需要向您报告哪些工作？				
7. 监督	(1) 直接监督人员的数量：		(2) 间接监督人员的数量：		
	(3) 工作中主要受到谁的监督？				
8. 工作压力	(1) 工作中需要运用哪些方面的知识和技能？				
	(2) 完成工作任务是否有严格的时间限制？				
	(3) 工作是否出现无法顺利进行的情况？原因是什么？如何才能解决这类问题？				
9. 任职资格	(1) 学历：		(2) 专业：		
	(3) 经验：		(4) 其他能力：		
10. 工作环境	(1) 自然环境：		(2) 社会环境：		

图 3-2 岗位分析访谈提纲（续）

访谈法的优缺点如下。

1. 优点
（1）可以对任职者的工作态度与工作动机有比较详细的了解。

（2）运用面广，能够简单而迅速地收集多方面的工作分析资料。

（3）由任职者亲口讲出工作内容，具体而准确。

2. 缺点
（1）访谈法需要受过专门训练的工作分析人员。

（2）比较费口舌、费时间，工作成本高。

（3）员工有时夸大或弱化某些职责，致使收集到的信息被扭曲、失真。

3.2.2 观察法

观察法是工作分析者通过对特定的对象的观察，把有关工作的内容、程序、方法、目的等信息记录下来，并加以整理，以备工作分析时用的方法。

使用观察法的前提条件：

（1）要求观察者有足够的实际操作经验；

（2）要求工作应相对稳定，即在一定时间内，工作内容、程序、对工作人员的要求不会发生明显的变化；

（3）适用于大量标准化的、周期较短的以体力活动为主的工作，不适用于以脑力劳动为主的工作。

图3-3所示为职务分析观察提纲，供参考使用。

```
职务分析观察提纲（部分）

被观察人姓名：_____        观察人姓名：_____
被观察人岗位：_____        观察时间：_____
工作类型：_____           观察内容：_____    工作部门：_____

 1. 什么时候开始正式工作？_____
 2. 上午工作多少小时？_____
 3. 上午休息几次？_____
 4. 第一次休息时间从_____到_____
 5. 第二次休息时间从_____到_____
 6. 上午完成产品多少件？_____
 7. 平均多长时间完成一件产品？_____
 8. 与同事交谈几次？_____
 9. 每次交谈约多长时间？_____
10. 室内温度约多少度？_____
11. 上午抽了几支香烟？_____
12. 上午喝了几次水？_____
13. 什么时候开始午休？_____
14. 出了多少次品？_____
15. 搬了多少次原材料？_____
16. 工作地噪声分贝是多少？_____
```

图3-3　职务分析观察提纲

观察法的优缺点如下。

（1）优点：工作分析人员能够比较全面和深入地了解工作要求，适用于那些主要用体力活动来完成工作的人员，如装配工人、保安人员等。

（2）缺点：不适用于脑力劳动成分较高的工作人员，以及处理紧急情况的间歇性工作的工作人员。如教师、急救站护士、经理等。

3.2.3　问卷调查法

问卷调查法是由有关人员事先设计出一套工作分析问卷，然后由承担工作的员工填写问卷，最后再将问卷加以归纳分析的岗位信息收集的方法。

一份完整的岗位信息问卷调查表应包括以下基本调查项目：基本资料、工作时间、工作内容、工作责任、任职者所需知识技能、工作的劳动强度和工作环境等。以职务分析为例，图 3-4 所示为职务分析问卷。

职务分析问卷

姓名_____性别_____职务_____学历_____任职时间_____
任现职时间_____部门_____直接领导_____

1. 说明工作的主要职责：_____
2. 其他较不重要的职责：_____
_____
3. 请举例你所用的工具（持续使用、经常使用、偶尔使用）
　　_____　_____　_____　_____
　　_____　_____　_____　_____
　　_____　_____　_____　_____
4. 做此工作需要何种教育程度？
A. 高中以下
B. 高中
C. 大专
D. 大专以上
5. 担任此工作需要多少年有关的工作经验？
A. 不用经验
B. 1～3 年
C. 3～5 年
D. 3 个月到 1 年
6. 你个人认为做好此工作需要多长时间的培训？
A. 2 周或者少于 2 周
B. 6 个月
C. 3 个月
D. 1 年
7. 做好此项工作需要监督程度如何？
A. 经常性监督
B. 有限监督
C. 偶尔
D. 少量或没有直接监督
8. 你的岗位在工作中会产生哪些差错，如果差错发生，对组织、对个人产生的影响如何？
_____
_____

图 3-4 职务分析问卷

9. 工作中和公司内外的哪些部门和个人有联系？

_____

_____

10. 试说明本岗位会使人身心疲惫的环境和工作要素。

_____

_____

图 3-4　职务分析问卷（续）

问卷调查法的优缺点如下。

1．优点

（1）费用低、速度快、节省时间，可以在工作之余填写，不影响正常工作。

（2）调查范围广，可用于多种目的、多种岗位。

（3）调查资料可以数量化，由计算机进行数据处理。

2．缺点

（1）设计理想的调查表要花费较多时间、人力、物力、财力，成本高。

（2）在问卷使用前应进行测试，以了解员工理解问卷中问题的情况，应避免误解，还经常需要工作分析人员亲自解释和说明，降低了工作效率。

（3）填写调查表是由工作者单独进行，缺少交流和沟通，因此，被调查者可能不积极配合，不认真填写，从而影响调查的质量。

3.2.4　工作日志法

工作日志法又称工作写实法，指任职者按时间顺序，详细记录自己的工作内容与工作过程，然后经过归纳、分析，达到工作分析目的的一种方法。图 3-5 所示为工作日志实例。

工作日志实例

姓名_____　所属部门_____　岗位名称_____　直接上级_____　填写时间_____

序号	工作活动名称	工作活动内容	工作活动结果	时间消耗	备注
1	复印	协议文件	4 页	6 分钟	存档
2	起草公文	贸易代理委托书	8 页	1 小时 15 分	报上级审批
3	贸易洽谈	玩具出口	1 次	40 分钟	承办
4	布置工作	对欧出口业务	1 次	20 分钟	指示
5	会　议	讨论对日贸易	1 次	2 小时	参入
……	……	……	……	……	……
……	……	……	……	……	……
16	请　示	货款数额	1 次	20 分钟	报批
17	计算机录入	经营数据	2 屏	1 小时	承办
18	接　待	参　观	3 人	35 分钟	承办

图 3-5　工作日志实例

工作日志法优缺点如下。

1．优点

（1）信息可靠性高，适于确定有关工作职责、工作内容、工作关系、劳动强度等方面的信息。

（2）所需费用少。

（3）对分析高水平与复杂的工作，显得比较经济有效。

2．缺点

（1）将注意力集中于活动过程，而不是结果。

（2）使用范围小，只适用于工作循环周期较短、工作状态稳定无大起伏的职位。

（3）整理信息工作量大，归档工作烦琐。

（4）存在误差，需要对记录分析结果进行必要的检查。

3.2.5　典型事例法

典型事例法也称关键事件记录法，主要是由职务专家向一些对某职务各方面情况比较了解的人员进行调查，要求他们描述该职务半年到一年内能观察到并能反映其绩效好坏的一系列事件即所谓典型事例，来获得工作信息，从而达到工作分析目的的方法。

1．销售工作的 12 种关键行为

（1）对客户、订货和市场信息善于探索、追求；

（2）善于提前做出工作计划；

（3）善于和销售部门的管理人员交流信息；

（4）对客户和上级忠诚老实，讲信用；

（5）能够说到做到；

（6）坚持为用户服务，了解和满足用户的要求；

（7）用户宣传企业的其他产品；

（8）不断掌握新的销售技术和方法；

（9）在新的销售途径方面有创新精神；

（10）保护公司的形象；

（11）结清账面；

（12）工作态度积极主动。

2．典型事例分析法的优缺点

（1）优点：① 直接描述工作者在工作中的具体活动，因此可以揭示工作的动态性质；② 它提出的问题更具有可操作性，由于所研究的工作可以观察和衡量，所以，用这种方法获得的资料适用于大部分的工作；③ 由于它所收集的都是典型的实例，因此，与确定工作标准相比它对于防范事故、提高效率能起到更大的作用。

（2）缺点：收集归纳事例需要大量的时间，而且所描述的是具有代表性的工作行为，这样可能会漏掉一些不明显的工作行为，难以完整地把握整个工作实际。

3.3 岗位分析

岗位分析是工作分析中十分重要的一个阶段,主要任务是对不同岗位的工作特征、人员特征的调整结果进行深入全面的分析和总结。具体工作如下:

(1)仔细审核已收集到的各种信息;

(2)以创新的精神分析现状,尽可能地发现有关工作人员在目标工作中存在的问题,比如,总裁不该干什么,他却正在干,就要在分析中指出他的主要职责;

(3)归纳总结出工作分析的要点,包括关键岗位的职责、任务、工作关系、职务范围等;

(4)回顾最初列出的主要任务,针对工作分析提出的问题,提出改进建议,重新划分工作范围、内容、职责,确保提出的问题都得到解决。

【操作举例】

某公司是一个农特产品深加工企业,是一个组织结构较为完善的控股公司,下属公司都有较大的自主权。因此,公司的目标主要以利润为主,实行分层考核和管理,定岗定员,列出每一岗位的职责、任务、目标、任职资格。现列举某公司副总裁的工作说明书,如图3-6所示。

某公司副总裁的工作说明书

职务名称:副总裁【海外业务】

职责:全面负责公司的生产与销售业务,负责海外市场的拓展。

目标:根据总公司目标计划,当年完成任务1亿元;今后五年实现利润翻一番;海外业务拓展在五年内增加一倍。

所需资格:有10年以上基层管理工作经验、大学文化程度。

职务等级:2级。

主要下属:海外事务子公司总经理、驻外办事机构主任共20人。

主要任务:

(1)辅助总裁对总公司海外事务与公司驻外机构的业务全面领导。

(2)制订短期、中期、长期发展规划和提供海外市场开拓分析报告。

(3)对下属两个系统财务、人事全面负责,有权任免海外事务子公司与驻外机构的正、副职高层领导职位。

(4)制订下属两大系统的工作规范与主要考核条例,并根据子公司业绩决定分配方案与业务扩展方案。

(5)完成由总裁或者董事长根据总公司发展需要而规定的其他任务并向总裁直接负责。

工作关系:

(1)协调横向关系:主要是与国内销售系统、生产系统的副总裁之间的关系,要求相互配合,以总公司目标为重而共同对总裁负责。

(2)协调与职能部门的关系:主要是与总公司财务部、发展战略部、市场开发部、人力资源部的部长们协商,听取他们的建议与意见,把他们视作参谋,以保证各专业领域内

图 3-6 工作说明书

工作的顺利展开。

（3）不直接指挥与本职务没有直接关系的员工，但可以通过正常途径听取他们的意见，并向直属下级提出行政处理办法。

图 3-6　工作说明书（续）

根据工作分析中应该遵循的动态原则、岗位原则、责权利相结合原则，对副总裁的工作职责、工作目标、工作关系等进行动态分析后发现，副总裁"海外业务"的工作职责、目标任务和工作权限有矛盾，定位不清楚，那么，必须重新进行设计和规范，明确副总裁"海外业务"的工作职责是辅助总裁对海外销售业务及市场拓展负全面责任，不是对整个公司的生产和经营负责，从而，他的工作目标就是完成海外的经营任务和拓展海外业务。

3.4　岗 位 设 计

如果仅仅借助岗位分析的手段将组织中人员的工作内容和工作方式如实地呈现出来，那么岗位分析的价值就是非常有限的。其实，岗位分析的价值远非如此，它提供了很多有用的信息，这些信息不但使我们知道目前工作是怎样的，而且可以从这些信息中分析出目前的工作内容设置是否合理。假如当前的工作安排不能让员工有效地工作，那么就应该对此作出一些调整，或者对工作进行重新设计。

所谓工作设计，就是为了有效地达到组织目标、提高工作绩效，对工作内容、工作职责、工作关系等有关方面进行变革和设计。工作设计所要解决的主要问题是组织向其成员分配工作任务和职责的方式。工作设计是通过满足员工与工作有关的需求来提高工作绩效的一种管理方法，因此，工作设计是否得当对激发员工的工作动机，增强员工的工作满意度以及提高生产率都有重大影响。

案例

王鹏是某汽车公司的一名十分优秀的工人，他在公司里已经工作多年，技术娴熟，他的产量是整个车间最高的，差错也是最低的，因此他的工资为 20 元/小时，是同样工作的员工中最高的。但是大家万万没想到，他居然提出辞职了。

当朋友问他辞职原因时，他说："我现在每天都做同样的事情，太没有意思了，一天 8 小时周而复始地拧螺丝，这样干下去我要疯了"。半个月以后，一位朋友在一家汽车修理厂见到了王鹏，他现在工资为 15 元/小时，还没有以前的高，但他觉得现在的工作更有意思，因为每辆汽车的故障往往不同，他必须设法找出故障所在，并且要用各种不同的方法来处理它们，他觉得很有挑战性，也觉得工作很有意思。

上述案例中，王鹏之所以放弃原先较高薪水的工作，而选择汽车修理这份较低收入的工作，一个很重要的原因就是以前的工作没有能使他感到满意。在一个越来越强调以人为本的时代，人们也越来越关注任职者对工作的满意程度。他们是否喜欢工作的内容？从事这样的工作是否使他们得到快乐？这样的工作安排是否是最有效率的？是否能让任职者发挥最大的潜力?

3.4.1　工作扩大化

1．横向扩大工作

比如将属于分工很细的作业操作合并，由一人负责一道工序，改为几个人共同负责几道工序；在单调的作业中增加一些变动因素，分担一部分维修保养、清洗润滑等辅助工作；采用包干责任制，由一个人或一个小组负责一件完整的工作；降低流水线传动速度，延长加工周期，用多项操作代替单项操作等。

2．纵向扩大工作

将经营管理人员的部分职能转由生产者承担，工作范围沿组织形式的方向垂直扩大。如生产工人参与计划制订，自行决定生产目标、作业程序、操作方法，检验衡量工作质量和数量，并进行经济核算。再如：生产工人不但承担一部分生产任务，还参与产品试制、设计、工艺管理等项技术工作。工作扩大化使岗位工作范围、责任增加，改变了员工对工作感到单调、乏味的状况，从而有利于提高劳动效率。

3.4.2　工作丰富化

在岗位现有工作的基础上，通过充实工作内容，增加岗位的技术和技能含量，使岗位的工作多样化、充实化，消除因从事单调乏味工作而产生的枯燥厌倦情绪，从心理、生理上满足员工的合理要求。

为了使岗位工作丰富化，还应注重考虑达到以下5个方面的要求：

（1）任务的多样化，尽量使员工进行不同工序设备的操作或者多种不同性质的工作，实现"一专多能"；

（2）明确任务的意义，使员工明确完成本岗位任务的重要作用与实际意义；

（3）任务的整体性，使员工了解本岗位所承担的任务和单位的总任务、总目标、总过程的关系；

（4）赋予必要的自主权，在确保单位总目标和部门分目标实现的前提下，员工可自行设定中短期的工作目标和任务，提高员工的责任感和激励度；

（5）注重信息的沟通与反馈，上级应当及时将有关信息向下级传输，下情要通过一定的管道上达。通过必要的沟通和反馈，员工不但可以获得各种有关信息，特别是自己工作成果方面的信息，也能将所思所想、所遇到的困难和问题，及时反馈到直接主管，促进上级领导做出正确决策。

岗位工作丰富化，为员工的发展提供了更广阔的空间，使员工能有更多的实现个人价值、彰显本人特质、展示自己才能的机会，从而有利于提高岗位的工作效率，增强了员工在生理、心理上的满足感。

3.4.3　工作轮换

工作轮换就是将员工轮回到另一个同等水平、技术水平相近的工作岗位上去工作。

工作轮换有以下优点。

（1）丰富员工的工作内容，减少工作中的枯燥感，使员工的积极性得到提高。

（2）扩大员工所掌握的技术范围，使员工能够很好地适应环境变化，也为员工在内部的提升打下了基础。不少大公司内部提升的管理人员都要求有在几个不同部门或职位工作的经验。

（3）减少员工的离职率。很多员工离职都是由于对目前工作感到厌烦，希望尝试新的有挑战性的工作。如果能够在公司内部提供给员工流动的机会，使他们能有机会从事自己喜欢的有挑战性的工作，他们也许就不会到公司外部寻找机会了。

工作轮换有以下缺点。

（1）员工到了一个新的岗位，需要时间去重新熟悉工作，因此在员工轮换到新岗位的最初一段时间，生产力水平会有所下降。

（2）需要给员工提供各种培训，使他们掌握更多的技能，适应不同的工作，因此所需要的培训费用较高。

（3）工作岗位的轮换是牵一发动全局的，因为变动一个员工的工作岗位就意味着其他相关联的岗位会随之而变动，增加了管理人员的工作量和工作难度。

3.5 岗位描述和岗位规范

3.5.1 岗位描述

1．基本情况

基本情况包括岗位名称、岗位编号、定员标准、岗位等级。

2．工作内容

工作内容是工作职责的具体化，逐条说明本岗位应该做些什么工作，如何去做，工作应达到什么样的标准。

3．岗位关系

岗位关系说明本岗位与其他岗位之间的横向关系，本岗位与其他岗位之间存在的监督和被监督的纵向关系。

4．工作权限

工作权限必须与工作相匹配，工作的责、权、利高度统一。

5．工作环境

工作环境可以从社会环境和自然环境两个角度进行描述。自然环境指温度、湿度、粉尘量、噪声等物理化学环境。

3.5.2 岗位规范

岗位规范也称任职资格，是指任职者要胜任该工作必须具备的资格与条件。

（1）基本要求：主要包括年龄、性别、学历、专业、工作经验等。

（2）生理要求：主要包括健康状况、力量与体力、运动的灵活性、五官的灵敏度等。

（3）心理要求：主要包括事业心、记忆、思维、语言、操作活动能力与应变能力、沟通能力、组织能力、领导能力、合作能力等。

3.5.3　工作说明书编写前应注意的问题

企业实行工作分析，最终的目的是为获得两份文件——岗位描述和岗位规范，以便于招人、用人、留人等一系列人力资源管理工作的顺利开展。经过充分的准备、深入的调查、细致的分析等一系列步骤以后，如何利用已经收集到的工作信息，编撰真正具有实用性的工作说明书，还需要一些技巧。

在正式编写工作说明书以前，面对运用各种方法收集到的工作分析信息，首先要仔细考虑以下问题。

1．工作内容

我们需要重点考虑的问题是工作的构成因素有哪些，完成每个任务的时间、地点和方式是什么。具体来说，包括以下几个方面：① 做什么工作，也就是指该工作的构成部分有哪些；② 什么时候做，完成每一部分工作所占的时间是多少；③ 为什么做；④ 在哪里做；⑤ 怎么做。

2．职责范围

职责范围主要是指从事该项工作的员工具体分管或负责的人、财、物有哪些。包括：① 负责的下属是谁；② 负责的机械、设备及原材料有哪些；③ 可以控制的预算范围是多少；④ 其他的职责。

3．工作关系

工作关系是指由于工作需要，该员工必须与组织内外的个人或部门沟通、协调的关系。包括：① 与上级的直接关系；② 与同事的直接关系；③ 与组织内其他部门的关系；④ 与社会公众的关系。

4．工作要求条件

这里既包括工作完成的质量标准和数量标准，也包括对完成该项工作的员工的生理、心理和技能方面的要求。具体包括：① 工作数量标准；② 工作要求的技能和经验；③ 工作要求的教育程度和培训；④ 工作要求的身体条件和健康条件；⑤ 工作要求的上进心和人际沟通能力。

5．工作环境

这里既指工作的物理环境，也指工作的人际环境和社会环境。包括：① 工作本身环境和周围环境；② 社会环境及工作小组内的人际环境；③ 工资、福利、待遇、劳动保护等；④ 提升机会。

3.5.4　起草和修改工作说明书的具体步骤

（1）需要在企业单位内进行全面的岗位调查，对企业各类岗位的现状进行初步了解。根据岗位分析的任务、程序，汇总若干工作单元和环节的调查分析数据和资料。

（2）组织有关人员起草出工作说明书的初稿。

（3）企业单位人力资源部组织岗位分析专家，包括各部门经理、主管及相关的管理人员，分别召开有关工作说明书的专题研讨会，对工作说明书的订正、修改提出具体意见。从报告书的总体结构到每个项目所包括的内容，从本部室岗位设置的合理性，到每个岗位具体职责权限的划分，以及对员工的规格要求等，都要进行细致认真的讨论，并逐段逐句逐字对工作说明书进行修改。

一般来说，为了保证工作说明书的科学性、可靠性和可行性，工作说明书须由初稿、第一稿、第二稿到送审稿增删多次，才能形成工作说明书"审批稿"，最终交由企业单位的总经理或负责人审查批准，并颁布执行。

第三部分　课题实践页

1. 选择题

（1）（　　　）的优点是可进一步使员工和管理者沟通，以获取谅解和信任。

A. 观察分析法　　　　　　　　B. 工作日志法

C. 访谈法　　　　　　　　　　D. 问卷调查法

（2）（　　　）的工作设计思想对于性质不断变化、竞争日益激烈的环境有着更好的适应力。

A. 以任务为导向　　　　　　　B. 以人为导向

C. 以团队价值为导向　　　　　D. 以岗位为导向

（3）（　　　）就是当员工感到一种工作不再具有挑战性和激励性时，就把他们轮换到水平、技术要求相近的另一个岗位上去。

A. 工作轮换法　　B. 工作扩大化　　C. 工作丰实化　　D. 工作专业化

（4）岗位设计工作的入手点不包括（　　　）。

A. 扩大工作内容　　B. 员工工作满负荷　　C. 劳动环境优化　　D. 劳动关系的改善

（5）为了使岗位工作丰实化，应该考虑的重要因素有（　　　）。

A. 任务整体性　　B. 多样化　　　　C. 任务的意义　　　D. 自主权

E. 任务重要性

（6）工作岗位设计的基本原则包括（　　　）。

A. 明确任务原则　　　　　　　B. 合理分工协作原则

C. 因事设岗原则　　　　　　　D. 责权利相对应原则

（7）工作分析主要是在（　　　）层面进行的。

A. 产出　　　　　B. 投入　　　　　C. 过程　　　　D. 关联因素

（8）工作分析的方法有（　　　）。

A. 观察分析法　　B. 工作日志法　　C. 多人比较法　　D. 问卷调查法

E. 关键事件法

（9）工作再设计的方法有（　　）。

A．工作轮换　　　　B．工作扩大化　　　C．工作丰实化　　　D．工作专业化

（10）工作丰实化的主要措施有（　　）。

A．任务分解　　　　　　　　　　　　B．构建自然的工作单元

C．建立员工—客户关系　　　　　　　D．扩大纵向的负荷

E．开通信息反馈渠道

2．判断题

（1）工作设计的目的是明确所要完成的任务以及完成这些任务所需要的人的特点。（　　）

（2）工作分析的目的是明确工作的内容和方法，明确能满足组织所要求的工作与员工个人期望工作之间的关系。（　　）

（3）职务规范是关于一种工作所包含的任务、职责以及责任的一份目录清单。（　　）

（4）工作描述是一个人为了完成某种特定的工作所必须具备的知识、技能、能力以及其他特征的一封目录清单。（　　）

（5）工作分析的访谈法指工作分析者就某一职务或职位面对面地询问任职者、主管、专家等人对工作的意见和看法。（　　）

（6）工作扩大化是对工作内容的纵向扩展，从而丰实化则是横向工作扩展。（　　）

3．问答题

（1）工作分析有哪些方法？

（2）在人力资源管理中，工作分析有哪些作用？

（3）编写工作说明书要注意哪些问题？

4．实际操作题

王峰，35岁，某大学营销专业毕业，本科学历，在某中外合资纺织企业从事3年营销工作以后，晋升为公司营销部经理，请你根据营销部经理的岗位职责和资格要求，拟定营销部经理工作说明。

5．案例讨论

长城公司成立于2002年，是一家股份有限公司，中等规模，进行农产品产、供、销一条龙服务，在产品深加工方面做得很有特色，市场占有率很高。

陈华在2003年获得MBA学位后，非常荣幸地加盟到长城公司，并担任人力资源部总经理一职，陈华踌躇满志希望利用自己已有人力资源管理经验和所学人力资源管理知识，做出一番事业。

到长城公司以后，陈华深入到公司各部门进行调研，发现公司工作中缺少明确的职责界定。一项工作有时由A负责，有时又由B负责。职位"权责"往往由任职者本人的技能、能力、兴趣、个性来确定。在新雇员中，有不少资历、能力超过职位要求；而有些老员工能力

又达不到岗位要求。在做具体工作时，很少有工作说明书，部门间牵扯很多，职责界限也很模糊，碰到事情相互推诿，如有好处则相互争功。

而人力资源部几乎每一项职能都有严格的规定和标准程序，部门设置有：人力资源部下设薪酬福利部、招聘配置部、培训开发部。员工言行谨慎，尽量同经理保持一致，否则就是不懂得"本部门文化"。再则，前任人力资源部经理是前任秘书提拔上来的，其他工作人员大多数都是由员工提升上来的，仅一半员工有人力资源管理方面的学历，仅五分之一的人有人力资源管理方面的经历。有一次，陈华从一个部门门前经过，正好听到部门经理在教训下属："你再不好好干，就把你调到人力资源部去！"在其他部门许多员工看来，人力资源部在整个公司中无足轻重，而且员工也非常无能。

【思考题】

（1）长城公司的人力资源管理存在哪些问题？

（2）导致长城公司人力资源管理问题的原因是什么？

（3）假如你是长城公司新任人力资源部经理，如何解决这些问题？

6．实训题

学生自由组合组成调查小组，每组6~8人，利用课余时间，选择当地不同类型的2~3家企业中的相同岗位进行调查，调查不同企业相同岗位的岗位设置、岗位职责、能力要求、人员配置、薪酬福利等。

要求：

（1）调查前，每组要制订工作分析调查计划；

（2）根据岗位的不同选择相应的调查方法；

（3）小组成员分工协作实施调查；

（4）小组成员分别整理调查内容，然后汇总进行讨论，形成调查报告；

（5）调查报告的内容要真实具体，并结合自己所学的人力资源管理理论知识提出建议。

课题四 人力资源招聘与录用管理

知识目标	技能目标	建议学时
➤ 了解招聘的概念及其基本流程等 ➤ 了解招聘计划的制订 ➤ 掌握简历筛选的方法 ➤ 熟练掌握人员测评的基本程序 ➤ 掌握根据测评结果确定录用的人员 ➤ 掌握对招聘活动进行适当的评估	➤ 能制订人力资源的招聘计划 ➤ 能灵活掌握各种招聘的方法 ➤ 能对人力资源进行科学合理的测评筛选 ➤ 能办理员工的各项入职手续 ➤ 能进行员工招聘工作的评估	8 学时

第一部分 案例与分析

案例1：如此招聘捕鼠科科长

有一个农场最近鼠患成灾，原因是捕鼠科科长离职了，所以该农场的总经理决定重新招聘一名捕鼠科科长。

根据总经理的指示，人力资源部经理就马上开始行动，首先是写了一个小招聘广告挂在农场大门上，内容是："本农场招捕鼠科科长一名，福利待遇丰厚，有意者欢迎前来面试。"

广告牌挂出的第二天，就来了七位应聘者——鸡、鸭、羊、狗、猪、猫、猫头鹰。所以人力资源部经理开始对七位应聘者进行筛选。

第一轮是学历筛选。本科毕业的是鸡和鸭，且是知名大学的优秀毕业生；大专毕业的是羊和狗；猫和猫头鹰是高中毕业；最后一位猪先生只有小学二年级的文化水平，比较下来，最后把学历最低的猪先生淘汰了。

第二轮是笔试。这一关对大学本科毕业的鸡和鸭当然是小菜一碟；羊因为平时刻苦努力，所以也勉强通过了；狗呢，上学的时候不认真，所以做起题来也为难了，但是他很懂礼貌，就这考试的功夫，已经给主考官鞠了六个躬，点了九次头，所以他也过关了；猫头鹰虽然不会做，但视力好，也就抄过了关；只有猫因为坚持原则，不会做就是不会做，所以，这一轮被淘汰的只有猫一个人。

第三轮是答辩。面试官是总经理、农场场主和人力资源部经理三个人，采取多对一的面试方法。第一个进来的是鸡，它一进来就说："我的专业是捕鼠，在校时对于如何掌握鼠的习性与行动方式写过一篇著作。"三个面试官一听到这里，连连点头，好，通过了。

第二个是鸭，它说："我没出过著作，但大学期间，发表过 18 篇关于鼠类的论文。"三个面试官一听，觉得也不错，也留下了。

第三个是羊，羊说："我学历不高，没发表过任何论文和著作，但我捕鼠业务熟练，并且很有耐心，只要帮我找到老鼠洞口，我守株待兔，我相信在我的坚持下，鼠类一定会最终消亡！"这一番话把三个面试官感动得稀里哗啦，于是也通过了。

第四个是狗，狗一进来就点头哈腰地说："瞧三位一看就是成功人士，气宇轩昂……"狂拍一顿马屁，这招对三个面试官来说很受用，最终也录用了。

最后一个是猫头鹰，没学历，没著作论文，唯一突出之处是捕鼠一年多来抓了几百只田鼠，但口齿不够伶俐，面貌也不招人喜欢，所以这一轮下来被淘汰了。

招聘到此结束了，但我们却看到，真正会捕鼠的——像猫、猫头鹰，都被淘汰了，显然整个招聘活动是非常失败的。为什么会导致如此失败的结果呢？

（资料来源：http://info.72ec.com）

案例分析

以上案例中，为什么会导致这个失败的结果呢？为什么招聘没有成功呢？其原因很简单，就是单纯的以学历、以外在的东西来招聘，而忽略了招聘的本质是什么。

我们在选择一个人的时候，常常都会不经意地陷入这样的误区，"学历这么低，他能胜任吗？""这人怎么这么不讨人喜欢！"……我相信如果让每一个人来说的话，都不会说出这样的话，但是在做招聘的时候，却往往会受到这些因素的影响。所以，才会造成我们在招聘当中的成功率不高。

综上所述，我们在招聘之前应该做什么？应该了解的是——我们需要什么样的人？它们应该具备什么样的能力和素质？如何在面试过程中去辨别这些能力？我们应当通过什么样的渠道去搜寻这样的人才？把这些事情都做好了以后，我们才有可能把招聘成功率提升到一定的程度。

案例2：招兵买马之误

案例：A化学有限公司是一家跨国企业，主要以研制和销售各类药物为主，B公司是A有限公司在中国的子公司，主要生产、销售医疗药品，为了适应生产业务的扩大，B公司总经理叫来生产部经理李立和人力资源部经理陈斌商量，决定在生产部门设立一个人事专员的职位，其主要工作是协调生产部和人力资源部的工作，该职位的人选拟从外部招聘。

接到任务之后，陈斌设计了两种方案：第一种是在本行业专业媒体中做专业人员招聘，费用为3500元。优点是：对口的人才比例会高些，招聘成本低。缺点是：企业宣传力度小。另一个方案为在大众媒体上做招聘，费用为8500元。优点是：企业影响力度很大。缺点是：非专业人才的比例很高，前期筛选工作量大，招聘成本高。初步选用第一种方案。然而总经理看过招聘计划后，认为公司在大陆地区知名度还不够大，处于初期发展阶段不应放过任何一个宣传企业的机会，于是选择了第二种方案。

其招聘广告刊登的内容如下：

> 您的就业机会在 A 化学有限公司下属的 B 公司
> 1 个职位：新兴行业企业生产部人事专员
> 主要工作内容：协调生产部和人力资源部工作
> 有意者请把简历寄到：B 公司人力资源部收

广告才发布一个多星期，人力资源部就收到了上千封简历，最终李立和陈斌从中认真筛选了两人——李楚和王智勇。

两人的基本情况如下：

李楚，男，企业管理学士学位，32 岁，有 8 年一般人事管理及生产经验，在此之前的两份工作均有良好的表现，可录用。

王智勇，男，企业管理学士学位，32 岁，有 7 年人事管理和生产经验，以前曾在两个单位工作过，第一位主管评价很好，没有第二位主管的评价资料，可录用。

对比以上两份资料，可以发现除了王智勇的简历中没有上一个主管的评价之外，其他条件都相当。经过面试之后，公司通知两人回去等候通知，一周之内通知结果。在等待的这一个礼拜，李楚在静待佳音；而王智勇打过几次电话给人力资源部经理陈斌，强烈地表达了他想从事这份工作的意愿并对经理表示感谢。

最后，李立和陈斌商量到底录用谁，陈斌说："两位都不错，你认为哪一位更合适呢？"李立说："两位条件资格都合格，但王智勇的第二家公司主管给的资料太少，除此之外，都还不错，你认为呢？"

陈斌说："看样子你我对王智勇的面谈表现都有很好的印象，人呢，虽有点圆滑，但也很机灵，我想应该很好共事，不会出什么大问题的。"

李立听到陈斌的话，就附言说："既然是这样，那就由你决定吧。"于是，最终录用了王智勇。

然而事实却是，王智勇来公司后的 6 个月，工作表现不太如意，经常拖欠工作任务，不太能胜任工作，当然这也引起了管理层的抱怨，并对他表示了不满，必须加以处理。

然而，王智勇也提出了抗议：来公司的这段时间，公司招聘时所描述的情况跟实际情况并不一样，譬如薪酬待遇没有达到事先说好的水平，工作性质、工作内容和面试时说的情况都有差异。

那么，到底是谁的问题呢？

（资料来源：http://www.sasac.gov.cn）

案例分析

在企业招聘过程中，招聘和录用工作是建立在两项工作的基础上来完成的：一项为企业招聘规划工作，另一项是工作分析工作。有了这两项工作作为基础，企业可以进入科学的招聘和录用工作的操作阶段了。从 B 公司此次招聘工作中可以看出：他们没有长期的招聘计划来支持人力资源部门实施企业的招聘计划，这使企业的招聘工作犹如"摸着石头过河"，同时也缺少工作分析，人员的筛选过程也不够科学完善，忽视求职者的背景资料情况，没有设立招聘后的评估工作等，最终导致这种尴尬的局面。

所以，在人员招聘与录用过程中，招聘人员将会遇到各种各样的问题，需要招聘人员具备公正的态度及相应的知识和技能，才能在招聘过程中避免各种误区，保证所招人员符合组织的要求，否则不仅不利于组织的发展，同时也不利于员工个人的职业生涯发展。在此案例中，由于招聘人员的个人原因而导致的错误应当避免。企业招聘工作的逐步正规化才能使企业整体人力资源管理有更大的提升。古语说"千军易得一将难求"、"千里马常有伯乐不常有"，招聘在企业人力资源形成中的作用好比"伯乐"，企业只有学会做好"伯乐"，才会有众多"良才"聚敛到企业中去，才能形成优秀的员工队伍，在竞争的市场条件下占据优势。

第二部分　课题学习引导

4.1　招聘概述

4.1.1　招聘的含义

人员招聘即组织通过劳动力或人才市场获取人力资源的活动。它是组织根据自身发展的需要，依照市场规则和本组织人力资源规划的要求，通过各种可行的手段及媒介，向目标公众发布招聘信息，并按照一定的标准来招募、聘用组织所需人力资源的全过程。作为人力资源管理中的重要环节，人员招聘涉及规划、途径、组织和实施等许多方面。它是组织获取人力资源的第一环节，也是人员选拔的基础。

4.1.2　招聘的意义

员工招聘就是为了确保组织发展所必需的高质量人力资源而进行的一项重要工作，这是员工招聘的意义之一。意义之二，为组织输入新生力量，弥补组织内人力资源供给不足。意义之三，对高层管理者和技术人员的招聘，可以为组织注入新的管理思想，可能给组织带来技术上的重大革新，为组织增添新的活力。意义之四，成功的员工招聘，可以使组织更多地了解员工到本组织工作的动机与目标。

4.1.3　员工招聘的内容与前提

员工招聘内容主要由招募、选择、录用、评估等一系列活动构成。招募是组织为了吸引更多更好的候选人来应聘而进行的若干活动，它主要包括：招聘计划的制订与审批、招聘信息的发布、应聘者申请等；选拔则是组织从"人一事"两个方面出发，挑选出最合适的人来担当某一职位，它包括资格审查、初选、面试、考试、体检、人员甄选等环节；而录用主要涉及员工的初始安置、试用、正式录用；评估则是对招聘活动的效益与录用人员质量的评估。

4.1.4　员工招聘的程序

员工招聘大致分为制订招聘计划、简历的初步筛选、人员的测评与选拔、人员的录用和招聘评估 5 个阶段。

在整个招聘活动过程中，主要的参与者是用人部门和人力资源部门，各部门分工明确，主要的工作职责如表 4-1 所示。

表 4-1   招聘过程中用人部门与人力资源部门的工作职责

用 人 部 门	人力资源部门
（1）招聘计划的制订与审批； （2）招聘岗位的工作说明书及录用标准的提出； （3）应聘者初选，确定参加面试的人员名单； （4）负责面试、考试工作； （5）录用人员名单、人员工作安排及试用期间待遇的确定； （6）正式录用决策； （7）员工培训决策； （8）录用员工的招聘评估； （9）人力资源规划修订	（1）招聘信息的发布； （2）应聘者申请登记，资格审查； （3）通知参加面试的人员； （4）面试、考试工作的组织； （5）个人资料的核实、人员体检； （6）试用合同的签订； （7）试用人员报到及生活方面安置； （8）正式合同的签订； （9）员工培训服务； （10）录用员工的招聘评估； （11）人力资源规划修订

4.2 制订招聘计划

企业通常定期或不定期地招聘录用组织所需要的各类人才，为了避免人员招聘中的盲目性和随意性，通常在招聘工作开始之前，会制订一个详细的招聘计划。

4.2.1 招聘计划的内容

招聘计划一般包括以下内容：

（1）人员需求清单，包括招聘的职务名称、人数、任职资格要求等内容；

（2）招聘信息发布的时间和渠道；

（3）招聘小组人选，包括小组人员姓名、职务、各自的职责；

（4）应聘者的考核方案，包括考核的场所、大体时间、题目设计者姓名等；

（5）招聘的截止日期；

（6）新员工的上岗时间；

（7）费用招聘预算，包括资料费、广告费、人才交流会费用等；

（8）招聘工作时间表，尽可能详细，以便于他人配合；

（9）招聘广告样稿。

4.2.2 招聘计划的编写步骤

招聘计划的编写一般包括以下步骤。

（1）获取人员需求信息。

人员需求一般发生在以下几种情况：

① 人力资源计划中明确规定的人员需求信息；

② 企业在职人员离职产生的空缺；

③ 部门经理递交的招聘申请，并经相关领导批准。

企业各用人部门根据工作和业务发展的情况需增补人员时，应向人事部门递交申请表。

下面举例某公司人员增补程序（见图4-1）。

图4-1 人员增补程序

各部门获得人员增补的审批后，人力资源部门需要把人员需求的情况进行汇总，举例如图4-2所示。

人员需求表																
需要理由		主管人员				职员					工员					
项目	说明	高层	中层	低层	小计	×× ××	×× ××	×× ×	×× ×	小计	×× ×	×× ×	×× ×	×× ×	小计	合计
因业务扩展																
因补充离职																
因组织变更																
因技术改造																
合计																

图4-2 人员需求表

（2）选择招聘信息的发布时间和发布渠道。

（3）初步确定招聘小组。

（4）初步确定考核方案。

（5）明确招聘预算。

（6）编写招聘工作时间表。

（7）草拟招聘广告样稿。

招聘广告的编写要真实、合法和简洁，内容一般包括广告题目、公司简介、审批机关、招聘岗位、人事政策和联系方式，如图4-3所示。

招聘广告示例

×× 公 司 诚 聘

××公司是注册于高新技术产业开发区，主要从事计算机网络工程、数据库和应用系统开发的系统集成公司。因发展需要，经高新区人才交流服务中心批准，特诚聘优秀人士加盟。

1. 软件工程师：20 名，35 岁以下，硕士以上学历，计算机、通信及相关专业，特别优秀的本科生亦可。

2. 网络工程师：3 名，男性，本科以上学历，一年以上网络工作经验，熟悉 TCP/IP 协议集，有独立承担大中型网络集成经验。经过专业培训及取得认证者优先。

3. 销售代表：2 名（男女各 1 名），27 岁以下，本科以上学历，计算机、通信及相关专业，口齿伶俐、仪表大方、举止得体、勤奋好学。一年以上工作经验。本市户口优先。

以上人员，待遇从优。有意者请将个人简介、薪金要求、学历证明复印件及其他能证明工作能力的资料送至（或邮寄）公司人力资源部。本招聘长期有效。

公司地址：

电话：×××××××、×××××××

传真：×××××××

邮编：

图 4-3　招聘广告示例

招聘计划表和招聘计划书举例如图 4–4、图 4–5 所示。

招聘计划表

一、招聘目标（人员需求）

职务名称	人员数量	其他要求
软件工程师	5	本科以上学历，35 岁以下
销售代表	3	本科以上学历，相关工作经验 3 年以上
行政文员	1	专科以上学历，女性，30 岁以下

二、信息发布时间和渠道

1．××日报	9 月 18 日
2．××招聘网站	9 月 18 日

三、招聘小组成员名单

组长：赵碧英（人力资源部经理）对招聘活动全面负责

成员：王喜（人力资源部薪酬专员）

　　　具体负责应聘人员接待、应聘资料整理

　　　王艳（人力资源部招聘专员）

　　　具体负责招聘信息发布，面试、笔试安排

四、选拔方案及时间安排

1．软件工程师

资料筛选	开发部经理截至 9 月 25 日
初试（面试）	开发部经理 9 月 27 日
复试（笔试）	开发部命题小组 9 月 29 日

图 4-4　招聘计划表

2．销售代表

资料筛选	销售部经理截至 9 月 25 日
初试（面试）	销售部经理 9 月 27 日
复试（面试）	销售副总 9 月 29 日

3．行政文员

资料筛选	行政部经理截至 9 月 25 日
面试	行政部经理 9 月 27 日

五、新员工的上岗时间

预计在 10 月 1 日左右

六、招聘费用预算

1．××日报广告刊登费　　　　4000 元

2．××招聘网站信息刊登费　　800 元

合计：4800 元

七、招聘工作时间表

9 月 11 日：起草招聘广告

9 月 12 日～9 月 13 日：进行招聘广告版面设计

9 月 14 日：与报社、网站进行联系

9 月 18 日：报社、网站刊登广告

9 月 19 日～9 月 25 日：接待应聘者、整理应聘资料、对资料进行筛选

9 月 26 日：通知应聘者面试

9 月 27 日：进行面试

9 月 29 日：进行软件工程师笔试（复试）、销售代表面试（复试）

9 月 30 日：向通过复试的人员通知录用

10 月 1 日：新员工上班

人力资源部

××年×月×日

图 4-4　招聘计划表（续）

招聘计划书					
招 聘 岗 位	招 聘 渠 道	选 拔 程 序	选 拔 考 官	招 聘 周 期	
营销总监秘书	办公室内部提拔	初试	招聘主管	三周内到岗	
	社会招聘	简历筛选			
招聘条件	选拔标准	计算机操作测试			
1．知识	中文专业	口语能力测试			
2．经历	高级秘书经历	复试		招聘预算	
3．技能	计算机、口语	半结构化面试	人力资源经理	广告	10000 元
4．能力	沟通能力	小组讨论		加班	
	分析能力	压力面试		测试	
	敬业精神			专家	
	文字能力	决策面试	营销总监	场地	
	亲和力	面试		其他	
	应对压力的能力			合计	10000 元
制表人	经理签字		人力资源总监签字		

图 4-5　招聘计划书

4.3 简 历 筛 选

发布了招聘信息或参加各种招聘活动后，通常可以获得比实际所需任职者人数多的职位候选人。由于对职位的专业技术方面特别要求，因此需要人力资源部的招聘负责人和用人部门的负责人共同对候选人进行初步的筛选。要进行简历筛选，必须先获取，而要获取简历必须先设计好企业应聘表供求职者填写或直接收取求职者简历，通过各种招聘渠道发放申请表，收齐后再对简历进行初步的判断和选择。

4.3.1 应聘申请表的设计

应聘申请表是提供求职者个人履历材料的基本形式，是招聘和筛选工作不可缺少的一种工具，其设计应遵循以下要求：首先，申请表要从求职者的角度出发来设计，因此，申请表设计应尽量采用通俗易懂的语言，而且尽可能简洁；其次，必须考虑本企业的招聘目标及欲招聘的职位，按不同职位要求、不同应聘人员的层次分别设计；最后，随着互联网的迅猛发展，网上招聘也越来越趋向"无纸化"，企业设计时应考虑申请表的存储、检索等问题。

应聘申请表范例如图4-6所示。

某公司应聘申请表							
姓 名		性 别		年 龄		应聘职位	
籍 贯		民 族		出生年月		希望薪金	照片
政治面貌		婚姻状况		学 历		专 业	
参加工作时间		从事应聘专业年限				最高职称	
档案存放地		户口所在地				电子邮箱	
家庭住址				身份证号码			
通信地址				邮政编码		联系电话	

家庭成员情况	姓 名	与本人关系	户口所在地	现住址	工作单位及职务	联系电话

受教育背景	起止年月	毕业院校	所学专业	学历学位	培养方式
	注：请从最近的时间填起。				

工作经历	起止年月	单位名称	部门	职务/岗位
	注：请从最近的时间填起，只限有工作经历的应聘者填写。			

图4-6 应聘申请表范例

	获奖时间	获奖名称	个人/集体	备　注
获奖情况				
注：请从最近的时间填起。				

	时间	名称	发表刊物级别	个人/集体	备　注
发表文章或专业研究					
注：请从最近的时间填起。					

	外语能力	证书：	能力描述：
技能及兴趣	计算机水平	证书：	能力描述：
	其他技能		
	兴趣爱好		
	特　长		

图 4-6　应聘申请表范例（续）

4.3.2　招聘渠道

招聘渠道按照招聘人员来源方式不同可分为内部招聘和外部招聘。所谓外部招聘则主要是吸收外部新鲜血液来解决招聘问题；内部招聘，就是当公司出现空缺的位置时，主要是通过提拔内部员工来解决招聘问题。

1．外部招聘

外部招聘主要有以下几种途径。

（1）现场招聘。

现场招聘是一种企业和人才通过第三方提供的场地，进行直接面对面对话，现场完成招聘面试的一种方式。现场招聘一般包括招聘会及人才市场两种方式。

招聘会一般由各种政府及人才介绍机构发起和组织，较为正规，同时，大部分招聘会具有特定的主题，比如"应届毕业生专场"、"研究生学历人才专场"或"IT类人才专场"等，通过这种毕业时间、学历层次、知识结构等的区分，企业可以很方便地选择适合的专场设置招聘摊位进行招聘。对于这种招聘会，组织机构一般会先对入会应聘者进行资格的审核，这种初步筛选，节省了企业大量的时间，方便企业对应聘者进行更加深入的考核。但是目标人群的细分方便了企业的同时，也带来一定的局限性，如果企业需要同时招聘几种人才，那么就要参加几场不同的招聘会，这在另一方面也提高了企业的招聘成本。

人才市场与招聘会相似，但是招聘会一般为短期集中式，且举办地点一般为临时选定的体育馆或者大型的广场，而人才市场则是长期分散式，同时地点也相对固定。因此，对于一些需要进行长期招聘的职位，企业可以选择人才市场这种招聘渠道。

现场招聘的方式不仅可以节省企业初次筛选简历的时间成本，同时简历的有效性也较高，而且相比其他方式，它所需的费用较少。但是现场招聘也存在一定的局限，首先是地域性，现场招聘一般只能吸引到所在城市及周边地区的应聘者；其次这种方式也会受到组织单位的宣传力度以及组织形式的影响。

（2）网络招聘。

网络招聘一般包括企业在网上发布招聘信息甚至进行简历筛选、笔试、面试。企业通常可以通过两种方式进行网络招聘，一是在企业自身网站上发布招聘信息，搭建招聘系统；二是与专业招聘网站合作，如中华英才网、前程无忧、智联招聘等，通过这些网站发布招聘信息，利用专业网站已有的系统进行招聘活动。

网络招聘没有地域限制，受众人数大，覆盖面广，而且时效较长，可以在较短时间内获取大量应聘者信息，但是随之而来的是其中充斥着许多虚假信息和无用信息，因此网络招聘对简历筛选的要求比较高。

（3）校园招聘。

校园招聘是许多企业采用的一种招聘渠道，企业到学校张贴海报，进行宣讲会，吸引即将毕业的学生前来应聘，对于部分优秀的学生，可以由学校推荐，对于一些较为特殊的职位也可通过学校委托培养后，企业直接录用。

通过校园招聘的学生可塑性较强，干劲充足。但是这些学生没有实际工作经验，需要进行一定的培训才能真正开始工作，且不少学生由于刚步入社会对自己定位还不清楚，工作的流动性也可能较大。

（4）传统媒体广告。

在报纸杂志、电视和电台等载体上刊登、播放招聘信息受众面广，收效快，过程简单，一般会收到较多的应聘资料，同时也对企业起了一定的宣传作用。通过这一渠道应聘的人员分布广泛，但高级人才很少采用这种求职方式，所以招聘公司中基层和技术职位的员工时比较适用。同时该渠道的效果同样会受到广告载体的影响力、覆盖面、时效性的影响。

（5）人才介绍机构。

这种机构一方面为企业寻找人才，另一方面也帮助人才找到合适的雇主。一般包括针对中低端人才的职业介绍机构以及针对高端人才的猎头公司。企业通过这种方式招聘是最为便捷的，因为企业只需把招聘需求提交给人才介绍机构，人才介绍机构就会根据自身掌握的资源和信息寻找和考核人才，并将合适的人员推荐给企业。但是这种方式所需的费用也相对较高，猎头公司一般会收取人才年薪的30%作为猎头费用。

2．内部招聘

内部招聘主要有以下途径。

（1）企业内部招聘。

内部招聘在大规模企业比较常见，这种方式的特点是费用极少，能极大提高员工士气，申请者对公司相当了解，适应公司的文化和管理，能较快进入工作状态；而且可以在内部培养出一人多能的复合型人才。其局限性也比较明显，就是人员供给的数量有限，易近亲繁殖，形成派系，组织决策时缺乏差异化的建议，不利于管理创新和变革。通常这种方式用于那些对人员忠诚度比较高、重要且应熟悉企业情况的岗位。内部招聘也用于内部人才的晋升、调动、轮岗。

（2）员工推荐。

员工推荐在国内外公司应用得比较广，特别是需求不是太大的专业人士和中小型企业。其特点是招聘成本小，应聘人员与现有员工之间存在一定的关联相似性，基本素质较为可靠，可以快速找到与现有人员素质技能相近的员工。这种方式对于难以通过人才市场招聘的专业人才尤为适用，因为专业员工之间的关系网络是最直接有效的联系渠道。但是这种方式的选择面比较窄，往往难以招到能力出众的特别优异的人才。

以上是现在通行的几种招聘渠道及其效果分析，应该说是特色鲜明，各有利弊。企业在招聘时，应该结合自己的发展阶段、经济实力、用人规律等，通过多种渠道搜寻我们梦寐以求的将帅之才。

通过以上的讨论我们可以发现，不同招聘渠道的效果是不一样的。因此，企业不应该盲目地依赖某种招聘渠道，而应该结合企业自身特点，包括财务状况、紧迫性、招聘人员素质等，同时考虑招聘职位的类型、层次、能力要求等，来选择适当的招聘渠道。表4-2所示是各种招聘方法的比较。

表4-2　　　　　　　　　　　　各种招聘方法的比较

序号	招聘方法	适用工作类型	招聘速度	地理位置	成本	平等程度
1	员工内部介绍	各种	快	全国	低	差
2	广告招聘	各种	有快有慢	全国/地方	中	好
3	职业介绍机构	职员/基层经理	中等	当地	中	好
4	猎头招聘	高层经理	慢	全国/地方	高	中
5	校园招聘	大中专毕业生	慢	全国/地方	低	差
6	人才招聘会	各种	中等	全国/地方	中	好

总之，一个好的招聘渠道应该具备以下特征。

（1）招聘渠道具有目的性。即招聘渠道的选择是否能够达到招聘的要求。

（2）招聘渠道的经济性。指在招聘到合适人员的情况下所花费的成本最小。

（3）招聘渠道的可行性。指选择的招聘渠道符合现实情况，具有可操作性。

不同岗位采用各种招聘方法的有效性评价如表4-3所示。

表4-3　　　　　　　　　　不同岗位采用各种招聘方法的有效性评价

有效性	行政办公	生产作业	专业技术	佣金销售	经理
第一	报纸招聘	报纸招聘	报纸招聘	报纸招聘	内部晋升
第二	内部晋升	申请人自荐	内部晋升	员工推荐	报纸招聘
第三	申请人自荐	内部晋升	校园招聘	内部晋升	中介机构
第四	员工推荐	员工推荐	员工推荐	中介机构	猎头公司
第五	中介机构	中介机构	申请人自荐	申请人自荐	员工推荐

4.3.3　简历筛选

看求职者简历或应聘申请表应从以下几方面进行筛选。

1. 首先查看客观内容（结合招聘职位要求）

主要包括个人信息、受教育程度、工作经历和个人成绩4方面。

个人信息包括姓名、性别、年龄、学历等；受教育程度包括上学经历和培训经历；工作经历包括工作单位、起止时间、工作内容、参与项目名称等；个人成绩包括学校和工作单位各类奖励等。

（1）个人信息的筛选。

① 在筛选对硬性指标（性别、年龄、工作经验、学历）要求较严格的职位时，如其中一项不符合职位要求则快速筛选掉；

② 在筛选对硬性指标要求不严格的职位时，结合招聘职位要求，也可以参照"人在不同的年龄阶段有着不同的特定需求"进行筛选：

25岁以前，寻求一份好工作；26~30岁，个人定位与发展；31~35岁，高收入工作（工资、福利、隐性收入）；36~40岁，寻求独立发展的机会、创业；41岁以上，一份稳定的工作。

（2）在查看求职者上学经历中，要特别注意求职者是否用了一些含糊的字眼，比如有无注明大学教育的起止时间和类别等；在查看求职者培训经历时要重点关注专业培训、各种考证培训情况，主要查看专业（工作专业）与培训的内容是否对口（作为参考，不作简历筛选的主要标准）。

（3）求职者工作经历是查看的重点，也是评价求职者基本能力的视点，应从以下内容做出分析与筛选。

① 工作时间：主要查看求职者总工作时间的长短、跳槽或转岗频率、每项工作的具体时间长短、工作时间衔接等。

A. 如在总的工作时间内求职者跳槽或转岗频繁，则其每项工作的具体时间就不太会长，这时应根据职位要求分析其任职的稳定性。如可判定不适合职位要求的，直接筛选掉。

B. 查看求职者工作时间的衔接性（作为筛选参考）。如求职者在工作时间衔接上有较长空当时，应做好记录，并在安排面试时提醒面试考官多关注求职者空当时间的情况。

② 工作职位：不作为简历重点筛选参考依据，重中之重是工作内容的情况。

③ 工作内容。

A. 主要查看求职者所学专业与工作的对口程度，如专业不对口，则须查看其在职时间的长短。

B. 结合上述工作时间原则，查看求职者工作在专业上的深度和广度。如求职者短期内工作内容涉及较深，则要考虑简历虚假成分的存在。在安排面试时应提醒面试考官作为重点来考察，特别是细节方面的了解。

C. 查看求职者曾经工作的公司的大致背景（特别是对中高层管理和特殊岗位，作为参考）。

④ 结合以上内容，分析求职者所述工作经历是否属实、有无虚假信息（作为参考），分析求职者年龄与工作经历的比例，如一个30来岁的求职者，曾做过律师、医生，现在是营销师，现来应聘销售代表卖建材，可能吗？遇到这种情况要特别注意，如可断定不符合实际情况的，直接筛选掉。

（4）个人成绩：主要查看求职者所述个人成绩是否适度，是否与职位要求相符（作为参考，不作为简历筛选的主要标准）。

2．查看主观内容（包括求职者对自己的评价性与描述性内容，如自我评价、个人描述等）

主要查看求职者自我评价或描述是否适度，是否属实，并找出这些描述与工作经历描述中相矛盾或不符、不相称的地方。如可判定求职者所述主观内容不属实、且有较多不符之处，这时可直接筛选掉。

3．初步判断简历是否符合职位要求

（1）判断求职者的专业资格和工作经历是否符合职位要求。如不符要求，直接筛选掉。

（2）分析求职者应聘职位与发展方向是否明确和一致。（作为参考）

（3）初步判定求职者与应聘职位的适合度。如可判定求职者与应聘职位不合适时，将此简历直接筛选掉。

4．全面审查简历中的逻辑性

主要是审查求职者工作经历和个人成绩方面，要特别注意描述是否条理、是否符合逻辑性、工作时间的连贯性、是否反应一个人的水平、是否有矛盾的地方，并找出相关问题。

① 例如，一份简历中应聘人员在描述自己的工作经历时，列举了一些著名的单位和一些高级职位而他所应聘的却是一个普通职位，这就需引起注意，如能断定简历中的虚假成分可以直接筛选掉。

② 如可判定求职者简历完全不符合逻辑性的，直接筛选掉。

5．简历的整体印象

主要查看求职者简历书写格式是否规范、整洁、美观，有无错别字，通过阅读简历，给自己留下的印象。（作为参考）

6．查看求职者薪资期望值

求职者如有注明，需查看与招聘职位薪资大体匹配度，作为参考。

7．综合判定简历

结合以上内容最终判定简历是否符合职位要求？如根据以上不能判定是否符合职位要求时，可选用电话进行筛选；如可判定简历合格的可直接向用人部门推荐。

4.4　人员测评与选拔

人员测评与选拔是指从对应聘者的资格审查开始，经过用人部门与人力资源部门共同的初选、面试、评价、背景调查，到确定人选的过程。

人员测评的步骤和方法如下。

1．初选

主要通过笔试来考核应聘者学识水平。这种方法可以有效地测量应聘人的基本知识、专业知识、管理知识、综合分析能力和文字表达能力等素质及能力的差异。笔试是人才选拔中较常用的技术之一，也是最基础的技术之一。笔试形式主要有 7 种：多种选择题、是非题、匹配题、填空题、简答题、回答题、小论文，每一种笔试形式都有它的优缺点。比如论文笔试，它以长篇幅的文章表达对某一问题的看法，并表达自己所具有的知识、才能和观念等。该方式有下列优点：易于编制试题，能测验书面表达能力，易于观察应聘者的推理能力、创造力及材料概括力。同时它也存在下列缺点：

评分缺乏客观的标准，命题范围欠广博、不能测出应聘者的记忆能力。

企业一般通过知识考试来测试求职者，知识考试主要指通过纸笔测试的形式对被试者的知识广度、深度和知识结构进行了解的一种方法，包括一般知识考试和专业知识考试。

一般知识考试如社会文化知识、智力、理解能力、记忆力等。

举例：今有 A、B、C、D 4 人在晚上都要从桥的左边到右边。此桥一次最多只能走两人，而且只有一只手电筒，过桥时一定要用手电筒。4 人过桥最快所需时间如下：A—2 分钟；B—3 分钟；C—8 分钟；D—10 分钟。走得快的人要等走得慢的人，让所有的人都尽快地过桥需要多长时间？

A．15 分钟　　B．20 分钟　　C．21 分钟　　D．30 分钟

专业知识考试如财会、管理知识、管理能力、沟通能力等。

笔试的优点：试题多，可以增加对知识、技能和能力的考察信度和效度；可以对大规模的应聘者同时进行筛选；应聘者压力较轻，成绩评定客观，易于保存试题。而其缺点是：不能全面考察应聘者的工作态度、品德修养、企业管理能力、口头表达能力以及操作能力。

2．面试

面试是供需双方通过正式交谈，达到组织能够客观了解应聘者的业务知识水平、外貌风度、工作经验、求职动机等信息，应聘者能够了解到更全面的组织信息的目的。

面试的基本流程如下。

（1）面试的准备。包括面试对象申请表的准备、面试资料准备、面试人员的准备以及面试地点的准备。

① 面试对象申请表的内容：基本背景、教育背景、培训、经验、突出成就、特殊知识、技术专长、性格、兴趣、爱好。

② 设计面试评价量表：面试评价表是用来记录被试人面试结果的表格，它主要包括以下几个方面的项目：

A．申请人的姓名；

B．报考的类别与职位、面试时间；

C．面试考察的重点内容及考核要素；

D．面试评价的分数；

E．评语栏（包括录用建议或录用决策）；

F．评委鉴字栏。

面试评价举例如图 4-7 所示。

面试评价表		应试岗位：财务部经理	
姓名		面试日期	
项目	内　　容		分数
道德素质	1．作风正派、廉洁奉公、光明磊落、实事求是		
	2．严格按规章制度办事、坚持原则		
	3．热爱本职工作、勤恳踏实、追求创新，自觉学习工作知识与技能，提高业务水平		
	4．视企业利益之于自身利益，严守商业机密，维护企业形象		

图 4-7　面试评价举例

知识 素质	1. 微观、宏观经济学知识	
	2. 会计知识	
	3. 财务会计法律、法规、税收	
	4. 公司产品	
个人 技能	1. 较强的数字反应能力和汇总、规划能力	
	2. 较强的理解、分析、综合、判断和推理能力	
	3. 责任心强、时间观念强、慎重细致	
	4. 对生产性企业财务全盘考虑能力，对管理的理解、结合财务	
管理 能力	1. 组织协调能力	
	2. 沟通交流能力	
	3. 参与决策能力	
	4. 使用人及培养人的能力	

综评意见：

面试人：

注：1. 面试人员可以评分制或其他形式来表示测评结果。
　　2. 面试人员根据岗位考评不同侧重点之要求对应试人员进行综评。

图 4-7　面试评价举例（续）

③ 面试人员的准备。

人数：5~7人。组成：人力资源专家、董事会代表、公司分管领导、部门主管、工会代表。考官培训：考评评分标准、评分方法、如何观察评价应聘者、如何规避可能发生的错误。

④ 面试地点的准备。

面试地点应尽量符合以下要求：

A. 面试考场的布置应简洁，以免分散考生注意力；

B. 面试主考人员不应坐在背对光源处；

C. 面试考场要求安静；

D. 面试室、应聘者候试室、考务办公室之间要联络便利，设立相应的指示牌和考场分布情况；

E. 应聘者候试室最好放置一些本单位介绍材料；

F. 明确标志考官席、应聘席和场记席；

G. 准确计算时间，并有相应提示。

（2）面试的实施。面试是测查和评价人员能力素质的一种考试活动。具体地说，面试是一种经过组织者精心设计，在特定场景下，以考官对考生的面对面交谈与观察为主要手段，由表及里测评考生的知识、能力、经验等有关素质的一种考试活动。通常主要有以下几种方法来实施面试。

① 心理测试法。心理测验法是根据已标准化的实验工具（如量表），引发和刺激被测试者的反应，所引发的反应结果由被测试者自己或他人记录，然后通过一定的方法进行处理，予以量化，描绘行为的轨迹，并对其结果进行分析。这种方法的最大特点是对被测试者的心理现象或心理品质进行定量分析，具有很强的科学性，而且随着计算机技术的发展和广泛应

用，心理测验领域已出现了明显的计算机化的趋势，如在机上施测、自动计分、测试结果分析和解释等。心理测试主要包括以下几种形式。

A. 智力测验。它是对人的一般认知功能进行测量，测验结果常用一个商数，即 IQ 来表示。智力测验一般包括知觉、空间意识、语言能力、数字能力和记忆力方面的内容，要求受测者运用比较、排列、分类、运算、理解、联想、归纳、推理、判断、评价等技能来解答测试题。

B. 个性测验。亦称"人格测验"，用以了解被测试者的情绪、性格、态度、工作动机、品德、价值观等方面。通过个性测验可以确定应聘者的性格特征和工作要求的性格特征是否匹配。

C. 心理健康测验。在竞争日益激烈的今天，紧张的工作生活节奏和强大的心理压力摧残着人们的心理健康，因此，心理保健和心理治疗的重要性日益突现。

D. 职业能力测验。职业能力是一种潜在的、特殊的能力，是一种对于职业成功在不同程度上有所贡献的心理因素。从内容上看，与职业活动效率有关的能力包括语言理解和运用、数理能力、逻辑推理、空间关系、知觉速度、手指关节灵巧度、人际协调、影响力、判断力、决策力等。职业能力测验可以分为两类：一类是一般职业能力测验；另一类是专门职业能力测验，主要用于职业人员的选拔和录用，例如，我国公务员录用考试使用的行政职业能力测试（AAT）。

E. 职业兴趣测验。一个人职业上的成功，不仅受到能力的制约，而且与其兴趣和爱好有密切关系。职业兴趣作为职业素质的一个方面，往往是一个人职业成功的重要条件。了解职业兴趣的主要途径就是采用职业兴趣测验量表或问卷来进行。

F. 创造力测验。一般而言，发散性思维是创造力的基本操作模式。创造力包括的基本能力主要是流畅力、变通力、精致力、敏觉力和独创力。创造力的测验并不玄妙，有些简单的方法就可测验，如单词联想测验、物件用途测验、寓言测验、模型含义、远隔联想等。

② 评价中心法。管理评价中心法是用于评价、考核和选拔管理人员的方法，该方法的核心手段是情景模拟测验，即把应试者置于模拟的工作情景中，让他们进行某些规定的工作或活动，考官观察他们的行为表现并作出评价，以此作为鉴定、选拔管理人员的依据。

评价中心会经历一个 2~3 天的过程，在这个过程中，大约有 10 多位管理职位候选人执行现实管理任务（如发表演讲），由一些谨慎的评价专家进行观察，并对每位候选人的管理潜力进行评价。中心本身可能仅是一个会议室。但是，中心通常是一个特别的房间，候选人与观察者间有单向玻璃隔开，以方便评价者隐蔽地观察。典型的评价中心包括以下模拟练习。

A. 公文处理。在这个练习中，候选人面对大量报告、备忘录、电话记录、信函以及其他材料，这是候选人将从事的模拟工作的文件筐中的待处理材料。候选人被要求对每一份材料采取适当行动。例如，候选人必须写信和便条或会议议程。候选人的行动结束后由训练有素的评价者检查。

B. 无领导小组讨论。向无领导小组提供一个讨论议题，并要求其达成一个小组决定。然后，由评价者评价每一小组成员的人际技能、群体接受度、领导能力以及个人影响力等。

C. 管理游戏。参加者通常作为在市场上竞争的两个或更多的公司的成员解决一些实际问题。参加者可能要就如何做广告、如何生产以及保持多少存货等问题做出决策。

D. 个人演说。通过让候选人就一指定的题目发表演讲来评价其沟通技能和说服能力。

E. 角色扮演。该方法是指根据对象可能担任的职务，编制一套与该职务实际情况相似的测试项目，将被测试者安排在模拟的工作情境中处理可能出现的各种问题，用多种方法来测评其心理素质、潜在能力的一系列方法。通过对被测试者在不同的角色情境中表现出来的行为进行观察和记录，评价被测试者是否具备符合其扮演角色的身份特征，以及本人在模拟情境中表现出来的行为与将担任职务的角色规范之间的吻合程度，即个人的个性与工作情境间的和谐统一程度。这种方法主要用于评价角色扮演的协调人际关系技巧、情绪的稳定性和情绪的控制能力、随机应变能力、处理问题的方法和技巧。

角色扮演测试工具编制要经过 6 步：选择角色扮演情境、确定评定的行为标准、确定可靠的评分方法、信度检验、效度检验和常模确定。

角色扮演的测试过程包含 3 个环节：

主试者向被测试者描述一种情境；

测试者向被测试者施加一种刺激，即按提示语向被测试者引发谈话；

被测试者做出应答，并尽快做出准确而快速的处理。

F. 客观测试。各种类型的纸笔人格测试、智力测试、兴趣测试和成就测试也可以作为评价中心的一部分。

G. 面试。多数评价中心法要求至少有一名评价者对每一位候选人进行面试，并对候选人当前兴趣、背景、过去表现和动机等进行评价。

图 4-8 所示为一个典型的为期 4 天的评价中心的程序。图中总结了候选人参加的每个练习的性质。

评价中心的程序表

第一天

上岗引导会

背景面谈：由一位评估者主持，询问候选人背景情况，时间约一个半小时。

管理游戏："模拟企业"。以形成几种不同类型的企业。规定候选人必须通过企业之间的交易来完成任务。

小组讨论："管理问题"。候选人四人组成一小组，并给每个小组提供一个管理案例，各小组必须在一小时内解决案例中提到的问题并以书面形式提交解决方案。

个人调查和决策练习："预算决策"。候选人被告知他（她）刚担任部门经理。现在，候选人接到一份文件，内容是他（她）的前任拒绝给某研究项目继续提供资金，且研究项目经理反对这一决定，候选人需要在 15 分钟内对这一事件通过简短的提问来寻找事实的真相，在调查询问后，候选人需要口头作出决定，并提供充分的理由。

第二天

公文处理练习："部门经理公文处理"。模拟部门经理公文筐内容。候选人被要求如已经被提到该职位那样从事各项工作，比如，审阅各种文件，发现问题，解决问题，授权、组织、安排工作事项并回答提问等，最后评价者对候选人一小时面谈以获取进一步的信息。

指定角色无领导小组讨论："报酬委员会"。报酬委员会召开会议，讨论在六名监督和管理者之间分配 5 万元人民币的增资问题。委员会对工资增长有斟酌决定权。委员会的每位成员（候选人）代表公司的一个部门，要尽最大努力为本部门员工争取增资。

分析、演讲和小组讨论：扩张计划。要求候选人扮演顾问角色，候选人 4 人组成一小组，已知信息是公司一个分厂持续亏损，并给予分厂的各种数据，然后就以下两个问题提出建议：对这个持续亏损的分厂应采取什么行动？公司是否应当扩张？要求提出适当的行动计划建议。候选人在一个 7 分钟的演讲中提出建议，然后以小组为单位提出唯一的一套建议。

第三、四天

评价者碰面，分享他们对每位候选人的观察信息，并对候选人的每个方面和总的潜力作出总结评价。

图 4-8 评价中心的程序

（3）面试结果评价。面试结束后，要立即整理面试记录，核对评价资料，汇总各个求职者的总分，以决定合格与否。

面试评价表举例如图4-9所示。

<table>
<tr><td colspan="6" align="center">某公司面试评价表</td></tr>
<tr><td>姓名</td><td>性别</td><td colspan="2">年龄</td><td colspan="2">编号</td></tr>
<tr><td>应征职位</td><td colspan="5">所属部门</td></tr>
<tr><td rowspan="2">评 价 要 素</td><td colspan="5" align="center">评 价 等 级</td></tr>
<tr><td>1（差）</td><td>2（较差）</td><td>3（一般）</td><td>4（较好）</td><td>5（好）</td></tr>
<tr><td>1．个人修养</td><td></td><td></td><td></td><td></td><td></td></tr>
<tr><td>2．求职动机</td><td></td><td></td><td></td><td></td><td></td></tr>
<tr><td>3．语言表达能力</td><td></td><td></td><td></td><td></td><td></td></tr>
<tr><td>4．应变能力</td><td></td><td></td><td></td><td></td><td></td></tr>
<tr><td>5．社交能力</td><td></td><td></td><td></td><td></td><td></td></tr>
<tr><td>6．自我认识能力</td><td></td><td></td><td></td><td></td><td></td></tr>
<tr><td>7．性格内外向</td><td></td><td></td><td></td><td></td><td></td></tr>
<tr><td>8．健康状况</td><td></td><td></td><td></td><td></td><td></td></tr>
<tr><td>9．掩饰性</td><td></td><td></td><td></td><td></td><td></td></tr>
<tr><td>10．相关专业知识</td><td></td><td></td><td></td><td></td><td></td></tr>
<tr><td>11．总体评价</td><td></td><td></td><td></td><td></td><td></td></tr>
<tr><td>评价</td><td></td><td colspan="2">□建议录用</td><td>□有条件录用</td><td>□建议不录用</td></tr>
<tr><td>用人部门意见
签字：</td><td colspan="2">人事部门意见
签字：</td><td colspan="3">总裁（总经理）意见
签字：</td></tr>
</table>

图4-9　面试评价表举例

轻松一下

我有个同学赵元开了一个软件公司，效益不错，规模也越来越大。有一次，他出差到我所在的城市，老同学当然要约出来见面了，于是我去了他所住的酒店，刚进房门，就看到一个大学生模样的小伙子站在他面前，看上去像是在面试。只看到赵元手里拿了个魔方说："这样吧，你把这个魔方带回去，回去后想办法把它弄成六面六种颜色，今天是星期一，星期五之前你拿回来。你看清楚了，我给你示范一下。"说完，他就三下五除二很快弄好了，然后就让那个大学生回去了。

等那个大学生走后，我问赵元："怎么，这就是你独创的考题？"

"咳！他妈妈跟我比较熟，我也不好意思直接拒绝，所以就考考他，看到底斤两够不够。"

我说："如果是我，我抠不出来；但我会把魔方拆了重新一个一个安上。"

"如果他能这样做就不错了，说明他敢作敢为，可以给他安排个市场营销的工作。"

"那你认为他还有什么办法？"

"现在的孩子惰性都比较大，不爱动脑子，所以我不相信他能马上抠好。如果他今天下午就能把魔方拿回来，说明他还是很聪明的，反应和领悟能力不错，可以考虑做我的助理；如果他拿回来的时候是用漆把六面刷出来，说明他很有创意，可以做做软件开发的工作；如果在礼拜三之前他把魔方拿回来了，说明他问了别人，说明他人缘不错，可以做个客户服务的工作；如果他在礼拜五拿回来，说明他很有毅力，并且踏实可靠，可以做个低级程序员的工作；如果他拿回来的时候告诉我说他不会，那我还是会用他，至少说明他诚恳老实，可以做点财务工作；但如果他不拿回来了，那我也只好放弃他了"。哦，原来如此！我不禁感叹他的厉害！

谁知道第二天晚上，赵元请我吃饭时就很兴奋地跟我说："那个大学生我要定了。他今天早上就把魔方还给了我。你猜怎么的？他新做了一个魔方给我！他说：'你的魔方我扳来扳去都无法还原。所以我新做了一个，它比你的那个更大，更灵活！'"听完我有些不解，这说明什么呢？我的老同学压低了声音："他绝对是个做盗版的好材料！"

（资料来源：http://bbs.zxrs.net/dispbbs_7_41104_1_pre.html）

从这个故事中，你想到了什么呢？

4.5 人员录用

人员录用是指从招聘选拔阶段层层筛选出来的求职者中选择符合组织需要的人，做出最终录用决定，通知他们报到并办理入职手续的过程。

在正式录用之前，一般会先进行拟录用者的背景调查，之后就进入试用期，如果试用期内的表现达到公司的录用标准，则将被正式录用。

所以人员录用的一般程序是：背景调查、试用（包括发放试用通知单、签订试用合同、员工的试用）、正式录用。

4.5.1 背景调查

员工背景调查就是通过各种正常的、符合法律法规的方法和途径，获得拟录用者背景资料的相关信息，并对获得的信息与拟录用者所提供的职场简历信息进行统计和对比，以成为企业人力资源管理者对员工聘用的参考依据。

为了提高招聘效率，降低企业用人风险，背景调查是招聘过程中必不可少的一个环节，然而由于它的可选择性与出现问题的概率性，大部分的企业还没有完全意识到这个环节的必要性，没有受到企业的重视。因此，在招聘过来的人员中一旦在入职后发现问题，轻者在试用期即发现问题，未转正后就办理离职，重者则在转为正式员工后让企业方面被动，甚至带来更大的风险。通过背景调查，会更清楚应聘者的以前真实信息，从而在最短的时间内发现问题，避免让不符合职位要求的人蒙混过关。目前，每年投入一定的资金，对于核心岗位及关键岗位的拟招聘员工进行背景调查，从而为人力资源管理者的员工招聘提供客观真实的参考依据，避免因人员招聘不当，而产生经济及技术损失，已经成为众多行业人力资源管理者所形成的共识。

背景调查可以从3个方面进行开展：身份背景调查、学历背景调查、工作背景调查，其中最有价值和最有难度的是工作背景调查。

身份背景调查可以通过收取应聘人员身份证、户口簿、护照等个人信息证件来进行，一般的方式是通知应聘人员带证件的原件和复印件，审核原件，留复印件。关于身份证的信息，目前网上有很多验证身份证号的软件和网站，但只能查询身份证号是否有效以及身份证首次登记的地址（一般精确到区）等信息。

学历背景调查目前有多种途径，审核毕业证原件只是其中的一个环节，但是目前假证泛滥，且伪造技术越来越高，因此在审核毕业证原件的同时还要辅以其他验证方式。第一个方式就是到教育部学历验证中心的网站（www.chisi.com.cn）上去验证，该服务为收费服务，非常适合企业招聘用，在此网站查询的结果比较权威，除军校学历及自考学历外，数据库中一般都包含各个层次的学历数据。第二种方式就是打电话到所在院校的学籍管理部门进行确认，该种方式不用花费任何费用，但费时费力。对于职位比较重要的应聘人员，可以考虑采用这种方式。

工作背景调查是背景调查中"最难啃的一块骨头"，但也是价值最大的一块"骨头"。除非你在应聘人员原所在单位有比较熟悉的亲戚或朋友，否则你都要亲自与原所在单位的人事部门或应聘人员的原直接主管进行了解情况。然而，应聘人员原来所在的公司基本上与你们的公司是竞争对手的关系，在这种情况下，对方的人一般不会配合你的工作。这样就需要你在进行工作背景调查时要采取一定的技巧，以便获取更多有价值的信息。

（1）调查方式尽量采用电话调查而不用传真。了解应聘人员的以前信息，对于原工作单位来说，是向他们了解已经离职人员的信息，这已经是麻烦对方的一件事了，在这种情况下再让对方填写员工信息并且还要在纸质传真上盖章，我想没有哪个企业愿意这么配合。最好的方法就是打电话过去，态度比较亲切一点，以聊天的形式打探消息。在聊天的过程中，根据对方的态度灵活掌握进度。

（2）选择合理的联系时间。在工作时间内，对方一般都很忙，但是通常情况下，下午四点钟左右的时候会稍微好一点。在这个时间打过去，得到配合的概率会大一些。否则，如果在其他时间打，没人会搭理你。

（3）调查的内容要循序渐进、由浅入深。千万不要开门见山地问一些对方不便透露的问题，如应聘人员原来的工资待遇等。这样的话，不但得不到这个问题的答案，而且会把对方惹烦，其他的问题也不会配合回答了。要灵活掌握问问题的顺序，一般是把最简单、无关痛痒的问题放在最前面问，再一点一点地深入，一旦发现对方态度不好，马上停止调查，感谢对方的配合，迅速结束通话。

（4）要有坚持到底的精神，不达目的誓不罢休。在这样的工作中，难免会碰到钉子，遭到拒绝，但是千万不要灰心。第一次不行可以换个时间再打过去，两次不行三次，三次不行四次，等到一定程度了，对方也会受不了屡遭骚扰，心想还是早点告诉他算了，这样你的目的就达到了。还有，如果人事部门的人不配合，就找应聘人员的原直接主管，如果主管不配合，就找原来的同事，总之，就找到一个愿意配合你工作的人就行了。上述一切工作的前提是你的态度要足够的亲切、足够的诚恳、足够的善意。

背景调查表举例如图4-10所示。

背景调查表

[应聘者姓名]已向我公司提交求职申请书，并在该申请书中提及您为其前雇主。[应聘者姓名]签署了公开个人资料授权书，允许您向我公司提供以下情况。[需提供的应聘者个人资料。公司必须提供应聘者的授权书的副本。]

图4-10　背景调查表举例

请您确认：

[应聘者]在贵公司的工作时间：从[日期]至[日期]

[应聘者]的职位：

[应聘者]工作职责的简单描述

[应聘者]的最终薪金水平：[金额]元（单位：小时/周/双周/月/年）

[应聘者]是否可靠？

[应聘者]的工作表现是否令人满意？

[应聘者]与同事、上司的关系？[若可能的话，请提供其与顾客、客户的关系？]

[应聘者]离职原因：

您是否将重新聘用该人？

您是否推荐[应聘者]应聘该职位或其他您认为合适的职位？

非常感谢您与我交流。您是否还有其他情况要补充吗？

图 4-10　背景调查表举例（续）

4.5.2　试用

1．发放试用通知单（见图 4-11）

试用通知单

姓名		性别		年龄		籍贯			学历		经历	
派职工试用单位	职别					薪给			本薪：　等　级　元		人事室	人事组长主任
	试用期	自　　　　至　　　　计 　天　　　月　　　年							本薪：　等　级　元			
试用结果	考核意见	1．试用满意请照原工资办理任用手续（　月　日起） 2．试用成绩优良请以　　等　　级　　　　元工资给办理手续（　月　日起） 3．需再试用 4．试用不合适另行安排 5．附呈心得报告一份									试用	考核人
	主管意见	1．同意考核人意见拟准以试用原薪给（支等级薪给） 2．拟不予任用 3．延长试用　　　　　　　　　日再另行签核									单位	主任
批示			秘书室意见		1．拟照试用单位意见自　　月　　日起以 　　等　　级工资　　　元正式任用 2．试用不合格除发给试用期间的工资外拟自 　　月　　日起辞退							人事组长主管

图 4-11　试用通知单举例

2．试用合同的签订（见图 4-12）

试用合同书

甲方：

乙方：　　　　　　（身份证号：　　　　　　）

根据国家和本地劳动管理规定和本公司员工聘用办法，按照甲方关于公司新进各类人员均需试用的精神，双方在平等、自愿的基础上，经协商一致同意签订本试用合同。

一、试用合同期限：

自　年　月　日至　年　月　日上，有效期为　个月。

二、试用岗位根据甲方的工作安排，聘请乙方在　　工作岗位。

三、试用岗位根据双方事先之约定，甲方聘用乙方的月薪为　　元，该项报酬包括所有补贴在内。

四、甲方的基本权利与义务：

1．甲方的权利

● 有权要求乙方遵守国家法律和公司各项规章制度；

● 有权对乙方违法乱纪和违反公司规定的行为进行处罚；

● 对试用员工不能胜任工作或不符合录用条件，有权提前解除本合同。

2．甲方的义务

● 为乙方创造良好的工作环境和条件；

● 按本合同支付给乙方薪金；

● 对试用期乙方因工伤亡，由甲方负担赔偿。

五、乙方的基本权利和义务：

1．乙方的权利

● 享有国家法律法规赋予的一切公民权利；

● 享有当地政府规定的就业保障的权利；

● 享有公司规章制度规定可以享有的福利待遇的权利；

● 对试用状况不满意，请求辞职的权利。

2．乙方的义务

● 遵守国家法律法规、当地政府规定的公民义务；

● 遵守公司各项规章制度、员工手册、行为规范的义务；

● 维护公司的声誉、利益的义务。

六、甲方的其他权利、义务：

● 试用期满，经以现乙方不符合录用条件，甲方有权不再签订正式劳动合同；

● 对员工有突出表现，甲方可提前结束试用，与乙方签订正式劳动合同；

● 试用期乙方的医疗费用由甲方承担%（90%），乙方承担（10%）；

● 试用期甲方一般不为乙方办理各项保险手续，如乙方被正式录用，可补办有关险

图 4-12　试用合同书举例

种,从试用期起算;

● 试用期,乙方请长病假 10 天、事假团党委计超过 7 天者,试用合同自行解除。

七、乙方的其他权利、义务:

● 试用期满,有权决定是否签订正式劳动合同;

● 乙方有突出表现,可以要求甲方奖励;

● 具有参与公司民主管理、提出合理化建议的权利;

● 反对和投诉对乙方试用身份不公平的歧视。

八、一般情况下,试用期间乙方岗位不得变更。若需变更,须事先征求乙方的同意。

九、本合同如有未尽事宜,双方本着友好协商原则处理。

十、本合同一式两份,甲、乙双方各执一份,具同等效力,经甲乙双方签章生效。

甲方:　　　　　　　　　　　　　乙方:

法定代表人:　　　　　　　　　　签字:

　　　　　　　　　　　　　　　　签约日期:　　年　月　日

　　　　　　　　　　　　　　　　签约地点:

图 4-12　试用合同书举例（续）

4.5.3　正式录用

如果拟录用者试用期表现达到公司标准,则正式录用。在正式录用过程中用人部门与人力资源部门应完成以下主要工作:员工试用期的考核鉴定;根据考核情况进行正式录用决策,并发放员工到职单;与员工签订正式的雇用合同（合同模式参见课题九）;给员工提供相应的待遇;制订员工进一步发展计划;为员工提供必要的帮助与咨询等。

1.员工试用期的考核鉴定（见图 4-13）

试用考核鉴定表					
姓名		职位		服务部门	
查看期间: 自　　　到		延长查看期: 自　　　到		查看期间解除日期: 自　　　到	
试用查看报告					
主管			日期		
部门经理			日期		
人事经理			日期		
本人已收到这份通知					
被通知人签名			日期		

图 4-13　试用考核鉴定表举例

2．员工到职单（见图 4-14）

员工到职单										
编号	性别	职称	姓名	籍贯	出生年月	学历	地址	身份证号码	到职日期	

人事部	应交验文件	保证书　　学历证件　　体检表　　简历　　照片　　张			
	应办物品	职工手册　工作卡片　衣柜号码　出入证　衣柜号码卡		领取人签名	
	应办事项				
	呈阅主管	经理		科长	承办人

图 4-14　员工到职单举例

4.6　招聘评估

招聘的有效性是指组织在招聘的过程中，利用决策、组织、协调等职能来优化招聘活动的过程，合理配置招聘工作过程中的各种资源要素，提高招聘的管理效率和水平，从而通过"有效管理"最大限度地实现招聘目标。

招聘评估是招聘过程中必不可少的一个环节，招聘评估通过成本与效益核算能够使招聘人员清楚地知道费用的支出情况，区分哪些为应支出部分，哪些是不应支出部分，有利于降低今后的招聘费用，为组织节省开支；招聘评估通过对录用员工的绩效，实际能力，工作潜力的评估，检验招聘工作成果与方法的有效性，有利于招聘方法的改进；通过对招聘方式的评估，可以找出招聘方法是否合适以及如何改进。

4.6.1　录用人员评估

组织的运行需要一定的人力资源作为保证，而组织开展招聘工作正是因为职位有缺口或需要实现一定的资源更替。因此，衡量组织招聘工作成效的最直接体现就是空缺职位填补数量、及时性，新招聘员工与组织、职位的匹配性等，一般认为，通过招聘行为使得组织的职位缺口越少，空缺职位得到填补越及时，新招聘的员工与组织的职位、文化、制度越匹配，招聘工作就越有效。具体来说，可以通过考察如下指标来评价招聘的有效性。

招聘完成比：招聘完成比=录用人数/计划招聘人数×100%。如果招聘完成比等于或大于100%，则说明在数量上全面或超额完成了招聘计划。

招聘完成时间：职位空缺到填补空缺所用的时间。一般来说，时间越短，招聘效果越好。

应聘比：应聘比=应聘人数/计划招聘人数×100%。应聘比越大，说明发布招聘信息的效果越好，同时说明录用人员的素质可能较高。

录用比：录用人数录用比=录用人数/应聘人数×100%。录用比越小，相对来说，录用者的素质越高；反之，则可能录用者的素质较低。

录用合格比=录用人员胜任工作人数/实际录用人数。录用合格比反映当前招聘有效性的绝对指标, 其大小反映出正确录用程度。

基础比=原有人员胜任工作人数/原有总人数, 反映以前招聘有效性的绝对指标。录用合格比和基础比的差反映当前招聘的有效性是否高于以前招聘有效性的平均水平, 即招聘有效性是否逐步提高。

实例

2006年12月, 一家IT公司人力资源部进行了用人部门人才需求调查, 共得到35个岗位需求, 公司通过中华英才网和当地报纸发布了招聘信息, 共收到简历520份, 通过简历筛选, 公司按照6:1的比例选定了210个求职者进行笔试, 按照3:1的比例选定了70个求职者进行面试和心理测试, 历时25天, 共录取了29名合格的求职者, 但最终只有24名求职者最后来公司报到并签订了劳动合同, 这24名新员工在2007年底的绩效考评中, 23名为优秀, 1名为良好。

4.6.2 招聘成本评估

人力资源的招聘工作是组织的一种经济行为, 必然要纳入组织的经济核算, 这就要求组织应用价值工程的原理, 即以最低的成本来满足组织的需求。作为一种经济行为, 招聘成本应该被列为评价行为有效性的主要内容。招聘成本, 分为招聘总成本与招聘单位成本。招聘总成本是人力资源的获取成本, 它由两部分构成。一部分是直接成本, 包括招募费用、选拔费用、录用员工的家庭安置费用和工作安置费用以及其他费用 (如招聘人员差旅费、应聘人员招待费等)。另一部分是间接费用, 包括内部提升费用和工作流动费用。招聘单位成本是招聘总成本与实际录用人数之比。如果招聘实际费用少, 录用人数多, 意味着招聘单位成本低, 相反, 则意味着招聘单位成本高。招聘的效益往往不是直接体现的, 它体现在招聘到的员工为企业做的贡献上。一般来说, 下述指标是常用的:

总成本效用=录用人数/招聘总成本;

招聘成本效用=应聘人数/招募期间的费用;

选拔成本效用=被选中人数/选拔期间的费用;

人员录用效用=正式录用的人数/录用期间的费用;

招聘收益成本比=所有新员工为组织创造的总价值/招聘总成本。

实例

黄龙公司为了加强销售工作, 2008年3月开始招聘销售经理, 通过层层选拔, 采用了笔试、面试、性格测评, 还请了大学教授设计了情景面试程序, 终于选拔出了一位合格的销售经理, 花费将近2万元。该销售经理上任后倒也称职, 但半年后辞职, 带走了公司一半的客户, 使公司遭受巨大损失。

4.6.3 招聘渠道评估

目前, 企业的招聘渠道是较多的, 就招聘信息发布渠道上, 有网络、报刊、杂志、户外媒体等, 招聘渠道上则可以选择现场招聘、网络招聘、人才猎头、熟人推荐、内部选拔等方式。不同的信息发布渠道和招聘方式表现出来的效率是不同的，一般来说，如下指标是可以考虑的。

招聘媒介有效性分析。分别计算不同招聘信息发布渠道的招聘结果和招聘成本来进行比较分析，从而得出不同招聘渠道的招聘效果。不同的信息发布渠道、信息的覆盖面、吸引的应聘者的人数和结构等都不相同。例如，某公司对机械操作工的招聘媒介进行分析后发现，通过网络招聘很难招到合适的电工、木工、机床维修等蓝领工人，而通过当地报纸和户外媒体则效果较好。

招聘方式有效性分析。计算不同招聘方式下招聘结果和招聘成本，从而考察不同招聘方式的招聘效果。在企业招聘的实际过程中，由于企业的行业、招聘岗位、招聘地区和招聘对象的不同，因此在评价不同招聘渠道的区别时，应分开考虑这些变量。某一房地产公司因项目发展迅速，长期招聘项目负责人，它们发现，猎头和熟人推荐方式较为满意，而网络招聘则存在较多的信息不对称现象。

实例

小王是高新建筑公司的招聘专员，去年，高新公司共通过网络、现场招聘和熟人推荐等方式共招聘了 40 多名员工。年底，小王通过对招聘工作总结发现，网络招聘中，每 100 份简历才可以找到一两份合适的候选人，并且很多并不是真正想找工作，只是看看，并且大多是文秘、管理类的求职者；现场招聘收到的简历中具有较强的土木工程经验，求职意愿也较强烈的求职者比较多；熟人推荐的求职者则两极分化比较明显。

第三部分　课题实践页

1. 选择题

（1）外部招聘的优点包括（　　　）。

A. 促进人才合理流动

B. 企业可以借此树立锐意进取的形象

C. 节省大量内部培训和培训的费用

D. 增强现有员工的危机意识

E. 给企业带来新观点和新方法

（2）内部招聘是员工招聘比较特殊的形式，它包括（　　　）。

A. 员工推荐　　　　B. 工作轮换　　　　C. 晋升　　　　D. 职务调动

（3）某应聘者谈到他成功解决营销问题的案例后，面试者说："如果你那次失败了，你将会做哪些工作使营业额恢复过来？"该追问方式属于（　　　）。

A. 激发型追问　　　B. 类推假设追问　　　C. 反面假设追问　　D. 态度型追问

（4）评价中心最突出的特点是（　　　）。

A. 综合使用了各种测评技术

B. 可以全面考核和评价应聘者的能力

C. 在选拔的同时完成了特殊的管理训练

D. 使用情境性的测评方法对被评价者的特定行为进行观察和评价

（5）评价中心常用的测试方法包括（　　　）。

A. 事实判断　　　　　B. 书面案例分析　　　C. 管理游戏　　　　D. 即席演讲

E. 角色扮演　　　　　F. 小组讨论　　　　　G. 文件筐处理　　　H. 面谈模拟

（6）设计评价中心应注意的问题包括（　　　）。

A. 选择评价维度和确定评价标准之前应进行系统的工作分析

B. 选择任务时应以评价维度为依据

C. 评价中心的任务在时间安排上应相对分散

D. 各种任务的选择要遵循经济性的原则

E. 应保证测试的保密性

F. 所选用的评价者应包括一些专业心理学家

（7）心理测验主要包括（　　　）。

A. 智力测验　　　　　B. 能力倾向测验　　　C. 成就测验　　　　D. 人格测验

（8）人才测评选择、实施，首先应（　　　）。

A. 进行工作分析，根据职位任职要求确定测评内容

B. 确定测评方法

C. 进行准确的选择决策

D. 评估人才测评的投资回报

E. 确定成功实施测评的企业

（9）招聘风险包括（　　　）。

A. 招聘成本的回报风险　　　　　　　　B. 招聘渠道的选择风险

C. 人才判别的测评风险　　　　　　　　D. 招聘回复的速度风险

（10）履历分析用于人员测评的特点包括（　　　）。

A. 预测效度随着时间的推进会越来越低　　B. 预测效度随着时间的推进会越来越高

C. 成本较高　　　　　　　　　　　　　D. 真实性可能存在问题

E. 履历项目分数的设计是纯实证性的

（11）背景调查最好安排在（　　　）。

A. 面试之前　　　　　　　　　　　　　B. 录用之后

C. 面试结束后与上岗前的间隙　　　　　D. 上岗 3 个月后

2. 判断题

（1）对于中小企业而言，招聘工作的成败，取决于人力资源部对招聘工作的热心程度。

（　　　）

（2）一般来说，选择招聘地点的规则是，在全国范围内招聘组织的高级管理人才或专家教授；在跨地区的市场上招聘中级管理人员和专业技术人员；在招聘单位所在地区招聘一般工作人员和技术工人。

（　　　）

（3）组织应该在空缺出现之前的一个月左右刊登出公司的招聘广告。这样，才能保证空

缺出现的时候，能及时地招聘到新员工补充空缺，避免因停工造成的损失。 （ ）

（4）面试中间环节要问应聘者是否还有别的问题，如有，要给予针对性的解释或说明。

（ ）

（5）评价中心综合使用了各种测评技术，其中也包括了个性测验、能力测验等心理测验的方法，也包括面试的方法，这些方法并都是评价中心的最有特色的评价方法。 （ ）

（6）评价中心的每一个情境测试，都是从许多实际工作样本中挑选出来的典型，经过测评技术的处理，使许多与测评无关的因素都得到了有效的控制，这点反映了评价中心的公平性。 （ ）

（7）角色扮演就是要求被评价者扮演一个特定的管理角色来处理日常的管理事务，以此来观察被评价者的多种表现，以便了解其心理素质和潜在能力的一种测试方法。 （ ）

（8）背景调查内容应以复杂、实用为原则。内容复杂是为了控制背景调查的内容真实性。

（ ）

（9）背景调查可以委托中介机构进行，只要选择一家具有良好声誉的咨询公司，提出需要调查的项目和时限要求即可。如果工作量较小，也可以由人力资源部操作。 （ ）

3．问答题

（1）简述员工招聘的基本流程。

（2）简历筛选时应注意哪些事项？

（3）面试准备过程中应注意哪些问题？

4．操作题

（1）北京 FT 科技有限责任公司是一家主要经营光电缆原辅助材料及设备的专业公司，主要产品有：光纤、聚酯绳以及各种光缆测试设备、施工工具等。自 1999 年成立以来，公司发展迅速，业务范围遍及国内通信领域各大光电缆制造企业和电信工程公司，与 20 余家光电缆骨干企业有长期稳定的业务关系。该公司技术力量雄厚，技术人员均有多年实际生产经验，熟悉光电缆生产工艺、测试技术。本着诚实、可信的宗旨，公司为客户提供尽善尽美的服务。2003 年，FT公司因业务需要，面向社会公开招聘销售人员、货运协调员、前台秘书、电工和销售工程师。

请根据案例中的信息为 FT 公司设计一份员工招聘申请表。

（2）现在，许多公司都将校园作为招聘的主要地点，招聘应届毕业生。首先请回答校园招聘可以为该公司带来的好处。某会计师事务所也决定在某大学进行校园招聘，招聘的岗位为会计人员和一般管理人员，请您为该公司设计一套招聘方案，并说明设计的理由和应注意的问题。

5．案例题

（1）不少人认为最好的招聘策略就是提供高薪，只要薪水给得高，不愁没有好的人才。也有的公司在抱怨人才全被竞争对手挖走了，主要原因就是竞争对手给的薪水高。从表面上看，水往低处流，人往高处走，人才会向回报高的企业流动，似乎有钱就能买到人才，但如果仔细分析就会发现问题其实并不那么简单。也有一些公司认为，高薪留不住人才，因为，为钱而来者也会为钱而去。

【思考题】

你是如何看待这个问题的?

(2)双环公司是国内知名的建材生产厂商,因业务发展扩大,需要招聘若干名销售代表,公司通过网站刊出广告的一周后,公司的人力资源部收到上百份简历,在这些简历中,常常存在着虚假信息,而且在面试中,应聘者为了获得工作,也常常隐瞒一些真实情况。如果您是双环公司招聘小组的一员,您将如何处理以下问题:

① 如何甄别简历中的虚假信息?

② 在面试中,应运用哪些技巧获得应聘者的真实信息?

6．实训题

(1)实训目的：掌握人员招聘与选拔的方法。

(2)实训方式：给出情境,各组角色扮演,最后进行讨论。

(3)实训内容。

① 阅读下面情境资料。

某企业集团聘请招聘专家为其下属百货公司选拔总经理。在最后阶段,招聘专家对一路过关的4位候选者使用了情景面试的方法。4位候选者被安排同时观看一段录像,录像内容如下。

画面呈现一座小城市,画外音告知这是一个中等发达程度的小县城。镜头聚焦于一家百货商场,时间显示当时是上午9时30分。这时,商场的正门入口处出现了一位身高1米80左右、穿夹克的年轻小伙子。他走进商场,径直走向日用品柜台。柜台里是一位三十岁出头的女售货员。

小伙子向女售货员说:"拿支牙膏。"

女售货员问:"什么牌子?"

"中华牌。"小伙子答道。

女售货员说:"三块八毛",小伙子掏出钱包,取出一张一百元的人民币,女售货员找给他96元2角钱。然后,小伙子将钱和牙膏收好,走出了商场。

画面重新回到百货商场正门,时间显示是上午10时整。这时,一位身高1米65左右、穿笔挺西装的小伙子出现在门口,径直向日用品柜台走去。

"同志,要点什么?"女售货员问道。

"一支牙刷。"小伙子答道。

"什么牌子?"女售货员接着问。小伙子用手指了其中的一种。

女售货员说:"两块八毛钱。"小伙子掏出钱包,取出一张十元的人民币递给了女售货员。女售货员给小伙子一只牙刷并找回7元2角钱。

然而,小伙子突然说:"同志,你找错钱了,我给你的是一百块钱?"

"你给我的明明是十块钱呀!"女售货员吃惊地说道。

"我给你的就是一百块钱,赶快给我找钱,我还有事情要做!"小伙子提高了嗓门,语气也相当严厉。

女售货员急了,声音也提高了八度:"你这人怎么不讲理呢?你明明给的是十块钱,为什么偏要说是一百元呢？你想坑人啊？"

这时，日用柜台边已经聚拢了十几位买东西的顾客看热闹。这位小伙子似乎实在难以容忍了，向整个人群说道："大伙都瞧瞧，这是什么服务态度！你们经理呢？我要找你们经理。"说来也巧，百货商场的总经理正好从楼上下来，看到这边有人围观，便走了过来。总经理看上去是一位二十八九岁的年轻人。

"怎么回事？"总经理问道。女售货员看到总经理来了，像来了救兵一样，马上委屈地向总经理告状："经理，这个人太不讲理了，他明明给我的是一张十块钱，硬说是一张一百块钱。"经理见她着急的样子，立即安慰她说："张姐，别着急，慢慢讲，他买了什么？你有没有收一百块钱一张的人民币？"这位被总经理称为"张姐"的女售货员心情似乎平静了些。"他买的是牙膏，哦……不，他买的是牙刷。对了我想起来了，今天，我没收几张一百块钱的人民币，有一位高个儿给了我一百块钱，他买的是牙膏。这个人给我的就是十块钱。"

总经理听了张姐的话，眉头有些舒展，转身走向人群中那位身高1米65左右的小伙子，很有礼貌地说道："很不好意思出现了这种事情。您能告诉我事情的真实情况吗？"小伙子也似乎恢复了平静，同样有礼貌地坚持自己付给女售货员的是一张一百块钱，是女售货员将钱找错了。这时总经理环视了一下人群，然后将视线定格在这位小伙子身上，继续有礼貌地说："这位先生，根据我对这位售货员的了解，她不是说谎和不负责任的人，但是我同样相信您也不是那种找茬的人。所以为了更好地将事情弄清楚，我可否问您一个问题？"

"什么问题"小伙子问道。"您说您拿的是一张一百块钱，请问您有证据吗？"总经理问道。小伙子的眼睛一亮，马上提高了嗓门说："证据？还要什么证据？不过我想起来了，昨天我算账的时候，顺手在这张钱的主席像一面的右上角用圆珠笔写了4888四个数字。你们可以找一下。"总经理立即吩咐张姐在收银柜中寻找，果真找到了一张主席像一面用圆珠笔写4888的一百块钱纸币。这时，小伙子来了精神，冲着人群高喊："那就是我刚才给的一百块钱，那个4888就是我写的。不信，可以验笔迹。"人群开始骚动，顾客们明显表示出对商场的不满。镜头在人群、小伙子、张姐和总经理之间切换……

这时录像结束，并在屏幕上弹出两个问题：

a. 假如您是该百货商场的总经理，您将如何应付当时的局面？

b. 作为总经理，您将如何善后？4位候选者被要求准备10分钟，然后分别向面试官陈述自己的答案，时间不超过5分钟。

（资料来源：http://www.xgdown.com/article/258/123931_1.htm）

② 根据所给资料分析。

③ 针对资料进行情境模拟，做出人员招聘和录用的决定。

（4）实训步骤。

① 学生分组；

② 分组进行所给资料的分析；

③ 分组进行角色的扮演，要求有一位公司高层人员、人力资源经理以及四位候选者的扮演者；

④ 分组完成招聘与选拔工作；

⑤ 全班集体讨论。

课题五 员工培训与发展

知识目标	技能目标	建议学时
➢ 掌握培训与开发的含义 ➢ 掌握需求分析的方法 ➢ 掌握制订培训发展计划的方法 ➢ 熟练掌握培训评估与反馈的方法	➢ 能进行需求预测分析 ➢ 能制订培训发展计划 ➢ 能合理安排培训过程中各环节的工作 ➢ 能进行培训评估与反馈	6学时

第一部分 案例与分析

 案例1：康佳集团新员工培训

 康佳集团多年来非常重视新员工的入职培训，专门成立了康佳学院来统筹安排并规划新员工的入职培训。通过新员工入职培训的企业实践，康佳学院针对企业用工的特点，摸索出了一套行之有效的新员工入职培训方案，最大程度发挥了新员工培训的作用，使新员工能够迅速地转变成为具有康佳企业文化特色的企业人，敬业爱岗，为企业的发展做出应有的贡献。康佳集团新员工培训的最大特点是：

针对不同的新员工类型，制订出不同的新员工培训方案，运用多种培训手段和培训方式来实施新员工培训。

康佳集团针对新员工的学历、岗位及工作经验的不同，将新入职的员工分成一线员工入职培训、有经验的专业技术人员入职培训和应届毕业生入职培训等类型。

（1）一线员工的入职培训。培训内容：企业文化、人事福利制度、安全基本常识、环境与质量体系等，设置了一线优秀员工座谈、生产岗位介绍、生产流程讲解、消防安全演练等课程。培训方式：师傅带徒弟，指定专人对新员工进行生活和工作方面的指导。

（2）专业技术人员的入职培训。培训内容：企业文化、人事福利制度、安全基本常识、环境与质量体系等，设置了企业环境与生产线参观、企业历史实物陈列室讲解、集团未来发展规划、团队建设与企业理解演练、团队与沟通展能训练、销售与开发介绍及公司产品销售实践等课程。

（3）应届毕业生的入职培训。培训内容：企业文化、人事福利制度、安全基本常识、环境与质量体系等。培训方法：校友座谈、公司各部门负责人讨论、极限挑战、野外郊外等活动以及3个月生产线各岗位轮流实习、专业岗位技术实习等。培训方式：导师制，派资深员工辅导新员工进行个人职业生涯规划设计，并对整个一年的工作实习期进行工作指导与考核，使其能尽快熟悉企业，成为真正的企业人。

（4）不定期招聘的单个新员工。培训内容：上、下班时间与规定、公司基本礼仪、办公室规定、公司基本企业架构等。培训方式：报到教育，即每一个新招聘的员工，不管何时进入企业，在办理入职手续之前，经过康佳学院的报到教育，由康佳学院指派专人进行个别的单独培训。培训时间：3 小时。

通过不同形式、不同内容的新员工入职培训方案的实施，有效地贯彻了集团公司选才、用才、留才的人力资源宗旨，通过培训，缩短了新入职人员在公司的实习过程，使部分有能力、有才干的人能够很快脱颖而出，成为公司的骨干，降低了招聘成本，规避了选才风险，成为公司人力资源管理中最为重要的一环。

（资料来源：http://www.51labour.com/learn/show.asp?id=87321）

案例分析

康佳集团非常重视员工的培训，专门成立了康佳学院负责员工培训工作。他们在先进理念的指导下，采用科学的培训方法，形式多样，有效地培养了具有康佳集团企业文化特色的企业人，他们爱岗敬业，为集团做出了重要的贡献。

案例 2：某企业的培训需求分析

1996 年，D 公司成立以来发展很快，效益很好。公司领导意识到企业要发展，企业管理水平的提高、领导干部的管理理念及观念的转变、知识更新非常重要，其有效的方法就是培训。2000 年，公司成立了培训中心，由总经理亲自监督，很快完成了培训中心的硬件建设，确定了培训中心组织机构、人员、资金、场地、设备，同时完善了公司培训工作制度、确立了培训方针，编制了《员工培训流程指导手册》，详细规定了培训流程管理工作各环节的程序、控制点、责任边界，给出了适用于各个环节的制度、流程、表单等，在制度层面规范了公司及各部门主办培训班的具体流程，从调查需求、制订培训计划、组织实施、管理经费、培训评估、管理培训档案及考核等方面都做出了细致且操作性很强的规定。

2008 年年底，D 公司按照 ISO10015 流程中的"培训需求确定控制程序"和"培训计划形成与确定控制程序"两个子流程，进行了 2009 年的培训需求调查工作。人力资源部制订了年度培训需求分析的方案。

（1）全体员工问卷调查。调动全员参与培训计划制订工作，填写《员工培训需求表》，经统计汇总分析后形成《年度员工培训需求调查问卷报告》。

（2）高管需求访谈。对高管和部门经理进行深度访谈，访谈内容：对公司战略的理解、对员工能力的要求、课程的重点、对培训的期望等，访谈记录整理分析后形成《年度高管培训需求访谈报告》。

（3）集体研讨。在前面工作完成后，人力资源部结合公司 2009 年度的工作重点、绩效情况等制订初步的培训需求，召集部门经理和高管召开年度培训计划研讨会，对培训草案进行讨论，会后修正，最终形成公司年度培训计划。

D 公司人力资源部在年度培训计划制订后，总结分析培训需求调查工作中的经验教训，发现存在以下问题。

(1) 运用工具获取培训需求分析的来源有困难。如要从企业战略目标、绩效考核、胜任素质、个人发展与生涯规划等来获取需求，这些来源基本上都很明确，可是在实际应用中进行需求来源筛选分析时还缺乏相应的可量化工具，对重要的、紧迫的需求不能准确把握，各部门上报的培训需求太多、太散。

(2) 员工问卷调查结果价值有限。人力资源部严格按《员工培训流程指导手册》流程规定，花了很大精力和时间填报、汇总的全体员工培训需求，其价值并不是非常大，无法较好地转化为培训计划；而对高管和部门经理进行的访谈结果，在制订培训计划时起到了重要作用。

(3) 培训需求调查结果与实际有出入。《指导手册》虽然明确界定了专业部室、直线经理、部门培训联系人的职责，但是在实际操作中，由于专业部门比较忙，加之员工觉得培训是人力资源部工作的观念不能一时改变，因此，有些职责不能完全落实下去，有些岗位培训需求调查表应由直线经理在沟通后负责填写，但实际上，基本上由员工个人根据自己的意向来填写，这样就导致培训需求较散，有些个人还随意填写，在培训需求的正确把握上给人力资源部带来了较多困难。员工个人在填写需求时站的高度较低，基本上都是来自本岗位的提升需求，如对运维人员来说基本上是提升维护能力的，对营销人员来说基本上是提升营销能力的，每年开展需求调查时几乎都出现雷同的需求结果。

(4) 部门培训联系人的作用不能得到有效发挥。部门培训联系人作为人力资源部与部门的联系人，他们的作用非常重要。流程虽然明确了培训联系人的诸多职责，但在实际运作中，部门培训联系人基本上只负责发放、收齐相关表格，而在部门内解释说明表格、分类整理和详细分析培训需求等职责并没有真正落实。

(资料来源：http://www.hnrc.com HR 管理世界)

案例分析

通过调查，我们发现 D 公司在做 2009 年培训需求分析时，主要是根据公司 2004 年制订的培训战略规划和 2008 年底培训需求调查的方式取得数据制订了培训年度规划。与一般公司相比，D 公司的培训方案较为科学，也比较有成效，员工满意率较高，但是公司高层满意率较低，认为一些培训课程对于提升企业的绩效没有意义，是企业的成本，做不做无所谓。我们认为，D 公司培训需求分析中必须正视以下一些问题。

1. 对培训工作的理论定位应全面体现"以人为本"的企业文化精神

在知识经济时代，培训是企业核心资质的培养，如果把培训投入作为企业的资本投资来看待，就会产生积极的意义：由于国际人才竞争的加剧，用于人力资源开发的投入，对于企业的生存和发展是必不可少的投资。把培训投入作为投资来看待，企业的经营者就要看回报，他就会像对待其他的资本投资一样，必然要重视培训投入的产出，既然重视培训的经济效益和社会效益，就会要求培训机构和参训人员讲求培训质量，注重培训效果，而决不搞那种无效的培训。D 公司部分企业高层把培训投入作为生产成本来看待的观念有待更新，在人力资源开发和培训工作中，均应体现"突出人的作用，尊重人的价值"的理念，只有这样，才能让培训的人员感受到企业的关怀而更加认同企业的价值观。

2．要从战略的角度来看待培训工作

首先企业培训主要是着眼于企业的未来，而不是现在。系统的培训规划要基于企业战略的人力资源规划来制订，培训需求分析就是为实现企业战略目标对人才的要求应运而生的。在组织层面的培训需求分析中，要从企业未来的战略方向中长期发展计划和人力资源战略计划来分析培训的发展，并且培训计划还要不断地随企业业务的变化而调整才能真正服务于企业发展的需要，培训的发展方向将是建立符合企业发展需要的员工素质模型培训体系。培训经理要了解企业在今年工作中存在哪些问题？是否和培训不到位有关？培训工作本身存在什么问题？上级有什么要求？员工有什么希望？大家有什么对策等，要通过培训来解决问题。

3．要突出培训为企业绩效服务的作用

培训是企业的一种投资，而企业投资的目的是获得收益。企业还应该逐步建立培训开发与绩效考核、与员工的晋升和职业生涯发展挂钩的机制，与建设企业文化、建立学习型企业密切结合，彻底改变"要我学"为"我要学"，逐步形成人人学习新知识、掌握新技术、树立新理念的氛围，不断扩充和提升个人能力，增强员工参加培训的积极性和主动性。

4．必须高度重视企业内部的深度沟通

D公司人力资源部只有在访谈中真正关心员工，从员工角度出发思考问题，愿意通过培训帮助员工实现职业生涯发展的目的，员工才愿意和人力资源部工作人员谈真正的心里话，从而有利于掌握员工的培训需求。由于员工对自己工作中的问题、障碍最了解，通过他们了解情况也能获取一定的重要信息。但员工不一定完全清楚自己在工作上缺少什么，这就需要通过直线管理者对员工填写的信息进行补充和审核，再返回人力资源部作进一步分析，并对相关人员进行问题访谈。总之，深度沟通必不可少。

第二部分　课题学习引导

5.1　培训与开发概述

员工培训开发是企业为了实现目标和满足个人发展需要，使员工通过学习获得有利于完成工作任务的知识、技能、观点、动机、态度、行为，为提高员工岗位工作绩效和个人素质而进行的有计划、有系统的战略性人力资本投资活动过程。随着经济全球化和知识经济的到来，人力资源已成为企业赢得竞争优势的关键，员工的培训和开发日益发挥重要作用，成为企业发展的战略性要求。

5.1.1　培训与开发的含义

员工培训开发是指企业通过各种方式使员工具备完成现有或将来工作所需的知识、技能，并改变他们的工作态度，改善员工在现有或将来职位上的工作绩效，最终实现企业整体绩效提升的一种计划性和连续性的活动。

一些学者将培训和开发作为两个不同的概念来理解，他们认为培训更多的是一种具有短期目标的行为，目的是使员工掌握当前所需要的知识和技能。例如，教会一名新员工如何操作仪器就是一种典型的培训；而开发则更多的是一种具有长期目标的行为，目的是使员工掌握将来所需要的知识和技能，以应对将来工作所提出的要求。我们将培训和开发作为一个概念来理解，因为这两者的实质是一样的，都是要通过改善员工的工作绩效来提高企业的整体绩效，只是关注点有所不同，一个更关注现在，而另一个更关注将来。

要准确理解培训与开发的含义，需要把握住以下几个要点。

（1）培训与开发的对象是企业的全体员工，而不只是某一部分员工，当然这并不意味着每次培训的对象都是全体员工，而是说应当将全体员工都纳入到培训体系中，不能将有些员工排斥在体系之外。

（2）培训与开发的内容应当与员工的工作有关，与工作无关的内容不应当包括在培训开发范围之内；此外，培训与开发的内容还应当全面，与工作有关的各种内容都要包括进来，如知识、技能、态度、企业的战略规划以及企业的规章制度等。有些企业在进行培训时往往不注意这个问题，只重视业务知识、工作技术等的培训，而忽视了工作态度、企业文化等的培训。这里指的工作既包括现在从事职位的工作，也包括将来可能从事职位的工作。

（3）培训与开发的目的是要改善员工的工作绩效并提升企业的整体绩效，应当说这是企业进行培训与开发的根本原则，也是衡量培训与开发工作成败的根本性标准，如果不能实现这一目的，培训与开发工作就不是成功的。

（4）培训与开发的主体是企业，也就是说培训与开发应当由企业来实施，有些活动虽然客观上也实现了培训与开发的目的，但是实施主体并不是企业，因此也不属于培训与开发的范畴。例如，员工进行自学，虽然同样会改善工作绩效，也不能算是培训与开发；但是如果这种自学是由企业来实施的，那么就属于培训开发。

5.1.2　培训与开发的原则

培训作为人力资源开发的一项重要手段，可以为企业创造价值，但这种价值的实现，还要求企业在实施培训的过程中，要遵循以下几个基本的原则。遵循这些原则也是完成培训任务和实现培训目标的重要保证。

1．理论联系实际原则

企业员工培训和一般院校的普通教育不同，只有和实际相结合才能产生较好的效果。理论联系实际，就是要求培训应根据企业经营、发展状况和企业员工的特点来进行，既讲授专业技能知识和一般原理，提高受训者的理论水平和认识能力，又要解决企业在经营管理中存在的一些实际问题，以提高企业的整体效益和管理水平。

2．因材施教原则

培训应根据企业员工的不同状况，选择不同的培训内容，采取不同的培训方式。同时，即使是对同一员工，在不同的发展阶段，其培训内容也应有所差异。

3．心态原则

企业员工以一种什么样的心态来对待培训，对培训效果有很大的影响。所以，对任何企业的培训而言，保持员工的积极心态是非常重要的。

4．兴趣原则

要使员工对培训发生兴趣，就必须使培训的内容、方式等能最大限度地满足其需要。这样，培训才能由"要我学"变成"我要学"。

5．激励原则

为了保证培训开发的效果，在培训过程中要坚持激励原则，更好地调动员工的积极性和主动性，以更大的热情参与到培训中来，提高培训的效果。这种激励的内容是广泛的，既包括正向的激励，也包括反向的激励；激励还应当贯穿整个培训的过程。

6．启发性和激励的原则

这个原则是指在员工培训中，培训者要善于把培训的要求转化为员工的内在需要，运用激励手段，充分调动员工学习的积极性和主观能动性，启发员工进行观察、思考、探索和推断，提高独立发现问题、分析问题和解决实际问题的能力。

7．全员培训与重点提高的原则

全员培训就是有计划、有步骤地对在职各类员工进行全面培训，而不是只培训管理员工或一般工作员工。但是全员培训不等于没有重点，在实行全员培训的同时，应重点地培训一批技术骨干和管理骨干，特别是中高级管理员工和关键技术骨干，发挥这些重点培训对象"火车头"式的带动作用。

5.1.3 培训与开发的作用

由图 5-1 可知，员工培训与开发的作用通过绩效体现出来，绩效是由行为导致的，而行为又是由员工的动机引起的。员工的动机受到其知识、技能和态度的影响，尤其是以态度为核心。因此，员工的培训与开发工作就要在使员工增长知识、提高技能、培养正确的工作态度和价值观上下工夫，其作用也首先在这些方面体现出来。其中主要以建立正确的工作态度为突破口，这样才能激发员工正确的工作动机，进而使员工产生积极持久的工作行为，最终获得企业希望的工作绩效。

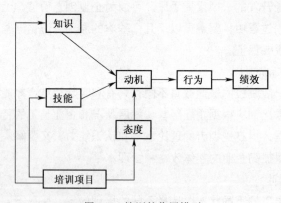

图 5-1 培训的作用模型

5.1.4 培训与开发的流程

员工培训与开发如此重要，而培训活动的成本无论从时间、精力上来说都是不低的，因此精心设计企业培训过程就显得十分重要。设计企业培训过程是把培训活动看作一个系统，如图 5-2 所示的员工培训流程模型。

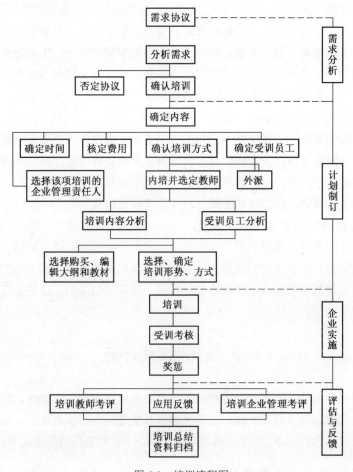

图 5-2　培训流程图

5.1.5　培训开发与人力资源管理其他职能的关系

作为人力资源管理系统的一个组成部分，培训开发与人力资源管理的其他各项职能活动之间存在着密切的关系。

1．培训开发与工作分析的关系

工作分析是实施培训开发活动的重要基础之一，通过工作分析形成各个职位的工作描述，这是对新员工进行培训的一个主要内容；此外，通过工作分析还可以确定出各个职位的任职资格条件，这是进行培训需求分析时需要考虑的一个重要因素。

2．培训开发与人力资源规划的关系

一方面，培训开发是人力资源规划得以顺利实现的重要保证，在人力资源的业务规划中，培训开发计划本身就是其中的提升计划，需要以培训开发工作的有效实施为基础。另一方面，人力资源规划也是培训开发的前提之一，在人力资源规划的指导下，企业可以更有计划地实

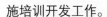

施培训开发工作。

3．培训开发与招聘录用的关系

培训开发与招聘录用的关系是相互的，一方面，招聘录用的质量会对培训开发产生影响，招聘录用的质量高，人员与职位的匹配程度高，培训开发的任务相对就会比较轻；反之，培训开发的任务就会比较重。另一方面，培训开发也会影响招聘录用，尤其是员工招聘，如果企业比较重视培训开发工作，提供的培训机会比较多，那么对应聘者的吸引力就比较大，招聘的效果就比较好；反之，就会影响到招聘的效果。

4．培训开发与绩效管理的关系

培训开发与绩效管理的关系同样是双向的，一方面，绩效考核是确定培训开发需求的基础，通过对员工的绩效考核，发现他们存在的问题，分析这些问题产生的原因，就可以确定出培训的对象和培训的内容，这样的培训开发工作就更有针对性；另一方面，培训开发工作可以改善员工的工作绩效，这也有助于更好地实现绩效管理的目的。

5．培训开发与员工关系管理的关系

培训开发对于企业建立良好的员工关系有着巨大的推动作用，通过培训，有助于员工认同企业文化，增强员工对企业的归属感，从而可以加强企业的凝聚力和向心力。此外，通过相关的培训，可以使员工掌握人际关系处理的技巧，培养团队意识，这些也有助于减少员工之间的摩擦，建立和谐的人际关系。

5.2　培训需求分析

企业的培训开发活动并不是盲目进行的，只有当企业存在相应需求时，培训开发才有必要实施，否则进行培训是没有意义的。在实施培训开发之前，必须对培训的需求做出分析，这是整个培训开发工作的起点，它决定着培训活动的方向，对培训的质量起着决定性的作用。

5.2.1　培训需求分析的思路

需求就是一个企业预期应该发生的事情和实际发生的事情之间的差距，这一差距就是"状态缺口"。企业对员工的能力水平提出的要求就是"理想状态"，而员工本人目前的实际水平即为"目前状态"，两者之间的差距就是"状态缺口"。企业要努力减小这种"缺口"，就形成了培训需求。这种需求可以从两个层面来理解：一是企业层面，二是员工个人层面。这两个方面是同等重要的，有些时候，即便是员工个人不存在培训需求，但从企业整体的角度出发，还是要对员工进行培训，如企业文化培训。但是，企业出现"状态缺口"只是培训需求的可能性，并不是一出现问题就必须进行培训，只有当出现的"缺口"通过培训能够加以解决时，企业才应当进行培训，这是培训需求的现实性。例如由于薪酬水平过低而导致员工的生产效率低下，这种情况下对员工进行培训是没有意义的，而应当通过提高薪酬水平来解决这个问题。因此，培训需求既要有可能性，也要有现实性。一般来说，企业层面出现的"缺口"需要进行普遍性的培训，而个人层面出现的"缺口"只需进行特殊性的培训即可。当然，如果员工个人层面的"缺口"具有共性的话，那就变成了企业层面的"缺口"。

早在 1961 年麦吉（McGehee）和塞耶（Thayer）就提出了通过企业分析、任务分析和人员分析 3 种方法来确定培训的需求，如图 5-3 所示。图中显示了从培训需求分析得出的培训原因和结果。培训需求的压力点是来自多方面的，包括绩效问题、新技术的应用、法规和制度的变更、员工基本技能的欠缺、客户偏好和要求的变化、新的工作要求等。许多压力点的存在说明培训是必要的。但是，并不是所有的问题都能通过培训来解决，只有知识、技能的欠缺可以由培训手段来解决，其他的压力点可以通过工作环境的重新设计、薪酬机制等来解决。

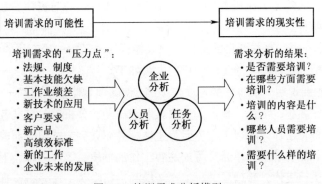

图 5-3 培训需求分析模型

如何进行培训的需求分析，一般应从以下几个方面入手。

1. 企业分析

培训需求的企业分析主要是通过对企业的目标、资源、特质、环境等因素的分析，准确地找出企业存在的问题与问题产生的根源，以确定培训是否是解决这类问题的最有效方法。培训需求的企业分析涉及到能够影响培训规划的企业的各个组成部分，包括对企业目标的检查、企业资源的评估、企业特质的分析以及环境的影响等方面。企业分析的目的是在收集与分析企业绩效和企业特质的基础上，确认绩效问题及其病因，寻找可能解决的办法，为培训部门提供参考。一般而言，企业分析主要包括下列几个重要步骤。

（1）企业目标分析。明确、清晰的企业目标既对企业的发展起决定性作用，也对培训规划的设计与执行起决定性作用，企业目标决定培训目标。比如说，如果一个企业的目标是提高产品的质量，那么培训活动就必须与这一目标相一致。假若企业目标模糊不清时，培训规划的设计与执行就显得很困难。

（2）企业资源分析。如果没有确定可被利用的人力、物力和财力资源，就难以确立培训目标。企业资源分析包括对企业的金钱、时间、人力等资源的描述。一般情况下，通过对下面问题的分析，就可了解一个企业资源的大致情况。

（3）企业特质与环境分析。企业特质与环境对培训的成功与否也起重要的影响作用。因为，当培训规划和企业的价值不一致时，培训的效果则很难保证。企业特质与环境分析主要是对企业的系统结构、文化、资讯传播情况的了解。主要包括如下内容。

系统特质。指企业的输入、运作、输出、次级系统互动以及与外界环境间的交流特质，使管理者能够系统地面对企业，避免企业分析中以偏概全的缺失。

文化特质。指企业的软硬体设施、规章、制度、企业经营运作的方式、企业成员待人处世的特殊风格，使管理者能够深入了解企业，而非仅仅停留在表面。

资讯传播特质。指企业部门和成员收集、分析和传递信息的分工与运作，促使管理者了解企业信息传递和沟通的特性。

2．工作分析

工作分析的目的在于了解与绩效问题有关的工作的详细内容、标准和达成工作所应具备的知识和技能。工作分析的结果也是将来设计和编制相关培训课程的重要资料来源。工作分析需要富有工作经验的员工积极参与，以提供完整的工作信息与资料。工作分析依据分析目的的不同可分为两种。

（1）一般工作分析：其主要目的是使任何人能很快地了解一项工作的性质、范围与内容，并作为进一步分析的基础。一般工作分析的内容如下。

工作简介：主要说明一项工作的性质与范围，使阅读者能很快建立一个较为正确的印象。其内容包括：工作名称、地点、单位、生效及取消日期、分析者、核准者等基本资料。

工作清单：是将工作内容以工作单元为主体，并以条列方式组合而成，使阅读者能对工作内容一目了然。而每项工作单元又可加注各工作的性质、工作频率、工作的重要性等补充资料，这对员工执行工作、管理层进行工作考核和进行特殊工作分析皆有益处。

（2）特殊工作分析：是以工作清单中的每一工作单元为基础，针对各单元详细探讨并记录其工作细节、标准和所需的知识技能。由于各工作单元的不同特性，特殊工作分析可分为下列数项。

程序性工作分析：程序性工作具有固定的工作起点、一定顺序的工作步骤和固定的工作终点等特性。程序性工作分析主要强调工作者和器物间的互动关系。程序性工作分析就是通过详细记录工作单元的名称、特点、标准、应具备的知识技能、安全及注意事项、完整操作程序等，为员工的培训和培训评估提供依据。

程式性工作分析：多无固定的工作程序，对工作原理的了解和应用程度要求也较高，其工作内容主要强调工作者和系统间的互动。完整的程式性工作分析依序可分为4个部分。

① 系统流程分析：主要是应用电脑流程的概念和符号，描绘系统间重要元件的关系，并配合简单的文字，说明系统背后的基本原理。

② 系统元件分析：主要是针对系统中每一元件列出其正确名称和功能，以建立工作者的共同认知，减少沟通障碍，并作为检修的基础。

③ 程式分析：主要是探讨系统中的作业流程，其重点是了解系统如何正常运作。分析内容包括系统状况、特殊标准、指标、操作、影响等。

④ 检修分析：主要是探讨如何检修并排除系统不正常运作所需的诊断流程与知识。检修分析集中于探讨诊断分析所需的知识和诊断过程中所必须使用仪器的知识技能。检修分析的内容应有应具备的知识、可能的故障、原因、修正措施等。

知识性工作分析：知识性工作属于内在思维的工作行为，可以说是人与人、或人与知识间的交流互动，而且是以不具形体的知识为桥梁，进行理性的思考、沟通与协调，以达成工作需求。知识性工作分析是一种研究程序，它能够帮助管理者确认影响工作绩效的有关重要知识。

工作分析是培训需求分析中最烦琐的一部分，但是，只有对工作进行精确的分析并以此为依据，才能编制出真正符合企业绩效和特殊工作环境的培训课程来。

3．人员分析

人员分析主要是通过分析工作人员个体现有状况与应有状况之间的差距，来确定谁需要和应该接受培训以及培训的内容。分析的重点是评价工作人员实际工作绩效以及工作能力。其中包括下列事项。

（1）个人考核绩效记录。主要包括员工的工作能力、平时表现（请假、怠工、抱怨）、意外事件、参加培训的记录、离（调）职访谈记录等。

（2）员工的自我评价。自我评价是以员工的工作清单为基础，由员工针对每一单元的工作成绩、相关知识和相关技能真实地进行自我评价。

（3）知识技能测验。以实际操作或笔试的方式测验工作人员真实的工作表现。

（4）员工态度评价。员工对工作的态度不仅影响其知识技能的学习和发挥，还影响与同事间的人际关系，影响与顾客或客户的关系，这些又直接影响其工作表现。因此，运用定向测验或态度量表，就可帮助了解员工的工作态度。

5.2.2 培训需求分析的方法

1．企业整体分析法

企业整体分析法是从企业的整体现实出发，以战略目标为依据确定企业培训需求的方法。企业整体分析法一般从分析反映企业经营状况的指标开始，如经营环境、利润率、投资回报率、销售利润率、员工流动率、客户满意率、权益报酬率等。通过分析这些指标，找出企业在技术、生产、经营、管理、公众关系等方面的差距，从而确定培训需求。企业整体分析法具有操作方便、容易得出具有普遍意义的培训需求从而引起高层管理员工重视的优点。但是，这种方法必须以充分的数据为基础，并理解掌握它们，然而得到这些详细真实的数据是比较困难的。

2．任务分析法

任务分析法也称工作分析法或工作盘点法，是依据工作描述和工作说明书，确定员工达到要求所必须掌握的知识、技能和态度。通过系统地收集反映工作特性的数据，对照员工现有的能力水平，确定培训应达到什么样的目标。在工作说明书中一般都会明确规定：（1）每个岗位的具体工作任务或工作职责；（2）对上岗员工的知识、技能要求或资格条件；（3）完成工作职责的衡量标准。除了使用工作说明书和工作规范外，还可以使用工作任务分析记录表，它记录了工作中的任务以及所需要的技能。工作任务分析表通常包括工作的主要任务和子任务，各项工作的执行频率，绩效标准，执行工作任务的环境，所需的技能和知识以及学习技能的场所。显然，依据上述几方面的信息，对比员工个人的实际状况，即可找出培训需求。

3．员工个人培训需求分析法

员工个人培训需求分析法是员工对自己进行分析，对今后发展提出要求，并不断寻求进步的一种培训需求分析法，主要是通过员工根据工作感受和自己的职业发展规划，对自身的知识和能力结构进行主观评估，进而确定培训需求。这种方法具有深层性、针对性强和可有

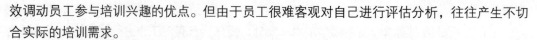
效调动员工参与培训兴趣的优点。但由于员工很难客观对自己进行评估分析，往往产生不切合实际的培训需求。

4．问卷调查法

问卷调查法是通过员工填写"培训需求调查问卷"，并对问卷信息进行整理、汇总、分析，从而确定培训需求的方法，这也是企业经常使用的一种方法。这种方法的优点是调查面广，资料来源广泛，收集的信息多，相对省时省力。缺点是调查结果间接取得，如对结果有疑问，无法当面澄清或证实；调查对象很容易受问题所误导，获得的深层信息不够等。但在公共关系专家或统计专家的指导下，可以大大降低这些问题的影响。

5．绩效分析法

绩效分析法是通过考察员工目前的绩效与企业目标的理想绩效之间存在的差距，然后分析存在绩效差距的原因：是不能做还是不想做，还要进一步分析知识、能力和行为改善方面存在的差距的程度，最后确定培训的具体选择。这种分析法主要围绕"缺陷"展开，也称缺陷分析。通常，员工缺陷有两种：一种是"技能"上的缺陷，称之为"不能做"；另一种是"管理"上的缺陷，称之为"不想做"。前一种"缺陷"是指员工工作技能、工作技巧、工作熟练程度、业务知识水平等方面的不足；后一种"缺陷"是指员工工作态度、领导层的任务分派和指导、信息沟通与反馈等方面的不足。

对于缺陷的分析，可归结为企业和员工个人两方面的原因。

（1）"技术缺陷"。企业方面的原因是工作设计不合理、分配任务不当、工作标准过高、工作条件差。个人方面的原因是未能理解工作任务、缺乏工作所需的知识和技能等。

（2）"管理缺陷"。企业方面的原因有薪酬系统不合理、激励不当、人际关系紧张、企业氛围差等原因。个人方面的原因有责任心差、职业道德水平较低等。

如果属于个人知识、技能和态度方面的原因，则需要进行培训，培训需求分析的动机模型可以用于绩效分析过程。

6．观察分析法

观察分析法是亲自看每一位员工的工作状况，如操作是否熟练，完成每件工作需要多少时间等，通过仔细地观察，从中分析出该员工需要培训的内容。观察法比较适用于操作技术方面的工作，对管理类工作具有一定的帮助价值。

运用观察分析法应注意以下几点。

（1）注意被观察者的心理作用。

一旦被观察者意识到处于被观察状态，就极有可能出现紧张失措的表现，观察者观察到的结果也就有较大的偏差。为了避免这一情况的出现，应进行多次观察或延长观察时间，对多种观察结果进行综合考虑，最终得出准确的结论。

（2）防止观察者主观影响。

在评价别人时，任何人都会因为主观思想的影响，导致评价结果有偏差。避免这一问题的办法是增加观察者人数或组成一个观察小组开展员工评价工作。

7．前瞻性培训需求分析模式

前瞻性培训需求分析模式是以企业未来发展需要为依据，确定员工培训需求的方法。随着技术的不断进步和员工在企业中个人成长的需要，即使员工目前的工作绩效是令人满意的，也可能会为工作调动或职位晋升做准备、为适应工作内容要求的变化等原因提出培训的要求，甚至员工个人的职业生涯发展计划也会对培训提出前瞻性的要求。同时，在企业发展过程中，会不断地产生出对员工更高的知识和能力等方面的要求。

前瞻性培训需求一般按图 5-4 所示的程序进行分析。

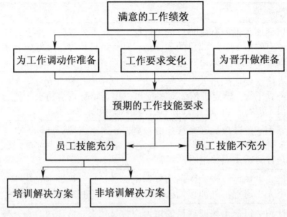

图 5-4　实施前瞻性培训需求分析法的程序

5.2.3　培训需求分析的步骤

进行培训的需求分析，一般应从企业层次、任务层次、员工层次 3 方面着手，大致的分析步骤如图 5-5 所示。

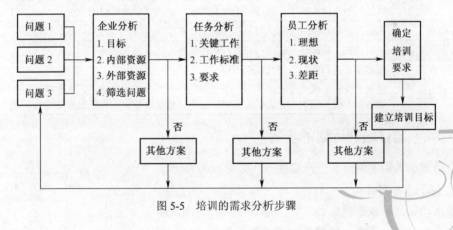

图 5-5　培训的需求分析步骤

5.3　培训计划制订

5.3.1　培训计划的种类与内容

培训计划包括长期计划和短期计划两种。长期计划是人力资源规划的一个组成部分，它是以企业长期经营战略规划为基础制订的；短期计划即培训实施计划，它以长期培训计划为依据，并顺应各种变化以求实际，结合现实培训需求以提供培训的针对性和有效性。

制订培训计划，其内容包括培训什么、培训谁、何时培训、在哪里培训、谁来培训和怎样培训等问题，如表5-1所示。

表5-1　　　　　　　　　　　　具体培训计划内容

项　　目	具 体 内 容
培训目的	每个培训项目都要有明确目的（目标），为什么培训？要达到什么样的培训效果？怎样培训才有的放矢？培训目的要简洁，具有可操作性，最好能有衡量标准，这样就可以有效检查员工培训的效果，便于以后的培训评估
培训对象	哪些人是主要培训对象？这些人通常包括中高层管理员工、关键技术员工、营销员工以及业务骨干等。确定了培训对象就可以根据培训内容将员工进行分组或分类，把同样水平的员工放在一组进行培训，这样可以避免培训浪费
培训课程	培训课程一定要遵循轻重缓急的原则，分为重点培训课程、常规培训课程和临时性培训课程3类。其中重点培训课程主要是针对全公司的共性问题、未来发展大计进行的培训，或者是针对重点对象进行的培训
培训形式	培训形式大体可以分为内训和外训两大类，其中内训包括集中培训、在职辅导、交流讨论、个人学习等；外训包括外部短训、MBA进修、专业会议交流等
培训内容	培训计划中每一个培训项目的培训内容是什么。培训内容涉及管理实践、行业发展、企业规章制度、工作流程、专项业务、企业文化等课程。从员工角度讲，中高层管理员工、技术员工的培训以外训、进修、交流参观等为主；而普通员工则以现场培训、在职辅导、实践练习更加有效
培训讲师	讲师在培训中起到了举足轻重的作用，讲师分为外部讲师和内部讲师。涉及外训或者内训中关键课程以及企业内部员工讲不了的，就需要聘请外部讲师
培训时间	包括培训执行的计划期或有效期、培训计划中每一个培训项目的实施时间，以及培训计划中每一个培训项目的课时等。培训计划的时间安排应具有前瞻性，时机选择要得当，以尽量不与日常的工作相冲突为原则，同时要兼顾学员的时间
培训地点	包括每个培训项目实施的地点和实施每个培训项目时的集合地点或召集地点
考评方式	采用笔试、面试还是操作，或是绩效考核等方式进行
调整方式	计划变更或调整的程序及权限范围
培训预算	包括整体计划的执行费用和每一个培训项目的执行或实施费用。预算方法很多，如根据销售收入或利润的百分比确定经费预算额，或根据公司人均经费预算额计算等

5.3.2　制订培训计划的步骤

制订培训计划主要分3个步骤进行，如图5-6所示。

1．确定培训目标

确定培训目标就是确定员工经过培训以后，应该发生怎样的变化。培训通常以掌握新知识或新技能为目标。培训目标还应说明要以怎样的方法，用多少时间、多大成本来达到这一目标。

（1）培训目标的含义。培训目标是顺利进行培训计划的前提。有了目标，才能确定培训对象、内容、时间、培训师、方法等具体内容，并可在培训之后，对照此目标进行效果评估。培训目标从某一培训

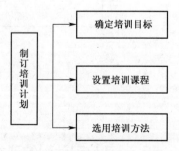

图5-6　制订培训计划的步骤

活动的总体目标具体到每堂课的具体目标，中间可有若干层次。确定培训目标必须与企业的宗旨相容，要现实可行，要用书面明确陈述，其培训结果应是可以测评的。

（2）培训目标的要素。在确定具体的培训目标时，应包括3个要素。

① 内容要素：企业期望员工做什么事情。

② 标准要素：企业期望员工以什么样的标准来做这件事情。

③ 条件要素：在什么条件下要达到这样的标准。

例如，在对商店的售货员所进行的顾客服务培训中，培训目标就应当这样确定："在培训结束后，员工应当能够在不求助他人或不借助资料的情况下（条件要素），在半分钟到一分钟之内（标准要素），向顾客解释清楚产品的主要特点（内容要素）"。

（3）培训目标的类别。培训目标主要有以下几大类。

① 知识目标。包括概念与理论的理解与纠正、知识的灌输与接受、认识的建立与改变等，都属于智力活动。理论与概念必须和实际相结合，才能透彻理解、灵活掌握。通过培训要使员工具备完成职位工作所必需的基本业务知识，了解企业的基本情况，例如企业的发展战略、经营方针和规章制度等。

② 技能目标。技能的培养主要指的是针对受训者在执行某种工作时，要使用的特定程序和方法。通过培训要使员工掌握完成职位工作所必备的技术和能力，如谈判技术、操作技术、应变能力、沟通能力和分析能力等。

③ 态度目标。指受训者对工作和企业原有认知观点和态度的改变或加强。通过培训要使员工具体完成职位工作要求的工作态度，如团队精神、积极性、自律性和服务意识等。

④ 工作表现目标。受训者经过培训后在一定的工作情境下达到特定的工作绩效和行为表现。

（4）制订培训目标的原则

① 明确而具体。对每一个具体目标来说，必须清楚地描述它的理想行为、实现它的条件和判别行为成败的标准。

② 具有挑战性。具有挑战性的目标可以使受训者在实现了目标之后首先感到一种个人心理上的满足。但是，注意目标的设置应是"可望"而"可及"的。

③ 要有子目标。子目标包括：培训者的评估、工作样本测验、阶段考察等。

目标确定不仅会明显地影响受训者的动机，同时也会影响培训者的期望。事实上，期望在一定条件下可以转化为自我实现诺言，期望越高，受训者的表现越佳；反之，期望越低，受训者的表现越差。因此，在具体的教育培训进行前，欲使企业教育培训活动得到期望的绩效应先确定目标。

2．设置培训课程

培训课程的设置要说明应该通过哪些学习方法来达到目标。每一种知识和技能都是与其他知识和技能相联系的，一套知识体系或技能体系是通过对相关课程的设置来完成的。因此要注意课程设置的科学性。同时要注意：不同时间、不同对象，培训目标是有区别的。在设置培训课程时应注意以下几方面的问题。

（1）目标设定。当培训者花时间向受训者解释目标，或当受训者自己设定目标时，其对培训的兴趣程度、理解力及付出的努力都会增加。

（2）行为示范。行为示范可以增强行为表现培训的效果。示范可以采取多种形式，例如真实生活表演或录像观察、图片观察等。

（3）积极实际与重复。培训时应给予受训者充分的机会来实践他们的工作任务。学习操作机器的学员应有机会实际操作，学习如何培训员工的经理们在培训时应得到实际的指导机会。

（4）反馈与知识进展。员工培训进展的过程中，通过积极的反馈或检查可以保持并激发员工学习的动力。采取测试手段或其他记录，可以将进展描绘在图5-7上，该图称为"学习效果曲线"。在培训的初期，受训者进步明显。但在一段时间后，就会出现学习效果停止不前的现象，然后学习效果还是呈现进步的态势。中间这一停滞阶段被称为学习的高原平台现象。这是受训者的整个学习过程具有的明显共性。

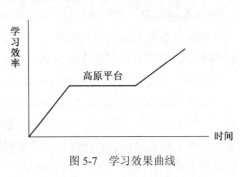

图 5-7　学习效果曲线

3．选用培训方法

（1）讲授培训法。讲授属于传统模式的培训方式，指培训师通过语言表达，系统地向受训者传授知识，期望这些受训者能记住其中的重要观念与特定知识。

（2）研讨法。研讨法，是指由指导教师有效地针对企业研习员工以团体的方式对工作中的课题或问题进行讨论，并得出共同的结论，由此让研习员工在讨论过程中互相交流、启发，以提高研习员工知识和能力的一种教育方法。

（3）案例研究法。案例研究法为美国哈佛管理学院所推出，目前广泛应用于企业管理员工（特别是中层管理员工）的培训。是指为参加培训的员工提供员工或企业如何处理棘手问题的书面描述，让员工分析和评价案例，提出解决问题的建议和方案的培训方法。目的是训练他们具有良好的决策能力，帮助他们学习如何在紧急状况下处理各类事件。

此方法是针对某一具有典型性的事例进行分析和解答，始终要有个主题，即"你将怎么做？"参加者的答案必须是切实可行的和最好的。培训对象则组成小组来完成对案例的分析，做出判断，提出解决问题的方法。随后，在集体讨论中发表自己小组的看法，同时听取别人的意见。讨论结束后，公布讨论结果，并由教员再对培训对象进行引导分析，直至达成共识。

（4）角色扮演法。角色扮演是指在一个模拟的工作环境中，在未经预先演练且无预定的对话剧本而表演实际遭遇的情况下，指定参加者扮演某种角色，按照其实际工作中应有的权责来担当与其实际工作类似的角色，模拟性地处理工作事务，借助角色的演练来理解角色的内容，从而提高处理各种问题的能力。

（5）操作示范法。操作示范法是部门专业技能训练的通用方法，一般由部门经理或管理员主持，由技术能手担任培训员，现场向受训员工简单地讲授操作理论与技术规范，然后进行标准化的操作示范表演。利用演示方法把所要学的技术、程序、技巧、事实、概念或规则等呈现给员工。员工则反复模仿实习，经过一段时间的训练，使操作逐渐熟练直至符合规范的程序与要求，达到运用自如的程度。例如，"师傅带徒弟"的方法，由经验丰富的员工和新员工结成比较固定的"师徒关系",并由师傅对徒弟的工作进行指导和帮助。这种方法比较节约成本,而且有利于工作技能的迅速掌握。在高科技企业中,这种形式被称为"导师制",如摩托罗拉公司和华为公司都采用了这种培训方法。

(6)头脑风暴法。头脑风暴法是一种通过会议的形式,让所有参加者在自由愉快、畅所欲言的气氛中,针对某一特殊问题,在不受任何限制的情况下,提出所有能想象到的意见自由交换想法或点子,并以此激励与会者的创意及灵感,产生更多创意的方法。

头脑风暴主要用于帮助员工尝试解决问题的新措施或新办法,用以启发员工的思考能力和开阔其想象力。此方法重在集体参与,许多人一起努力,协作完成某项任务或解决某一问题。集体参与增加员工的团队协作精神;增强个人的自我表现能力以及口头表达能力,使员工在集体活动中变得更为积极活跃;在集体参与的过程中会有很多新的思想产生。

(7)视听教学。视听教学是指针对某一特殊议题所设计,利用现代视听技术(如投影仪、录像、电视、电影、电脑等工具)对员工进行培训。现在的视听教学多强调应用电脑科技,配合光碟设备,以满足员工个别差异、自学步调与双向沟通的需求。

(8)企业内部电脑网络培训法。企业内部电脑网络培训法是一种新型的计算机网络信息培训方式,主要是指企业通过内部网,将文字、图片及影音文件等培训资料放在网上,形成一个网上资料馆,网上课堂供员工进行课程的学习。这种方式由于信息量大,新知识、新观念传递优势明显,更适合成人学习。因此,特别为实力雄厚的企业所青睐,也是培训发展的一个必然趋势。

(9)游戏法。游戏法是当前一种较先进的高级训练法,是指通过让员工参与到小游戏的过程中来进行培训,了解游戏的实质内容。游戏法具有更加生动、更加具体的特点,游戏的设计使员工在决策过程中会面临更多切合实际的管理矛盾,决策成功或失败的可能性都同时存在,需要受训员工积极地参与训练,运用有关的管理理论与原则、决策力与判断力对游戏中所设置的种种遭遇进行分析研究,采取必要的有效办法去解决问题,以争取游戏的胜利。

(10)自我培训。自我培训的一般含义是自己做自己的老师,自己给自己讲课,对自己进行训练,达到教与学的统一。自我培训的根本含义是激励员工的自我学习、自我追求、自我超越的动机,这同时也是一种激励,激励员工超越自我实现自我的愿望。

要想真正实现员工的自我培训,企业必须全面做好各方面的准备,建立健全培训激励机制,从制度上对员工的自我培训进行激励。例如,对员工的技能改进、学业晋升实施奖励,对技能水平达到一定高度的员工进行晋升,通过各种形式的竞赛、活动,对员工进行确认和表扬等,都是些不错的手段。自我培训的方法很多,员工可以根据自己的实际情况具体实施。

5.4 培训组织实施

5.4.1 培训体系的建立

通常一个完整的培训体系包括:培训课程体系、培训管理体系、培训成果转化3部分。

1. 建立培训课程体系

培训课程设置建立在培训需求分析基础之上,根据培训课程的普及型、基础型和提高型将培训课程分为员工入职培训课程、固定培训课程和动态培训课程 3 类。员工入职培训课程设置较为简单，属普及性培训，课程主要包括企业文化、企业政策、企业相关制度、企业发展历史等。固定培训课程是基础性培训，是从事各类各级岗位需掌握的应知应会知识和技能。岗位调动、职位晋升、绩效考核反映知识、技能有欠缺者需加强固定课程培训。动态培训课程是根据科技、管理等发展动态，结合企业发展目标和竞争战略做出培训分析，这类培训是保证员工能力的提升，为企业的发展提供人才支持。

固定培训课程设置是培训工作中工作量最大的工作。要做好这项工作，在企业中必须建立起以员工职业化为目标的分层分类员工培训体系，明确不同岗位、不同级别的员工必须掌握的知识、技能。首先，人力资源部会同各级部门，从岗位分析入手，对所有岗位进行分类，如分为管理类、专业类、技术类等。在分类基础上对每一类进行层次级别定义和划分。由此，按照企业的企业结构和岗位胜任模式来建立固定课程体系就有了分析的基础和依据。以各级各类岗位为基础，分析员工开展业务工作所需的职业化行为模块和行为标准，分析支持这些职业化行为模块和行为标准所需的专业知识和专业技能。由此，确定各级各类的培训课程，从而开发出相应的培训教材。不同级别的必备知识可以是相同的，但在深度和广度上应该有所区别。

动态培训课程可以从两个层次上进行分析。一是从企业目标上分析。分析企业的发展方向和竞争战略以及所希望达到的目标。考虑与此相关的管理思路、管理观念和工作重点的转移，企业流程的改造及涉及新的技术领域、工艺技术，并由此确定培训课程；二是从科技发展角度分析。如今科学技术、管理知识发展日新月异，当一项工作内容发生重大革新时，以由此带来的新技术、新的管理理念来确定培训课程。

2. 建立培训管理系统

（1）明确实施责任。培训计划的制订和实施，关键是落实负责人或负责单位。要建立责任制，明确分工。培训工作的负责人要有一定工作经验和工作热情，要有能力让公司领导批准培训计划和培训预算，要善于协调与业务部门和其他职能部门的关系，以确保培训计划的实施。

（2）确定培训的目标和内容。在培训需求调查的基础上，结合企业分析、工作分析、个体分析等以决定培训重点、目标和内容。总之，应整合企业和员工的培训目的，以使培训目标准确，培训的内容符合实际需要。

（3）选择培训方法。关于培训方法，前面已经有所介绍。每种方法都有不同的侧重点，因此必须根据培训对象的不同，选择适当的培训方法。方法的选择除了要考虑员工特点外，还要考虑企业客观条件的可能性。

（4）决定被培训对象。除了普遍性的观念性培训外，参加培训的学员必须经过适当的挑选，因为培训要花钱，这笔钱应当用在有一定潜力的员工身上。也就是说学员的可塑性。这样就可以做到投资省、见效快。如果学员的可塑性较差，跟不上教学进度，不仅达不到培训的目的，而且对他的投资将大大增加企业的经济负担。以目前大多数企业的经济实力，还不可能在这些人身上投入更多的培训费用。

（5）选择培训讲师。选择培训讲师对于培训的顺利进行也非常重要，是选择企业内部的还是外部的要依据培训的目标与内容来确定，同时也受到培训预算影响；从企业各级管理员工中聘请培训教师会更加了解培训目标，有利于与员工进行沟通，获得他们的信任和拥护，但也受到培训讲师知识、培训技巧等限制，也可以聘请外部讲师，特别是在企业进行内部变革时。

（6）制订培训计划表。计划的目的是明确培训的内容、时间、地点、方式、要求等，使人一目了然。同时也便于安排企业其他工作。

（7）对培训进行评估以不断改善培训体系。每次进行培训后，应从培训影响因素的几个方面进行培训评估，以利于有针对性地改进企业培训体系。

3．建立培训成果转化机制

无论采用什么样的培训方法与手段，受训者在获得知识、技能、理念上的进步之后，要巩固培训效果，必须通过运用实践才能有效且持续地将所学到的知识、技能、能力等运用于生产、管理、研发工作中。而企业就应建立相应的机制来对这种转化过程进行跟进和强化。

培训转化分为两个步骤：个人转化和企业转化。个人转化是指培训内容转化为个人的知识和观念，即外显知识内隐化、企业知识个人化；企业转化是指个人将所学到的知识和观念应用于培训所期望的提高企业业绩或企业目标的活动中，即将个人内隐知识外显出来的过程。一般来说第一步转化干扰因素较少，员工个人的积极性较高，所以转化效率较高；但是对于第二步转化，由于复杂的企业环境以及各种各样难以控制的干扰因素，加之员工的动力不足，转化率非常低，需要在这个过程中发挥激励的引导作用，这是培训转化中激励作用的重点。

从内容来看，培训转化可以分为培训过程转化和培训成果转化。所谓培训过程转化，指转化发生在培训过程中，这种转化是在对个体的培训过程中逐渐完成，并在持续的时间里通过潜移默化的形式转化为企业的业绩或企业的目标。一般来说这个过程在企业理念、企业文化等培训活动中发生较多。但是对于培训成果转化来说，转化过程要复杂得多，是企业对员工的能力或技能的培训以期达到企业目标的过程，表现为培训内容与个人能力技能及企业绩效三者的强相关性。培训内容前半程与个人的需要结合，后半程由个人的动机决定，所以企业应该主动去了解需求、引导动机。

5.4.2 培训师的选择

培训师的选择是培训项目取得成功的关键。培训管理者应根据每个培训项目的具体需求选择好德才兼备的培训师。培训师既可以在企业内部选择，也可以从企业之外进行选聘。内选和外聘的比例应依据培训的实际需求，尽可能做到内外搭配合理，相互学习相互促进形成一个和谐高效的精英团队。

1．选择合适的外部培训师

就目前国内企业的培训现状来看，企业培训师是一个新兴的职业，对个人综合素质和实战经验的资历要求极高，优秀的培训师还相当缺乏，企业自己的培训师就更是凤毛麟角。因此，许多企业都希望外聘培训师。那么，怎样才能外聘到优秀的培训师呢？

（1）广开门路，不拘一格。要通过各种渠道获取相关的信息，信息越多，范围越广，选择到优秀培训师的机会就越多。如参加各种培训班，旁听高等院校专家教授的讲座，熟人、中介服务机构和专业培训企业的介绍，还可以通过网络或者借助媒体广告联系和招聘培训师等。

（2）多方考察，慎重选择。鉴于目前市场上培训师的水平参差不齐，在选择培训师时必须认真考察和评估其能力和素质。最好的办法是让培训师做一次培训试讲，从而了解其知识、经验、培训技能和个人魅力。还可以让培训师填写一份工作简历，从中了解其从事过什么工作，主持过什么培训。可以通过面试问答了解培训师对企业培训相关方面的熟悉程度，从而判断培训师的实际水平。可以要求培训师制订一份培训大纲从中了解其对培训目标、培训方法、培训技能等的把握。

2．造就培养企业内部培训师

内部培训师，指的是除人力资源部之外的其他部门的兼职培训师。选拔聘用兼职培训师是一项具有创造力的工作，做好这项工作，将对人力资源的开发和培训具有巨大的推进作用。若比较企业培训外包的培训师和内部培训师，前者的培训技能要略胜一筹，但是在业务知识和技能包括培训的内容方面，其针对性、适用性则一般小于后者。

案例　M企业的培训实施

M企业培训实施步骤如下。

（一）制订培训计划

1．制订年度培训计划

(1) 人力资源部负责完成企业的人力资源现状调查工作（可通过问卷调查、访谈等形式进行），将结果通报于各部门主管，部门主管参照该结果，并结合本部门员工的培训需求及部门发展规划，制订出本部门的培训目标。

(2) 根据各部门的培训目标，人力资源部负责组织企业员工整体培训需求的问卷调查，并出具调查分析报告。

(3) 参照培训需求调查分析的结果，人力资源部组织协调各部门对培训目标进行调整，并于每年度10月底前整合各部门的培训计划，制订出企业的年度培训计划。

(4) 培训计划中明确培训的内容、时间、方式、主要讲师、组织单位等事项及培训资金的预算。培训预算的主要考虑指标是讲课费、资料费及其他费用（如外出学习的住宿、餐饮费等）。

2．调整培训计划

(1) 公司各部门应根据企业年度培训计划的安排，按时执行实施涉及本部门的相关培训计划；并密切关注本部门日常工作中出现的各种问题，对问题进行总结分析，需通过培训解决的，制订出培训计划。

(2) 因工作需要需更改或增加培训计划时，应填写《培训计划变更申请单》，报相关上级批准后交与人力资源部备案。

（二）落实培训目标

人力资源部负责各项培训任务的落实：通知相关部门、相关人员做好培训前准备，通知培训讲师，明确培训地点、时间、责任人。各部门组织内部培训时，由部门主管明确培训人员、考核方式等事项，并指派专人负责协调、落实。

（三）协调部门工作

因培训工作需要，需联系、协调提供培训支持（设施、场地、教材、讲师等）的相关部门时，填写《工作联系单》进行协调，也可通过人力资源部统一协调。

（四）确定培训师

聘请内部讲师进行培训时，根据培训的内容及全员讲师系统图，确定相关培训讲师，并报人力资源部，由人力资源部统一调派讲师。聘请外部讲师进行培训时，签订培训合作协议，包括培训应达到的目标、培训费、培训课时等具体内容。

（五）准备培训工作

根据培训内容由讲师确定培训教材、教具，没有现成教材的，培训组织部门可委托讲师编制教材，以供学员参考。确定培训地点，准备培训教具并进行试用，如投影仪、音响、计算机等。讲师应准备培训教案（书面格式、多媒体格式），培训组织单位负责教材的复印、分发等事项。

（六）实施培训工作

按计划实施培训，相关人员各负其责，做好考勤及过程记录。讲师、学员可就培训过程中出现的问题，随时提出整改意见（书面或口头），提交组织单位或人力资源部，以便及时修正，使培训不脱离原先的目标。

5.5　培训评估与反馈

培训开发活动的最后一个步骤就是要对培训进行评估和反馈，这不仅可以监控此次培训是否达到了预期的目的，更重要的是它还有助于对以后的培训进行改进和优化。培训的评估，包括两个方面的主要内容：一是培训评估的标准，二是培训评估的设计。

5.5.1　培训评估的标准

美国威斯康星大学教授柯克帕特里克于 1959 年提出的培训效果评估的四层次模型是最有影响力的，是被全球职业经理人广泛采用的模型，如表 5-2 所示。该模型认为评估必须回答四个方面的问题，从四个层次分别进行评估，即受训者的反应（受训者满意程度）、学习（知识、技能、态度、行为方式方面的收获）、行为（工作中行为的改进）、结果（受训者获得的经营业绩）对企业的影响。

表 5-2　　　　　　　　　　柯克帕特里克的培训评估模型

评估层次	内　容	可询问的问题	衡量方法
反应层	观察学员的反应	● 学员喜欢该培训课程吗？ ● 课程对自身有用吗？ ● 对培训师及培训设施等有何意见？ ● 课堂反应是否积极主动？	问卷、评估调查表填写、评估访谈
学习层	检查学员的学习结果	● 学员在培训项目中学到了什么？ ● 培训前后，学员知识、技能等方面有多大程度的提高？	评估调查表填写、笔试、绩效考试、案例研究
行为层	衡量培训前后的工作表现	● 学员在学习基础上有无改变行为？ ● 学员在工作中是否用到培训所学的知识、技能？	由上级、同事、客户、下属进行绩效考核、测试、观察和绩效记录
结果层	衡量公司经营业绩变化	● 行为改变对企业的影响是否积极？ ● 企业是否因培训而经营得更好？	考察事故率、生产率、流动率、士气

反应评估是指参与者对培训项目的评价，如培训材料、培训师、设备、方法等。受训者反应是培训设计需要考虑的重要因素。

学习评估是测量原理、事实、技术和技能获取程度。评估方法包括纸笔测试、技能练习与工作模拟等。

行为评估是测量在培训项目中所学习的技能和知识的转化程度，受训者的工作行为有没有得到改善。这方面的评估可以通过参与者的上级、下属、同事和参与者本人对接受培训前后的行为变化进行评价。

结果评估是在企业层面上绩效是否改善的评估，如节省成本、工作结果改变和质量改变。

在实践中，有些企业将培训的评估分为一次评估、二次评估和三次评估3个层次。一次评估主要是针对培训本身来进行的，相当于上面所讲的反应层的评估；二次评估主要是针对培训内容的掌握来进行的，相当于上面所讲的学习层的评估；三次评估主要是针对培训的实际效果来进行的，相当于上面所讲的行为层和结果层的评估。

对于培训评估的标准，还可以从两个大的方面进行考虑：一是培训的效果，即培训是否实现了预定的目标，这可以将培训的结果和培训的目标进行比较从而得出结论。培训的效果评估是培训评估最基本的要求，如果培训没有达到效果，就说明此次培训是失败的。效果评估主要是针对受训人员来进行的；二是培训的效率，也就是说培训是否以最有效的方式实现了预期的目标。这不仅要评估费用成本，还要评估时间成本，在同样的培训效果下，费用最低、时间最短的培训是最有效率的。这里的费用成本既要包括培训的直接成本，还要包括培训的间接成本。通过对培训效率的评估，可以对培训的方法进行优化。效率评估更多的是针对培训本身来进行的。

5.5.2 培训评估的设计

培训评估的设计是指应当如何来进行培训的评估，包括选择评估的方法和设计评估的方式。

1．评估的方法

培训评估的方法有很多，在进行具体的评估时应当根据评估的内容来选择适合的方法，这样才能保证评估的效果。进行反应层的评估时，可以采取问卷调查法、面谈法和座谈法等方法。进行学习层的评估时，可以采取考试法、演讲法、讨论法、角色扮演法和座谈法等方法。对行为层和结果层的评估，更多的是要采取评价的方法。

2．评估的方式

一般来说，进行培训评估时，主要可以采取以下几种方式。

（1）培训后测评。培训后测评就是在培训结束后对受训人员的培训效果进行测评。这种方式的好处是简单易行，但是这种方式得到的评估结果是一种绝对值，更多地反映了培训目标的达成程度，不容易看出培训的改进效果。例如，对生产效率进行培训时，目标是每小时生产10个零件，培训后进行测试得出的结果是员工每小时能够生产10个零件，这说明培训完全达到了预期的目的，但是这一结果却无法说明培训对生产效率提高的程度。因此，这种方式更多的是用在对反应层的评估上。

（2）对受训人员绩效培训前后的对比测评。这种方式需要对绩效进行两次测试，在培训前要对受训人员进行一次测试，培训结束后再进行一次测试，然后将两次测试的结果进行比较，从而对培训的效果做出评估。这种方式的问题在于，受训人员在行为或结果方面的变化可能受到了其他因素的影响，从而干扰了对培训效果的准确评估。还是上面的那个例子，假设培训前员工的生产效率为每小时生产 8 个零件，培训后为每小时生产 10 个零件，这可以清楚地看出培训对生产效率的改进程度，但是这种改进不一定是培训的结果，有可能是生产技术的改进、薪酬水平的提高等原因造成的。因此，这种方式多用在学习层的评估上。

（3）将受训人员与控制组进行培训前后的对比测评。这种方式比上一种更前进了一步，为了消除其他外界因素对培训效果评估的影响，在进行评估时，除了对受训人员进行对比测试外，还要选择一组没有经过培训的员工进行对比测评，这就是所谓的控制组。将受训人员测试的结果与控制组测试的结果进行对比，就能反映出培训的真实效果。接着上面的例子，我们依然假设受训人员的生产效率从培训前的每小时生产 8 个提高到培训后的每小时 10 个，而控制组的员工，在培训前的生产效率也是每小时 8 个，现状的生产效率为每小时 9 个，通过对比可以得出培训对生产效率的提高程度是每小时多生产 1 个零件。为了保证测试结果的有效性，受训组员工和控制组员工，除了在培训方面有所不同外，其他的任何条件都要保持一致。这种方式主要用于行为层和结果层的评估。

5.6　员工职业发展规划

员工职业发展规划是员工对自己一生职业发展的总体计划和总轮廓的勾画，它为个人一生的职业发展指明了路径和方向。职业发展规划包括以下几个步骤，如图 5-8 所示。

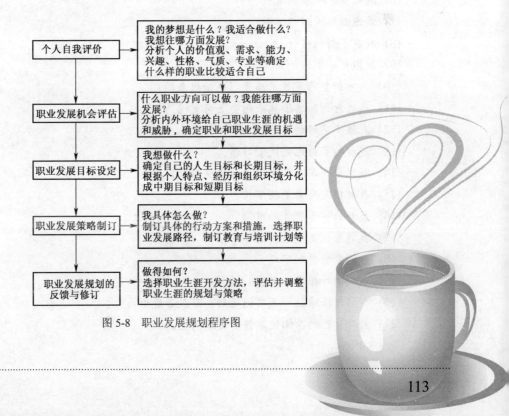

图 5-8　职业发展规划程序图

5.6.1 个人自我评价

自我评价可以帮助员工明确自己的职业兴趣、价值观、能力倾向以及行为倾向等。"人贵有自知之明"，心理学的研究以及日常工作生活的经验都提示我们，准确地认识自己并不是一件简单的事情。在很多情况下，我们对自己的认识常常模棱两可、含糊不清，有时甚至是完全错误的。我们不知道自己希望从工作中获得什么，不知道自己真正适合做什么。这就要求我们从认识自我开始，给自己一个尽量客观的评价，进行有意识的职业生涯管理。

个人自我评价就是对自己进行全面的分析，包括对人生观、价值观、受教育水平、职业锚、兴趣和特长等进行分析评价，达到了解自己的目的。个人自我评价是职业生涯规划的基础，直接关系到个人的职业成功与否。

测试

一、成就测验（EQ自测）

这个测验包含 40 个陈述，描述过去一年中可能发生在你身上的事情。仔细读下去，碰到符合自己状况的命题，就做个记号，作答完毕，再按计分方式算出得分。

(1) 我获得意外加薪。

(2) 我的职务有了晋升。

(3) 我买了一部新车。

(4) 我买了一部个人电脑。

(5) 我的感情生活相当稳定，或我的婚姻渐入佳境。

(6) 我招揽了一些新客户。

(7) 我逐渐接近理想体重。

(8) 我有了新的嗜好。

(9) 我搬到了更好的社区。

(10) 我重新整修布置了房子（包括租来的）。

(11) 我的意见和想法越来越受上司重视。

(12) 我换了更好的工作。

(13) 我控制了自己的饮食习惯。

(14) 我比前一年看了更多书（小说除外）。

(15) 我被指定负责某些事情。

(16) 我开始穿着更贵的服饰。

(17) 我的老板更依赖我的专才。

(18) 我的投资获利可观。

(19) 我到国外旅游或考察。

(20) 我的网球球技（或其他运动）有显著进步。

(21) 我对自己的身体健康情形更加满意。

（22）我在各种社交场合里越来越能处之泰然。

（23）我成功完成生平最大的计划。

（24）我比一向视为榜样的人赢得更多名利。

（25）我达到了一项个人的体能目标（如在固定时间内跑完 3 千米）。

（26）我对我的生活比以前感到满意。

（27）我买了从未想过要拥有的东西。

（28）我的同事开始尊重我的判断。

（29）我比过去更会存钱。

（30）经过我的努力，我的专业能力更受肯定。

（31）我提出意见时更有自信。

（32）我戒除了一个坏习惯。

（33）我比以前更会运用时间。

（34）我摆脱了一个会拖累我的朋友。

（35）我结交了一些益友。

（36）我比以前更能控制遭遇困境时的情绪反应。

（37）我对我的工作品质更有自信。

（38）我比以前更能控制情绪。

（39）我在同行之间小有名气。

（40）我更能保留自己的想法并广纳众议。

二、计分方法

在你的答案里，有记号的陈述可以得到 1 分，没有记号的不计分，把记号的数目加起来就是你的总分。

0～5 分，得分很低。

6～10 分，得分低。

11～17 分，得分中等。

18～22 分，得分高。

23 分以上，得分很高。

说明：

不管是获得奖状、考 100 分或加薪，成就都可以带来正面的增强作用，增加自信。但是成功的人都知道，仅仅设定目标并设法达成，并不能保证带来成功，重要的是要设定切合实际的目标，好让自己更接近成功。

专家建议，最好每 12 个月就设定一些实际且有重心的目标，按部就班去做。目标若没有重心，力量就会分散，成就也会显得凌乱而没有方向。

国外的测验结果显示，在成功的人当中，得分高并不代表最有成就。事实上，最成功的人在一年当中成就的事项不一定很多。

三、结果说明

得分很低者：

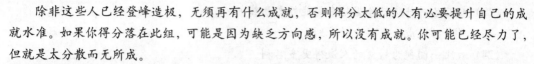

除非这些人已经登峰造极，无须再有什么成就，否则得分太低的人有必要提升自己的成就水准。如果你得分落在此组，可能是因为缺乏方向感，所以没有成就。你可能已经尽力了，但就是太分散而无所成。

得分低者：

成功的人当中，得分低的人通常年纪较大。这些人由于已经有高水准的商业经验，以至于减少他们想获取实际成就的意愿。或者，他们比较重视分析，不会急于获取成就。不过如果你得分落在此组，你的成就水准比得分很高者还令人感到乐观，只要集中精力，设定更明确的目标，成功还是指日可待的。

得分中等者：

就获得成功的可能性而言，得分中等的人比其他人的机会大。他们能结合充沛的精力和明确的目标，且以过去一年的成就作为未来成就的有效踏脚板。他们会利用实在的知识根基，再扩展视野，朝既定目标迈进。如果你得分落在此组，加油！成功就在眼前。

得分高者：

这种人正铆足劲儿在增加自己成功的机会，但力量有必要更集中一点。他们就像手持霰弹枪，什么目标都想达到。只要不会产生焦虑，这样做还算没什么不好。如果得分落在此组，最好心中谨记，成就的品质比成就的数量还重要，如果能好好确定方向，成功就会到来。

得分很高者：

这些人通常年纪较轻，急于成功，并很在意别人对自己的看法。由于他们比较没有安全感，所以容易胡乱忙，各种目标都想达到。有的人比较幸运，会误打误撞闯出一片天地来；但多数人总是忙得忽略了不错的成功机会。如果你得分落在此组，不妨与专家谈谈，或许你的成就动机强烈，但却欠缺必要的知识和方向。

橱窗分析法是自我评价的重要方法之一。心理学家把对个人的了解比成一个橱窗。为了便于理解，可以把橱窗放在一个直角坐标系中加以分析。坐标的横轴正向表示别人知道，负向表示别人不知道；纵轴正向表示自己知道，负向表示自己不知道（见图5-9）。

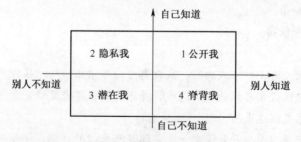

图5-9 橱窗直角坐标系

橱窗1称为"公开我"，自己知道、别人也知道的部分，是个人展现在外的部分。

橱窗2称为"隐私我"，自己知道、别人不知道的部分，是个人内在的私有秘密部分。

橱窗3称为"潜在我"，自己不知道、别人也不知道的部分，是有待开发的部分。"潜在我"是影响一个人未来发展的重要因素。许多研究表明，人类一般只发挥了大脑功能的一小部分。著名心理学家奥托指出，一个人所发挥出来的能力，只占他全部能力的 4%，控制论的奠基人维纳指出，即使是那些做出了辉煌成就的人，在他的一生中，利用他自己的大脑潜能还不到百亿分之一。由此可见，认识与了解"潜在我"，是自我剖析的重要内容之一。

橱窗 4 称为"脊背我"，自己不知道、别人知道的部分，犹如一个人的背部，自己看不到，别人却看得很清楚。"脊背我"是正确对自己进行评价的重要方面。只有你真心诚意地对待别人的意见，才能听到别人的真实评价。

5.6.2 职业发展机会评估

职业发展机会评估主要是分析内外环境因素对个人职业生涯发展的影响。每个人都处在一定的环境之中，离开了这个环境，则无法生存和生长。所以，在制订个人的职业生涯规划中，要分析环境条件的特点、环境的发展变化情况、自己与环境的关系、自己在这个环境中的地位、环境对自己提出的要求以及环境对自己有利的条件、不利的条件等。具体来说，环境因素包括组织环境、政治环境、社会环境以及经济环境。只有对这些环境因素充分了解，才能做到在复杂的环境中趋利避害，使自己的职业生涯规划更有意义。

请就以下问题自我提问：

公司提供的工作职责是否能够与你的才智、知识、经历和兴趣相匹配？

具体的行业或工作方式所决定的生活方式是否与你个人喜欢的一致？

什么样的行业或公司你最喜欢加入？

在你所考虑的地理区域中存在什么样的市场机遇？

公司的企业文化是否与你的个人价值取向相一致？

你的管理风格是什么样的？

什么样的工作可以帮助你实现生活的目标？

5.6.3 职业发展目标设定

职业发展目标的设定，是职业生涯规划的核心，是指一个人渴望获得的与职业相关的结果。一个人事业的成败，很大程度上取决于有无正确的目标。只有确定了正确的目标，才能明确奋斗方向，走向成功。

在确定了职业目标之后，向哪一线路发展，也要做出选择。即是向行政管理路线发展，还是向专业技术路线发展；是先走技术路线，再转行政管理路线……由于发展路线不同，对职业发展的要求也不同。因此，在职业生涯规划中，须做出抉择，以便使自己的学习、工作以及各种行动沿着职业生涯路线或预定的方向前进。通常职业生涯路线的选择需要考虑三个问题：我想往哪一路线发展？我能往哪一路线发展？我可以往哪一路线发展？

5.6.4 职业发展策略制订

职业发展策略是指为争取职业生涯目标的实现，所采取的各种行动和措施，如参加公司的教育、培训与轮岗、构建人际关系网、掌握额外的技能与知识等都是职业生涯的具体策略。职业生涯策略要具体、明确，以便定期检查落实的情况。

5.6.5 职业发展规划的反馈和修正

影响职业生涯的因素有很多，有的变化因素是可以预测的，而有的变化则难以预测。在此状况下，要使职业生涯规划有效，就要不断地对职业生涯规划进行反馈和修正。修正的内容包括职业的重新选择、职业生涯路线的选择、人生目标的修正、实施措施与计划的变更等。

第三部分　课题实践页

1. 选择题

（1）（　　）是培训与开发的关键所在。

A. 知识水平的提高　　　　　　B. 员工观念的转变

C. 工作绩效的提高　　　　　　D. 技能的提高

（2）企业防范培训风险，可根据（　　）原则考虑培训成本的分摊与补偿。

A. 利益获得　　　　　　　　　B. 利益补偿

C. 利益分摊　　　　　　　　　D. 利益均等

（3）（　　）是培训管理的首要制度。

A. 培训服务制度　　B. 培训激励制度　　C. 培训风险管理制度　　D. 培训奖惩制度

（4）规定员工上岗之前和任职之前必须经过全面的培训，以适应企业发展的需要，提高员工队伍素质的培训制度是（　　）。

A. 培训服务制度　　B. 入职培训制度　　C. 培训评估制度　　　　D. 培训奖惩制度

（5）企业培训涉及两个培训主体，即（　　），这两个培训主体参与培训的目的存在一定的差别。

A. 企业和决策者　　B. 企业和管理者　　C. 企业和部门　　　　　D. 企业和员工

（6）培训需求信息收集的（　　）是一种最原始、最基本的需求调查工具之一，其优点在于培训者与培训对象亲自接触，对他们的工作有直接的了解。

A. 问卷法　　　　　B. 观察法　　　　　C. 访问法　　　　　　D. 记录法

（7）对新员工进行培训需求分析时，用（　　）来决定其在工作中需要的各种技能。

A. 绩效分析法　　　B. 组织分析法　　　C. 任务分析法　　　　D. 人员分析法

（8）对在职员工进行培训需求分析时，通常采用（　　）方法来评估在职员工的培训需求。

A. 绩效分析法　　　B. 组织分析法　　　C. 任务分析法　　　　D. 人员分析法

（9）对培训需求信息进行分析时，最重要的是确保信息的（　　）。

A. 及时性　　　　　B. 准确性　　　　　C. 全面性　　　　　　D. 一致性

（10）对培训对象的培训需求进行分类，要求各类培训对象的培训需求有（　　）。

A. 类似性　　　　　B. 差异性　　　　　C. 多样性　　　　　　D. 特殊性

（11）（　　）作为一种特殊的培训方法，其精髓在于"以动作和行为作为练习的内容来进行设想"，即针对某问题采取实际行动以提高个人及集体解决问题的能力。

A．案例分析法　　　B．行为模拟法　　　C．角色扮演法　　　D．头脑风暴法

（12）（　　　）是围绕一定的培训目的，把实际中真实的场景加以典型化处理，形成供学员思考分析和决断的事例，通过独立研究和相互讨论的方式，来提高学员的分析及解决问题的能力的一种培训方法。

A．研讨培训法　　　B．角色扮演法　　　C．行动学习法　　　D．案例分析法

（13）培训课程设计的主要原则是（　　　）。

A．符合培训对象的差异性　　　　　　B．符合企业培训的基本目标

C．符合成人学习者的认知规律　　　　D．符合企业和学习者的需求

（14）用来衡量学员对具体培训课程、讲师及培训组织满意程度的评估是（　　　）。

A．反应评估　　　B．学习评估　　　C．行为评估　　　D．结果评估

（15）用来衡量学员在知识、技能、概念的吸收与掌握程度的评估是（　　　）。

A．反应评估　　　B．学习评估　　　C．行为评估　　　D．结果评估

（16）在现代企业中，越来越多的情况是把培训作为一种（　　　）。

A．管理手段　　　B．控制手段　　　C．组织手段　　　D．激励手段

（17）培训的配套激励制度主要包括（　　　）。

A．完善的岗位任职资格要求　　　　　B．公平、公正、客观的业绩考核标准

C．公平竞争的晋升规定　　　　　　　D．以能力和绩效为导向的分配原则

（18）岗位培训制度将（　　　）有机地结合起来，为实现培训与用人在制度上衔接配套创造了有利条件。

A．人才招聘　　　B．人才使用　　　C．人才规格　　　D．人才培训

（19）设计培训方案时，应考虑的主要培训参数有（　　　）。

A．培训对象　　　B．培养目标　　　C．培养内容

D．培养形式和方法　　　E．培养经费预算

（20）确定培训需求和培训对象的方法主要有（　　　）。

A．绩效分析法　　　B．工作任务分析法　　　C．工作效率分析

D．组织分析法　　　E．人员素质分析

（21）工作任务分析法是以（　　　）作为员工任职要求的依据，将其和员工平时工作中表现进行对比寻找差距。

A．工作说明书　　　B．工作规范　　　C．工作任务分析记录表

D．访谈记录　　　E．工作评价

（22）运用任务分析法来分析培训需求，可以把培训需求分为（　　　）。

A．重复性需求　　　B．短期性需求　　　C．长期性需求

D．技能需求　　　E．岗位需求

（23）培训与开发的需求分析主要有（　　　）。

A．组织分析　　　B．任务分析　　　C．人员分析

D．前瞻性分析　　　E．人口统计学变量分析

（24）在制订了培训需求调查计划以后，在调查中要（　　）。

A. 了解受训员工的现状　　　　　　B. 寻找受训员工存在的问题

C. 确定受训员工期望能够达到的培训效果　　D. 分析调查资料，找出培训需求

E. 注意培训的个别需求和普遍需求之间的关系

（25）进行需求分析所使用的面谈法包括（　　）等具体的操作方法。

A. 任务分析法　　　B. 集体会谈法　　　C. 团队分析法

D. 个人面谈法　　　E. 现场观察法

（26）培训的直接成本包括（　　）。

A. 培训材料　　　B. 培训设备　　　　C. 培训师的师资费

D. 教室的租金　　　E. 学员的差旅费

（27）企业进行培训机构选择决策的资源依据是（　　）。

A. 培训内容　　　　　　　　　　B. 接受课程培训的学员

C. 企业特点　　　　　　　　　　D. 需求程度

（28）用于培训效果评价的指标或成果主要有（　　）。

A. 认知成果　　　B. 技能成果　　　C. 情感成果

D. 绩效成果　　　E. 投资回报率

2．判断题

（1）员工培训是企业的一种投资行为，和其他投资一样，也要从投入与产出的角度考虑效益的大小。　　　　　　　　　　　　　　　　　　　　　　　（　　）

（2）企业和员工作为企业培训涉及的两个培训主体，他们在参与培训的目的上是一致的。

（　　）

（3）在分析培训需求、选择培训对象时，无需考虑员工的个人发展愿望，只要培训是有利于组织发展的就可以进行培训。　　　　　　　　　　　　　　　（　　）

（4）培训需求分析是现代培训活动的首要环节，其意义重大。　　　　（　　）

（5）利用资源需求模型有助于明确不同培训项目成本的总体差异，而培训的不同阶段所发生的成本可用于项目间的比较。　　　　　　　　　　　　　　　（　　）

（6）从培训对象的需求调查出发，设计出合适的培训手段时，需要考虑培训对象的差异性。　　　　　　　　　　　　　　　　　　　　　　　　　　（　　）

（7）如果员工的工作能力较高但绩效水平较低，则有必要进行有针对性的培训以提高员工的绩效水平。　　　　　　　　　　　　　　　　　　　　（　　）

（8）一般在企业中都存在着技术上的差距和实施中的差距，其原因或者是技能欠缺，或者是管理不善，这些问题都可以通过培训加以解决。　　　　　　（　　）

（9）通过对组织的外部环境和内部气氛进行分析，可以发现组织目标与培训需求之间的联系。　　　　　　　　　　　　　　　　　　　　　　　　　（　　）

（10）为了提高企业培训的质量和水平，培训教师必须是某一课程内容的专家学者，由他们来组成课程组，执行"上课"的职能。　　　　　　　　　　　（　　）

3. 问答题

（1）员工培训与发展的含义。

（2）谈谈你认为企业中员工培训发展有何重要性？

（3）进行培训需求分析的方法有哪些？

（4）如何进行培训评估？

4. 操作题

根据下面的 S 公司案例，分析其培训失败的原因并且设计相应的培训方案大纲。

S 公司是国家定点生产某机械产品的国有大型企业，现在员工 4200 人，多年来，经济效益平稳增长，为当地的经济发展做出了相当的贡献，但自 2003 年上半年以来，公司经济效益急剧下滑，企业生产经营工作非常被动。公司领导反复思量，一致认为是"培训缺乏导致的结果"。为改变企业生产经营中的被动局面，该公司领导决定立即着手对公司全体员工进行培训，从整体上提高员工素质，缩小与企业需求之间的差距。于是公司上下掀起了大规模的培训运动，从高级技师到普通工人，从部门经理到车间主任再到班组班长，都被纳入了受训范围，培训内容包括：基本技术培训和管理能力的培训。一个月后、二个月后，直到 2004 年底公司的整体业绩非但没有任何改变，反而出现了下滑，该公司领导仔细推敲，得到的结论是"培训不利犯的错"，因此公司领导和人力资源部在深刻反思的前提下，制订出了新一轮的培训方案。不幸的是 S 公司在 2004 年一年中，大型培训进行了 3 次后，企业的经济效益仍然不见起色，对公司造成更大打击的则是不少精英由于企业经济效果不断滑坡，而培训后又无用武之地，所以在培训结束后纷纷另谋高就，S 公司不断上演"为他人做嫁衣"的悲剧。反复培训未果再加上培训后的人才外流，令该公司领导深刻感叹道"都是培训惹的祸"！于是公司领导伤心之余决定不再做培训。

5. 案例讨论

W 公司是一家民营企业，主要生产音响器材，包括各种音响和音响架，其中装配所需音响箱由下属车间自行制造。公司是董事长韩先生大学毕业后创办的。

目前，公司及下属车间一百多名员工的学历主要是高中文化。韩董事长认为，员工的受教育程度越高，则工资率越高，而音响产品市场竞争激烈，必须尽可能降低人力成本，所以主要雇佣中等教育程度的员工。但公司所属员工很多都在夜校学习，获取各类文凭。

由于韩董事长的用人政策是节省成本，所以公司长期以来都在韩董事长的集权控制下运作、公司成长速度很慢。毕竟韩董事长的个人精力有限，当管理幅度超过一定限度时，韩董事长经常感到心有余而力不足，每天忙于现场业务，无暇静下心来认真思考和规划，而公司中也没有适当的管理人才可和董事长相互切磋，展开讨论，所以造成公司没有他不行，几乎每天都有处理不完的具体事情。此外，由于工厂没有健全的生产管理制度，客户订单的延误率和产品的返修率相当高，经常引起客户的抱怨与相当数量的罚金。

由于用人即成本负担的观念根植于韩董事长的心中，加上他认为教育培训的支出回收慢，所以没有对公司的员工采取任何培训措施，与韩董事长接触的厂商也很少对员工实施培训，因为他们认为员工的流动性很难控制，培训好的人员又有可能被其他公司挖走，所以干脆不搞任何培训。

近几年来，由于企业外部环境的剧烈变化，W公司的经营日益困难，韩董事长的用人价值观已略有改变，即"用人是要替公司赚钱的，多一个优秀人才，公司就多一份收益"。因此，公司从外部引进了一批高学历人才，希望这些新鲜血液能给公司带来希望，但效果似乎并不十分理想。

【思考题】

（1）谈谈你对韩董事长用人观的看法。

（2）结合你自己的实际经验，谈谈员工进修、在职培训和工作业绩之间的关系。

（3）公司从外引进的高学历人才为何未发挥应有作用？

6．实训题

实训目标：分析培训项目设计存在的问题、进行培训需求分析、制订培训计划。

实训企业：飞天公司是一家生产厨具和壁炉设备的小型企业，大约有员工150人。在激烈竞争的行业中，飞天公司努力使其成本保持在最低水平上。

在过去几个月中，公司因产品质量问题失去了几个重要客户。经过深入调查发现公司的次品率为12%，而行业水平为6%。公司高层经过讨论后认为质量问题不是出在工程技术上，而是因为操作员工缺乏适当的质量控制培训。因此，人事经理张先生建议对员工进行一次质量培训，并提出培训计划：培训时间为8个工时，分为4个单元，每周实施一个单元，整个培训在一个月内完成。但是生产经理却担心培训会影响生产进度。

在得到总经理同意后，张先生向所有一线经理发出通知，要求他们检查工作记录并确定哪些员工存在质量问题，并安排他们参加培训。通知附有课程大纲、培训方案以及培训目标，即要求通过培训，次品率在6个月内降低到6%。

培训计划包括讲课、讨论、案例分析和电影观摩。在准备课程时，培训师将讲课的主要内容印发给学员，以便学员事先了解每一部分内容。培训过程中学员用了大量时间进行案例讨论。

由于缺少场所，培训被安排在公司餐厅中举办，时间为早餐和午餐之间的时间，这也是餐厅工作人员工作的时间。

本来每个单元的培训应该有大约50名员工参加，但是每次只有35人左右参加。在培训检查时很多学员都抱怨那些真正需要参加培训的人已经回到了车间，而车间主管则强调生产任务繁重。

张先生认为评价这次培训效果的最好方法是看培训项目结束后培训目标是否能够达到。结果令张先生十分失望，因为培训结束6个月后，产品的次品率与培训前相比没有发生明显的变化。

实训成果：（1）分析张先生的培训项目设计在培训的各个阶段存在的问题；

（2）分析培训需求；

（3）制订培训计划。

课题六 绩效管理

知识目标	技能目标	建议学时
➤ 了解绩效、绩效管理的含义，掌握绩效管理的常用方法 ➤ 了解绩效计划的含义，掌握绩效计划的原则 ➤ 了解绩效辅导、绩效面谈的含义，掌握绩效辅导的类型及绩效面谈的内容 ➤ 了解绩效考核的含义，掌握绩效考核的实施过程 ➤ 了解绩效沟通和反馈的含义，掌握绩效沟通与反馈的方法	➤ 能运用绩效计划的制订流程，制订企业绩效计划 ➤ 能运用绩效辅导和绩效面谈的方法，开展绩效辅导和绩效面谈 ➤ 能运用绩效考核的方法，组织实施企业绩效考核 ➤ 能运用绩效考核结果，组织开展绩效沟通与反馈	6 学时

第一部分 案例与分析

案例 1：某集团公司的绩效考核

某集团公司是一家以开发、生产和销售电源、电线杆为主要业务的公司。公司前身为乡镇企业，始建于 20 世纪 80 年代。90 年代末，公司转制成为有限责任公司，2005 年又改制成为集团公司。近年来，该集团先后获得工业经济突出贡献奖、明星工业企业、重点骨干企业、诚信企业、劳动关系和谐企业、银行资信 AAA 级企业、纳税信用 AAA 级企业、重合同守信用 AAA 级企业等荣誉称号。

随着公司的不断发展壮大，公司走出了一条多元化经营、集团化管理的发展道路。目前，集团下属 15 家公司，2000 多名员工，连续 8 年利税超千万元，2008 年公司销售收入为 17.5 亿元，实现利润 7200 万元，上缴税收 7000 万元。但随着公司规模的扩大和内部机构的完善，公司管理也遇到一些问题。其中，比较突出的是绩效考核问题。

以前，公司没有实施绩效评估，年终奖金的发放由总经理一人说了算。人少的时候倒也相安无事。不过近年来随着公司规模的扩大，部门的增多，考核方面的问题变得更加突出。首先是各个部门都对现行的考核方法有意见，都觉得对自己不公平，而且常常为此闹矛盾。其次是似乎各个层面的人都对考核和"红包"发放不满。

总经理觉得这样下去也是个问题，于是要求人力资源部经理做一套绩效评估方案。对公司员工进行全面考核。很快，公司绩效考核方案制订出来，规定员工每隔半年考核一次。

在绩效考评会上，林强所在的企划部遭到了其他部门的"炮轰"。一向说话温和的林强，提高了嗓门，对部门受到的委屈吐了一肚子苦水。林强认为，他所在部门虽然没有经常陪着客户吃喝，没有整天在外面跑，但他们的并不比其他部门差。主要表现在以下几个方面。

（1）企划部是一个综合服务部门，公司要实施什么项目，要开展什么工作，不敢怠慢半步。

（2）上半年，企划部为了确保电源项目能尽快得到认证，几乎把所有的精力全投到这上面去了，所以对其他部门项目的策划只能放一边。因此，其他项目部纷纷把矛头指向企划部。

林强很是无奈，他也很想通过各项具体的考核指标和数字，把企划部的成绩明白无误地说出来。可惜，公司对于企划部的绩效考核始终是一笔糊涂账。每年的总结大会，公司领导总是以几句类似于"企划部为我们实现今年的目标做出了突出贡献"的话一笔带过。对企划部人员的考核，人力资源部参照的是业务部门的考核体系。由于企划部的定位是服务部门，人力资源部又增加了其他部门对企划部的考核栏。结果，企划部的考核成绩比公司平均水平差了一大截。

前不久，林强从朋友那里听说"平衡计分卡"可以解决这个问题，但到底效果如何，实施过程中有哪些问题？他一头雾水。跟人力资源部的人提起来，人力资源部的主管说："有这个必要吗？多半会简单问题复杂化。"

半年考核很快就要到了，林强很想在这之前给自己部门的人一个说法……

问题：企划部的绩效考核存在哪些问题？在绩效考核中如何做好工作分析？应怎样选择绩效考核方式？

案例分析

从本案例可知，公司在对企划部的绩效考核过程中存在如下问题。

（1）绩效考核目的不明确，对绩效考核的理解存在偏差。

（2）绩效考核的标准设置不合理，对部门的定位不准，对诸如考核的是工作态度？行为过程？还是工作结果？没有明确的界定。

（3）考核的程序和方法存在问题，谁有资格考核企划部门主管？谁来处理考核中的申诉行为？这些都没有设计好。

（4）在本案例中，没有落实专人负责绩效考核的辅导和绩效面谈。

绩效考核不是简单地打分，评定等级，考核的核心环节在于面谈，肯定成绩，找到不足，寻求改进。考核不是挑毛病，考核结束了也并不一定要扣减工资或给予奖励，考核在于鼓励员工重新认识过去的工作，是从不同的角度检讨工作方式，这一切必然要用面对未来的眼光和开放的心态来对待，否则，绩效考核将会进入一个无休止的讨价还价和抱怨责难的深渊中去。因此，在本案例中，人力资源部应该明确以下几点：

（1）企划部的考核方式和考核指标；

（2）企划部对其他部门提供支持的方式；

（3）企划部对其他部门的支持成本。

案例2：某丝绸贸易公司绩效考核为何失败

某丝绸贸易公司成立于1992年，注册资本3000万元，由某丝绸集团股份公司和韩国某股份公司联合成立，主营业务范围包括丝绸面料、丝绸成衣的生产与销售。公司下属5家分公司，现有员工160人；公司固定资产6000万元，2007年公司营业额3.5亿元，税利超千万元。

2008年以后，由于受金融危机冲击，公司整体销售业绩大幅下降，财务状况令公司高层极为不满意。为了尽快扭转局面，董事会决定加强营销力量，在现有的营销队伍的基础上，再聘请一位营销副总。经过筛选，具有多年从事服装外销经验的王利被聘为公司营销副总。

王利上任后，认为公司销售业绩大幅下降，主要原因是公司缺乏有效的员工绩效考核机制，于是，开始引进绩效考核办法，对公司员工进行绩效考核。

在绩效考核中，讨论最激烈的一条就是大幅降低基础工资标准，原来较高的"基础工资"+少量的"奖金"模式改由极低的"基础工资"+可能获得的较高的"奖金"模式的绩效工资替代。老员工大多持反对意见，新员工也表示很难接受。但公司迫于困境，董事会勉强同意了王利的改革方案。

在王利的一手策划下，绩效考核方案很快就付之实施。方案实施后的第一个月，由于公司接到几张大单，大多员工收入不错，员工的情绪暂时得到了缓解。此后的几个月，由于公司业绩没有达到预期目标。员工犹如掉入冰窖，老员工收入明显降低，新员工也感觉到自己的收入和公司当初承诺的相差甚远，报怨声此起彼伏。

半年后，公司业绩非但没有好转，反而弄得大家人心惶惶。董事会不得不提前解除了王利的聘期。

王利十分困惑，自己这么努力，经常加班加点，为公司利益着想，倒头来却弄成这样。

问题：该公司的绩效考核失败的原因有哪些？在工作中，应当如何落实绩效考核？

案例分析

（1）从上述案例的分析中可知，该公司绩效考核失败有如下原因：

① 公司实施绩效考核方案时没有充分考虑到外在的市场变化（如金融危机的影响）及员工收入可能的大幅减少对员工情绪的影响；

② 考核方案没有达成一致，员工对绩效考核存在认识上的偏差。在制订绩效考核方案时，没有同员工达成一致意见，绩效考核成为王利一人说了算的事；

③ 工作分析不到位，考核指标没有进行细化。为了提高绩效考核的可靠性，考核的尺度应该尽可能细化；

④ 绩效宣传和辅导工作没有到位。实施绩效考核，要加强绩效宣传工作，考核人员要经常与被考核人员就绩效目标进行沟通与辅导。在本案例中，绩效宣传和辅导没有落实到位，导致了最后绩效考核问题的发生。

（2）在本案例中，王利是在公司推行绩效考核条件不成熟的情况下盲目推行绩效考核方案的，从而导致了最后的失败。实施绩效考核不是一蹴而就的，它是一项系统工程，企业必须要建立一套符合公司实际的有效绩效考核体系。

① 实施绩效考核时，要及时消除和澄清员工对绩效考核的错误及模糊认识。

② 要进行工作分析，制订出切实可行的考核标准。

③ 绩效考核工作要与公司整体的人力资源开发与管理机制相适应。

第二部分　课题学习引导

6.1　绩效管理概述

绩效管理是人力资源管理的一个重要的、不可或缺的环节，是企业人事决策的重要依据。虽然现在很多企业都在运用绩效管理，但是有相当一部分人还没有真正理解绩效管理的内涵。绩效管理是对绩效实现过程中各要素的管理，是基于企业战略基础之上的一种管理活动。绩效管理是通过对企业战略的建立，目标分解，业绩评价，并将绩效成绩用于企业日常管理活动中，以激励员工业绩持续改进并最终实现组织战略及目标的一种管理活动。完善的绩效管理包括绩效计划、绩效实施、绩效考核、绩效反馈4个环节，它们紧密联系、环环相扣。

6.1.1　绩效

1. 绩效的含义

绩效（Performance），顾名思义，就是组织活动的"绩"与"效"，即"做了什么样的事情"和"获得什么样的效用"。早在1900年初，杜邦三兄弟就通过考察企业投入资源与获得收益之间的关系来评价企业的绩效。

绩效一词来源于管理学，不同的人对绩效有不同的理解。有的人认为，绩效是指完成工作的效率与效能；有人认为绩效是指那种经过评估的工作行为、方式及其结果；更多的人认为绩效是指员工的工作结果，是对企业的目标达成具有效益、具有贡献的部分。这些观点概括起来，无非是两个方面，即绩效是结果的观点和绩效是行为的观点。实际上，绩效既包括工作结果，又包括工作行为。正如Brumbrach（1988）关于绩效的定义："绩效指行为和结果。行为由从事工作的人表现出来，将工作任务付诸实施。（行为）不仅仅是结果的工具，行为本身也是结果，是为完成工作任务所付出的脑力和体力的结果，并且能与结果分开进行判断"。这一定义表明，当对个体的绩效进行管理时，既要考虑个体的投入（行为），也要考虑个体的产出（结果）。

因此，绩效是指主体行为或者结果中的投入产出比，即一个组织或个人在一定时期内的投入产出情况，投入（行为）指的是人力、物力、时间等物质资源，产出（结果）指的是工作任务在数量、质量及效率方面的完成情况。

2．绩效的特点

绩效具有多因性、多维性和动态性 3 种特性。

（1）多因性。

多因性是指员工工作绩效的优劣取决于多个因素的影响，包括外部的环境、机遇，个人的智商、情商和它所拥有的技能和知识结构，以及企业的激励因素。管理学与心理学研究证明，影响员工绩效的因素主要有激励、技能、环境与机会 4 种，其中激励、技能是属于自身的、主观性影响因素，环境与机会是客观性影响因素。

（2）多维性。

多维性是指员工工作绩效的优劣应从多个方面、多个角度去分析，才能取得比较合理的、客观的、易接受的结果。绩效考核时，通常要考虑员工的工作能力、工作态度和工作业绩 3 个方面。

（3）动态性。

动态性是指员工工作绩效会随着时间、职位情况的变化而变化，是一个动态的变化过程。因此，在绩效管理过程中要具体情况、具体问题具体分析，不能搞"一刀切"和"教条主义"。

6.1.2　绩效管理

1．绩效管理的含义

绩效管理的根本目的在于提高员工的能力和素质，改进与提高公司绩效水平，最终实现企业的战略目标。20 世纪 70 年代，美国管理学家 Aubrey Daniels 提出"绩效管理"这一概念后，人们展开了系统而全面的研究。绩效管理所涵盖的内容很多，它所要解决的问题主要包括：如何确定有效的目标？如何使目标在管理者与员工之间达成共识？如何引导员工朝着正确的目标发展？如何对实现目标的过程进行监控？如何对实现的业绩进行评价和对目标业绩进行改进？

研究者主要采取了两种取向：一是组织取向，即认为绩效管理是管理组织绩效的一种体系（Williams，1998），旨在实现企业发展战略，保持竞争优势；二是个体取向，认为绩效管理是指导和支持员工有效工作的一套方法（Armstrong，1994），旨在开发个体潜能，实现工作目标。国内外大多数研究侧重于个体取向，但这方面缺乏强有力的理论指导。对世界 500强企业及其他优秀企业大量研究的资料显示：这些全球最优秀公司的绩效管理都具有相同的5 个要素，即明确一致且令人鼓舞的战略，进取性强又可衡量的目标，与目标相适应的高效组织结构，透明而有效的绩效沟通和绩效评价，迅速而广泛的绩效成绩应用。对任何一个优秀企业的绩效管理来讲，这 5 个基本要素都是不可或缺的，缺少其中任何一个要素，都不是真正意义上的完整绩效管理。

因此，所谓绩效管理，可定义为：管理者与员工之间在目标与如何实现目标上所达成共识的过程，以及增强员工成功地达到目标的管理方法以及促进员工取得优异绩效的管理过程。可采用 PDCA 循环来描述（见图 6-1）。

图 6-1　绩效管理的 PDCA 循环

2．绩效管理的特点

绩效管理具有系统性、目标性和强调沟通性 3 个特点。

（1）系统性。

绩效管理是一个完整的系统，不是一个简单的步骤。绩效管理不等于绩效考核。许多企业在操作绩效管理时，往往断章取义地认为绩效管理就是绩效考核，企业做了绩效考核表，量化了考核指标，年终实施了考核，就是做了绩效管理，这是一个误区。这种误区使得许多企业在操作绩效管理时省略了极为重要的目标制订、沟通管理等过程，忽略了绩效管理中需要掌握和使用的技巧与技能，在实施绩效管理中遇到了很多困难和障碍，企业的绩效管理的水平也在低层次徘徊。

（2）目标性。

目标管理的一个最大好处就是员工明白自己努力的方向，经理明确如何更好地通过员工的目标对其进行有效管理、提供支持帮助。同样，绩效管理也强调目标管理，"目标+沟通"的绩效管理模式被广泛提倡和使用。只有绩效管理的目标明确了，经理和员工才会有努力奋斗的方向，才会共同致力于于绩效目标责任制的实现，共同提高绩效能力，更好地服务于企业的战略规划和远景目标。

（3）强调沟通性。

沟通在绩效管理中起着决定性的作用。制订绩效要沟通，帮助员工实现目标要沟通，年终评估要沟通，分析原因寻求进步要沟通，总之，绩效管理的过程就是员工和经理持续不断沟通的过程。离开了沟通，企业的绩效管理将流于形式。许多管理活动失败的原因都是因为沟通出现了问题，绩效管理就是致力于管理沟通的改善，全面提高管理者的沟通意识，提高管理者的沟通技巧，进而改善企业的管理水平和管理者的管理素质。

3．绩效管理的功能

绩效管理对企业以及对员工都有着重要的作用。对企业而言，绩效管理的功能有：诊断功能、监测功能、导向功能、竞争功能等；而对员工而言，绩效管理的功能有激励功能、规范功能、发展功能、控制功能、沟通功能等。绩效管理制度是使企业的这些绩效管理功能能够正常发挥作用的制度性保证。

4．绩效管理原则

（1）公开的原则。

考评标准的制订是通过协商和讨论完成的，考评过程是公开的、制度化的客观性原则。用事实说话，切忌主观武断，缺乏事实依据。

（2）反馈的原则。

考评人在对被考评人进行绩效考评的过程中，需要把考评结果反馈给被考评者，同时听取被考评者对考评结果的意见，对考评结果存在的问题及时修正或作出合理解释。

（3）公私分明原则。

绩效考评是针对工作业绩进行的考评，绩效考评应就事论事而不可将与工作无关的因素带入考评工作。

（4）时效性原则。

绩效考评是对考评期内工作成果的综合评价，不应将本考评期之前的行为强加于本次的考评结果中，也不能取近期的业绩或比较突出的一两个成果来代替整个考评期的业绩。

6.1.3 绩效管理与绩效考核

绩效管理与绩效考核（绩效评估、绩效评价或绩效考评）既有明显的区别，又存在十分密切的联系。绩效管理始于绩效考核，是对绩效考核的改进与发展，与绩效考核相比，绩效管理是一个系统，包括绩效计划、绩效实施、绩效考核、绩效反馈与面谈以及绩效结果5个环节。绩效考核仅仅是绩效管理这根管理链条上的一个环节，与其他4部分共同组成一个整体。盲目地把绩效考核当作绩效管理，不但会使绩效考核的作用大打折扣，而且也会对绩效管理产生抵触情绪，无法体现绩效管理的价值。两者的主要区别如表6-1所示。

表6-1　　　　　　　　　　　　绩效管理与绩效考核的区别

	区　别	绩　效　管　理	绩　效　考　核
1	对人性的假设不同	崇尚"以人为本"的管理思想，把人当成人，而不是当成任何形式的工具或手段	把人看作经济人，人的主要动机是经济的
2	管理的宽度不同	绩效管理是一个严密的管理体系，由5个环节组成	绩效考核仅仅是绩效管理5个环节中的一个环节，与其他4个环节共同组成一个完整的管理链条
3	管理的目的不同	绩效管理的目的是为人员的内部供给计划提供较为详尽的信息；为更有效的职位分析提供依据；为员工薪酬调整提供信息；为制订员工培训与开发计划提供依据，并在此基础上帮助员工制订个人职业生涯发展规划，从而实现企业与员工的双赢	绩效考核的目的是对照既定的标准、应用适当的方法来评定员工的绩效水平、判断员工的绩效等级，从而使绩效反馈与面谈有针对性
4	管理者扮演的角色不同	在绩效管理过程中，管理者的身份是多重的，即辅导员+记录员+裁判员	在绩效考核环节，管理者的角色是裁判员

6.1.4 绩效管理方法

1. 关键绩效指标

企业关键绩效指标（KPI）是通过对组织内部流程的输入端、输出端的关键参数进行设置、取样、计算、分析，衡量流程绩效的一种目标式量化管理指标，是把企业的战略目标分解为可操作的工作目标的工具，是企业绩效管理的基础。KPI可以使部门主管明确部门的主要责任，并以此为基础，明确部门人员的业绩衡量指标。建立明确的切实可行的KPI体系，是做好绩效管理的关键。关键绩效指标是用于衡量工作人员工作绩效表现的量化指标，是绩效计划的重要组成部分。

KPI法符合"二八原理"。在一个企业的价值创造过程中，存在着"80/20"的规律，即20%的骨干人员创造企业80%的价值；而且在每一位员工身上"八二原理"同样适用，即80%的工作任务是由20%的关键行为完成的。因此，必须抓住20%的关键行为，对之进行分析和衡量，这样就能抓住业绩评价的重心。

建立KPI指标的要点在于流程性、计划性和系统性。

（1）明确企业的战略目标，并在企业会议上利用头脑风暴法和鱼骨分析法找出企业的业务重点，也就是企业价值评估的重点。然后，再用头脑风暴法找出这些关键业务领域的关键业绩指标（KPI），即企业级KPI。

（2）各部门的主管需要依据企业级KPI建立部门级KPI，并对相应部门的KPI进行分解，确定相关的要素目标，分析绩效驱动因数（技术、组织、人），确定实现目标的工作流程，分解出各部门级的KPI，以便确定评价指标体系。

（3）各部门的主管和部门的KPI人员一起再将KPI进一步细分，分解为更细的KPI及各职位的业绩衡量指标。这些业绩衡量指标就是员工考核的要素和依据。这种对KPI体系的建立和测评过程本身，就是统一全体员工朝着企业战略目标努力的过程，也必将对各部门管理者的绩效管理工作起到很大的促进作用。

（4）指标体系确立之后，还需要设定评价标准。一般来说，指标指的是从哪些方面衡量或评价工作，解决"评价什么"的问题；而标准指的是在各个指标上分别应该达到什么样的水平，解决"被评价者怎样做，做多少"的问题。

（5）必须对关键绩效指标进行审核。比如，审核这样的一些问题：多个评价者对同一个绩效指标进行评价，结果是否能取得一致？这些指标的总和是否可以解释被评估者80%以上的工作目标？跟踪和监控这些关键绩效指标是否可以操作？等等。审核主要是为了确保这些关键绩效指标能够全面、客观地反映被评价对象的绩效，而且易于操作。

每一个职位都影响某项业务流程的一个过程，或影响过程中的某个点。在订立目标及进行绩效考核时，应考虑职位的任职者是否能控制该指标的结果，如果任职者不能控制，则该项指标就不能作为任职者的业绩衡量指标。比如，跨部门的指标就不能作为基层员工的考核指标，而应作为部门主管或更高层主管的考核指标。

绩效管理是管理双方就目标及如何实现目标达成共识的过程，以及增强员工成功地达到目标的管理方法。管理者给下属订立工作目标的依据来自部门的KPI，部门的KPI来自上级部门的KPI，上级部门的KPI来自企业级KPI。只有这样，才能保证每个职位都是按照企业要求的方向去努力。

善用KPI考评企业，将有助于企业组织结构集成化，提高企业的效率，精简不必要的机构、不必要的流程和不必要的系统。

2．平衡计分卡

平衡计分卡（BSC），是绩效管理中的一种新思路，适用于对部门的团队考核，是20世纪90年代初由哈佛商学院的罗伯特·卡普兰和诺朗诺顿研究所所长、美国复兴全球战略集团创始人兼总裁戴维·诺顿发展出的一种全新的组织绩效管理方法。平衡计分卡自创立以来，在国际上，特别是在美国和欧洲，很快引起了理论界和客户界的浓厚兴趣与反响。

平衡计分卡被《哈佛商业评论》评为75年来最具影响力的管理工具之一，它打破了传统的单一使用财务指标衡量业绩的方法，而是在财务指标的基础上加入了未来驱动因素，即客户因素、内部经营管理过程和员工的学习成长。

3．360°绩效评估

360°绩效评估，又称"360°绩效反馈"或"全方位评估"，最早是由被誉为"美国力量象征"的典范企业英特尔首先提出并加以实施的。

　　360°绩效评估是指由员工自己、上司、直接部属、同人同事甚至顾客等全方位的各个角度来了解个人的绩效：沟通技巧、人际关系、领导能力、行政能力……通过这种理想的绩效评估，被评估者不仅可以从自己、上司、部属、同事甚至顾客处获得多种角度的反馈，也可从这些不同方面的反馈清楚地知道自己的不足、长处与发展需求，使以后的职业发展更为顺畅。

　　要在企业内部成功地开展360°绩效评估工作，我们必须做好以下3个阶段的工作。

　　（1）准备阶段。准备工作相当重要，它影响着评估过程的顺利进行和评估结果的有效性。准备阶段的主要目的是使所有相关人员，包括所有评估者与受评者，以及所有可能接触或利用评估结果的管理人员，正确理解企业实施360°评估的目的和作用，进而建立起对该评估方法的信任。

　　（2）评估阶段。组建360°绩效评估队伍。必须注意评估要征得受评者的同意，这样才能保证受评者对最终结果的认同和接受。

　　对评估者进行360°评估反馈技术的培训。为避免评估结果受到评估者主观因素的影响，企业在执行360°评估反馈方法时需要对评估者进行培训，使他们熟悉并能正确使用该技术。此外，理想情况下，企业最好能根据本公司的情况建立自己的能力模型要求，并在此基础上，设计360°反馈问卷。

　　实施360°评估反馈。分别由上级、同级、下级、相关客户和本人按各个维度标准进行评估。评估过程中，除了上级对下级的评估无法实现保密之外，其他几种类型的评估最好是采取匿名的方式，必须严格维护填表人的匿名权以及对评估结果报告的保密性，大量研究表明，在匿名评估的方式下，人们往往愿意提供更为真实的信息。

　　统计并报告结果。在提供360°评估报告时要注意对评估者匿名需要的保护。还有重要的一点，要确保其科学性。例如，报告中列出各类评估人数一般以3人为底限；如果某类评估者（如下级）少于3人的话，则必须归入其他类，而不得单独以下级评估的方式呈现评估结果。

　　企业管理部门针对反馈的问题制订相应措施。

　　（3）反馈和辅导阶段。向受评者提供反馈和辅导是一个非常重要的环节。通过来自各方的反馈（包括上级、同事、下级、自己以及客户等），可以让受评者更加全面地了解自己的长处和短处，更清楚地认识到公司和上级对自己的期望及目前存在的差距。根据经验，在第一次实施360°评估和反馈项目时，最好请专家或顾问开展一对一的反馈辅导谈话，以指导受评者如何去阅读、解释以及充分利用360°评估和反馈报告。另外，请外部专家或顾问也容易形成一种"安全"（即不用担心是否会受惩罚等）的氛围，有利于与受评者深入交流。

6.2　绩效计划的制订

案例：惠通公司的绩效计划

　　惠通公司一年来的销售业绩不错，公司领导决定为员工加薪，于是就让人力资源部门设计出一套绩效评估的方案，依据绩效评估的结果决定为哪些员工加薪，加薪的幅度多大。惠通公司的绩效评估结果分成表6-2所示几档。

表 6-2 绩效评估结果级别及分析

级别	分数	评价等级	绩效考核完成情况	工作表现
A	5 分	出色	工作绩效始终超越本职常规标准要求	在规定的时间之前完成任务，完成任务的数量、质量等明显超出规定的标准，得出来自客户的高度评价。对应的加薪比例为 40%
B	4～4.5 分	优良	工作绩效经常超出本职位常规标准要求	严格按照规定的时间完成任务并经常提前完成任务，经常在数量、质量上超出规定的标准，获得客户的满意。对应的加薪比例为 15%～20%
C	3～3.5 分	可接受	工作绩效经常维持或偶尔超出本职位常规标准要求	基本上达到规定的时间、数量、质量等工作标准，没有客户的不满。对应的加薪比例为 5%～10%
D	2.5 分	需改进	工作绩效基本维持或偶尔未达到本职位常规标准要求	偶尔有小的疏漏，有时在时间、数量、质量上达不到规定的工作标准，偶尔有客户的投诉。没有加薪
E	2 分	不良	工作绩效显著低于常规本职位正常工作标准的要求	工作中出现大的失误，或在时间、数量、质量上达不到规定的工作标准，经常突击完成任务，经常有投诉发生。根据情况决定降职或辞退

小张是惠通公司的一名业务代表，在这次绩效评估中她为自己打了 3.5 分，而她的主管却对她不甚满意，给她打了个 2.5 分，理由是：

（1）小张在一个客户报告中弄错了一个数据，幸好没有让客户看见，否则后果将非常严重；

（2）小张有时候做事有点马虎。

小张则认为自己虽然在工作中有错误和粗心的时候，但自己一直在注意学习和改正，她认为自己至少是符合职位要求的，两人始终争执不下。

（资料来源：MBA 智库百科，http://wiki.mbalib.com/wiki/%E7%BB%A9%E6%95%88%E8-%AE%A1%E5%88%92）

6.2.1 绩效计划的内涵

绩效计划是绩效管理最重要的一个环节。所谓绩效计划是被评估者和评估者双方对员工应该实现的工作绩效进行沟通的过程，并将沟通的结果落实为订立正式书面协议即绩效计划和评估表，它是双方在明晰责、权、利的基础上签订的一个内部协议。

绩效计划是一个双向沟通的过程，在这个过程中，管理者与员工双方都负有责任。在绩效计划阶段，让员工充分参与计划的制订，并签订非常正规的绩效契约，让员工感到自己对绩效计划中的内容做了很强的公开承诺，从而使员工更加倾向于坚持这些承诺，履行自己的绩效计划。因此，作为成功的绩效计划，在绩效计划阶段结束时，管理人员和员工就应该能以同样的答案回答下列的问题：

（1）员工在本次绩效期间内所要达到的工作目标是什么？

（2）员工的各项工作目标的权重如何？

（3）如何判断员工的工作目标完成得怎么样？达成目标的结果是怎样的？这些结果可以从哪些方面去衡量？评判的标准是什么？

（4）员工的工作绩效好坏对整个公司或部门有什么影响？

（5）员工在完成工作时可以拥有哪些权力？可以得到哪些资源？

（6）员工在达到目标的过程中可能遇到哪些困难和障碍？

（7）管理人员会为员工提供哪些支持和帮助？

（8）员工在完成工作的过程中，如何去获得有关他们的工作情况的信息？

（9）在绩效期内，经理人员将如何与员工进行沟通？

6.2.2　绩效计划的原则

在制订绩效计划时应该注意以下原则。

1．全员参与原则

在绩效计划的设计过程中，不仅要让人力资源部门和各级管理者参与，更要让员工积极参与。只有这样，员工才能知道组织的目标、组织或部门对自己的期望，并尽可能使各方的潜在利益冲突暴露出来，便于通过一些政策性程序来解决这些冲突，从而确保绩效计划制订得更加科学合理。

2．流程系统化原则

流程系统化原则就是要求员工个人计划与组织战略规划、资本计划、经营预算计划、人力资源管理等管理程序紧密相联，配套使用。个人计划要服从于团队或部门计划，团队或部门计划要服从于组织计划，与公司发展战略和年度绩效计划相一致。

3．客观公正原则

客观公正原则就是要求绩效计划要保持透明性，实施坦率的、公平的、跨越组织等级的绩效审核和沟通，做到系统地、客观地评估绩效。对工作性质和难度基本一致的员工的绩效标准设定，应该保持大体相同，确保考核过程公正，考核结论准确无误，奖惩兑现公平合理。

4．灵活性原则

绩效计划既要有权威性和严肃性，符合企业发展需求和战略要求，又要有一定的弹性，能随着组织目标和环境的变化而变化。

6.2.3　绩效计划的作用

绩效计划作为绩效管理的一种有力工具，体现了上下级之间承诺的绩效指标的严肃性，使决策层能够把精力集中在对公司价值最关键的经营决策上，确保公司总体战略的逐步实施和年度工作目标的实现，有利于在公司内部创造一种突出绩效的企业文化。

绩效计划是绩效管理体系的第一个关键步骤，也是实施绩效管理系统的主要平台和关键手段，通过它可以在公司内建立起一种科学合理的管理机制，能有机地将股东的利益和员工的个人利益整合在一起，其价值已经被国内外众多公司所认同并接受。

对管理者来讲，能将组织目标和员工个人目标联系起来，引导员工的行为朝着实现组织战略目标的方向努力；对员工个人来讲，能明确自己的工作目标和工作重点，并了解上级对其工作成果的期望。

6.2.4　绩效计划的制订流程

绩效计划的制订分为绩效计划的准备、绩效计划的沟通与绩效计划的审定和确认3个阶段。

1．绩效计划的准备

本阶段主要包括企业、部门和员工个人3方面的信息准备。做好信息准备，对管理者来说，是分解落实企业目标的前提；对员工个人来讲，是明确工作目标的重要手段。例如，公司的整体经营目标是：将市场占有率扩展到80%，在产品的特性上实现不断创新，推行预算，降低管理成本。那么，人力资源部在人员招聘方面就可以把工作目标设定为：建立激励机制，鼓励开发新客户、创新、降低成本的行为；注重在开拓性、创新精神和关注成本方面的核心胜任素质；提供开发客户、提高创造力、预算管理和成本控制方面的培训。

2．绩效计划的沟通

绩效计划是双向沟通的过程，绩效计划的沟通阶段也是整个绩效计划的核心阶段。在这个阶段，管理人员与员工必须经过充分的交流，对员工在本次绩效期间内的工作目标和计划达成共识。绩效计划会议是绩效计划制订过程中进行沟通的一种普遍方式。在进行绩效计划会议时，首先往往需要回顾一下已经准备好的各种信息，在讨论具体的工作职责之前，管理人员和员工都应该知道公司的要求、发展方向以及对讨论具体工作职责有意义的其他信息，包括企业的经营计划信息、员工的工作描述和上一个绩效期间的评估结果等。

3．绩效计划的审定和确认

在制订绩效计划的过程中，对计划的审定和确认是最后一个步骤。通过绩效沟通过程，管理者与员工共同确定员工计划，填写绩效计划书，以此作为员工未来绩效周期内的工作指南。绩效计划书也是对员工工作进行监督、检查与评定的重要依据。

6.3　绩效辅导与绩效面谈

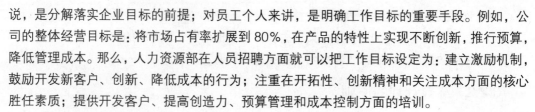

案例：上级管理人员应该如何开展绩效辅导

作为上级，很显然，没有时间去跟踪并指导每位下属员工的每一次具体发生的问题或每个要改进的方面，所以你应该把精力放在那些对完成关键绩效指标或已制订的工作目标所需的能力的辅导上。这样就能使你的时间有效地应用在员工能取得绩效的关键方面，最大限度地提高下属员工的绩效。

上级管理人员经常忽视了员工"怎么做"，而只是注重最后的绩效结果。这样会导致部分下属人员用影响公司整体利益的方式去完成结果。例如，只顾自己的目标而影响他人或某些行为会加剧部门与部门之间的冲突等。

此时就要对下属人员的工作方法进行辅导，避免类似的问题发生。

有效的辅导须平衡"问"与"告诉"两者之间量的关系。大量研究证明，询问信息、想法、建议等，比仅仅告诉他人怎么做要有效得多。所以在辅导中多用"问"的方式对下属日后真正在行动上落实改进的方案较为有效。当然，你在某些场合还是要用"告诉"的方式。当你要提供一些下属人员所缺乏的资讯，或由于你的工作资历与所积累的经验，你会有一些下属员工所不具备的想法和信息，你应该告诉他们，以便让他们在具备这些信息的基础上用自己的思考来处理这些信息以推导出解决问题的方法。

（资料来源：职场资讯，2009年4月5日）

6.3.1　绩效辅导

1．绩效辅导的含义

绩效辅导阶段在整个绩效管理过程中处于中间环节，也是绩效管理循环中耗时最长、最关键的一个环节，是体现管理者和员工共同完成绩效目标的关键环节，这个过程的好坏直接影响着绩效管理的成败。

绩效管理强调员工与经理人员的共同参与，强调员工与经理人员之间形成绩效伙伴关系，共同完成绩效过程。这种员工的参与和绩效伙伴关系在绩效辅导阶段主要表现为持续不断的沟通。具体来讲，绩效辅导阶段主要的工作是持续不断的绩效沟通、收集数据形成考核依据。

2．绩效辅导类型

在确定了阶段性的 SMART 目标和通过会议明确了各自的目标之后，管理者的工作重点就是在各自目标实现过程中进行对员工的辅导。辅导的方式有两种。

（1）会议式：指通过正式的会议实施辅导过程。

（2）非正式：指通过各种非正式渠道和方法实施对员工的辅导。

对员工实现各自目标和业绩的辅导应为管理者的日常工作，在辅导过程中既要对员工的成绩认可，又要帮助和支持员工实现目标。帮助并引导员工达到所需实现的目标，同时根据现实情况双方及时修正目标，朝着所需实现的目标发展。这也是对怎样实现目标（行为目标）过程进行了解和监控。需要强调指出的是：良好的沟通是有效辅导的基础。对于员工的参与，要求员工能够：

（1）描述自己所要达到的目标（或实现的业绩）；

（2）对自己实现的目标进行评估。

有效的辅导应该是：

（1）随着目标的实现过程，辅导沟通是连续的；

（2）不仅限于在一些正式的会议上，强调非正式沟通的重要性；

（3）明确并加强对实现目标的期望值；

（4）激励员工，对员工施加推动力（推动力是指一种连续的需求或通常没有意识到的关注）；

（5）从员工获得反馈并直接参与；

（6）针对结果目标和行为目标。

3．绩效辅导时机的选择

一般有如下 4 种情形发生时，可用到日常指导的技巧。

（1）当员工希望你对某种情状发表意见时。例如，在绩效管理回顾阶段或员工过来向你请教问题时，以及向你征询对某个新想法的看法时，如改进流程的新点子。

（2）当员工希望你解决某个问题时，尤其是出现在你的属下工作领域中的问题。

（3）当你发现一个需要采取改进措施的机会时，例如，当你注意到有某项工作可以做得更好、更快时，你也可以指导他人采取措施，改进做法，适应企业、部门及流程的变化。

（4）当手下的员工通过培训掌握了新的技能，而你希望鼓励他们运用于实际工作中时。

4．绩效辅导步骤

（1）强调辅导的目的和重要性。用一种积极的方式来开始指导，强调员工的想法对此次讨论的意义。描述一下将要讨论的具体内容以及你为什么要讨论此项问题。

（2）询问具体情况。利用此机会更多地收集到真实的情况。收集的情况越具体真实，指导也就越有效。可以用开放式问题来收集具体的信息，征求员工对此问题的认识及想法。最后总结一下你的理解以确认已对所有事实有清楚的了解。

（3）商议期望达成的结果。在确认事实的基础上开始商议期望达到的结果是什么。可能是下属员工需有更多的投入，改进沟通技能或减少迟到等，确保这些理想的结果与完成已计划的绩效指标或工作目标紧密相关。双方对最终想获得的结果，有一个共同的认识是至关重要的。因为如果双方对想达到的结果意见不一致就会对为达到结果所采取的有效工作方式产生分歧，而最终完成目标的是下属人员本人。

（4）讨论可采用的解决问题的方法。在对理想结果取得一致认可的基础上，开始讨论用什么样的方法来达到目标。这是指导的最终关键，可以通过询问：

——那你将采用什么方法来处理……

——如果……你将怎么办？

——如果……你将怎么说？

当有几种解决问题的方法时，开诚布公地讨论每种方法的利弊，尽量多地采用下属人员本人提出的方案，双方认可为达到理想的目标应采取的步骤和方法，确认双方都理解了将要采取的方法及步骤。

（5）设定下次讨论时间。在结束讨论之前指定一个下次讨论的时间。以让下属人员感觉到你始终关注他/她这方面的改进情况。

6.3.2　绩效面谈

1．绩效面谈的含义

绩效面谈是现代绩效管理工作中非常重要的环节。通过绩效面谈实现上级主管和下属之间对于工作情况的沟通和确认，找出工作中的优势及不足，并制订相应的改进方案。

所谓绩效面谈，是指通过面谈的方式由主管为员工明确本期考核结果，帮助员工总结经验，找出不足，与员工共同确定下期绩效目标的过程。绩效面谈可以分3类，即初期的绩效计划面谈、进行中的绩效指导面谈、末期的绩效考评总结面谈。

2．绩效面谈的内容

绩效面谈的内容应围绕员工上一个绩效周期的工作开展，一般包括4个方面的内容。

（1）谈工作业绩。在面谈时应将评估结果及时反馈给下属，如果下属对绩效评估的结果有异议，则需要和下属一起回顾上一绩效周期的绩效计划和绩效标准，并详细地向下属介绍绩效评估的理由。通过对绩效结果的反馈，总结绩效达成的经验，找出绩效未能有效达成的原因，为以后更好地完成工作打下基础。

（2）谈行为表现。除了绩效结果以外，主管还应关注下属的行为表现，比如工作态度、工作能力等，对工作态度和工作能力的关注可以帮助下属更好地完善自己，并提高员工的技能，也有助于帮助员工进行职业生涯规划。

（3）谈改进措施。绩效管理的最终目的是改善绩效。在面谈过程中，针对下属未能有效完成的绩效计划，主管应该和下属一起分析绩效不佳的原因，并设法帮助下属提出具体的绩效改进措施。

（4）谈新的目标。绩效面谈作为绩效管理流程中的最后环节，主管应在这个环节中结合上一绩效周期的绩效计划完成情况，并结合下属新的工作任务，和下属一起提出下一绩效周期中的新的工作目标和工作标准，这实际上是帮助下属一起制订新的绩效计划。

3．绩效面谈的技巧

（1）明确绩效评价面谈目的。在开始进行绩效面谈时，主管就应该向下属明确面谈的目的，以便下属能够清楚面谈的意义以及面谈的内容。在阐述面谈的目的时，主管应尽可能使用比较积极的语言，比如，"我们今天面谈的主要目的是讨论如何更好地改善绩效，并且在以后的工作中需要我提供什么指导，以便我们能够共同完成目标"。

（2）在言语性沟通上，对评价结果进行描述。例如，主管在评价员工的服务态度时，不应直截了当地告之其结果（优、良、中、差等），而应描述关键性事件，如员工曾经与顾客争吵，而没有向顾客道歉等。这些事件一经描述，员工便会自己进行判断，得出一个结论，从而避免了员工对否定结果的抵触情绪。评价结果应具体而不笼统。评价时既要指出进步又要指出不足。评价时应避免使用极端化的字眼。

（3）注意使用非言语性沟通。非言语信息一般表现为面部表情、体态语言等，这些信息对主管和员工双方都具有某种意义，但是他们互相理解的意义有时会出现偏差。为消除这些错觉，主管对非言语性信息的流露应有所重视，并需注意空间场所、身体姿势和注视方法的选择。

（4）在绩效面谈前做好相关准备工作。应在面谈之前、之后采取其他相关措施。面谈之前的措施主要有：经常与下级进行关于他们绩效的沟通，在判断别人的绩效之前先判断自己的绩效，鼓励下级对绩效评价面谈进行准备。面谈之后的措施主要有：经常与下级进行关于他们绩效的沟通；定期对绩效目标进展情况进行评价；以绩效为基础，确定组织的奖酬系统。只有这3个层次的全面结合，绩效评价面谈才能取得最优效果。

6.4 绩效考核

案例：B公司的绩效考核

B公司，成立于20世纪80年代。经过20多年的发展，在业内已享有较高的知名度。目前公司有员工约1000人。2008年来，公司为了应对金融危机所带来的影响，开始实施一系列变革。其中，绩效考核工作是公司重点投入的一项工作。

公司高层领导非常重视绩效考核工作。人事部具体负责绩效考核制度的制订和实施。在每年年底正式进行考核之前，人事部又出台当年的具体考核方案，以使考核达到可操作化程度。

B公司的做法通常是由公司的高层领导与相关的职能部门人员组成考核小组。考核的方式和程序通常包括被考核者填写述职报告、在自己单位内召开全体职工大会进行述职、民意测评（范围涵盖全体职工）、向科级干部甚至全体职工征求意见（访谈）、考核小组进行汇总写出评价意见并征求主管副总的意见，完成后报公司总经理。

考核的内部主要包含3个方面：

(1) 被考核单位的经营管理情况，包括该单位的财务情况、经营情况、管理目标的实现等方面；

(2) 被考核者的德、能、勤、绩及管理工作情况；

(3) 下一步工作打算，重点努力的方向。

具体的考核细目侧重于经营指标的完成、政治思想品德，对于能力的定义则比较抽象。各业务部门（子公司）都在年初与总公司对于自己部门的任务指标进行了讨价还价的过程。

公司规定，对中层干部的考核结果要与人事的升迁、工资的升降等方面挂钩，但最后的结果总是不了了之，没有任何下文。

对于公司一般员工的考核则由各部门的领导掌握。子公司的领导对于下属业务人员的考核通常是从经营指标的完成情况（该公司中所有子公司的业务员均有经营指标的任务）来进行的；对于非业务人员的考核，无论是总公司还是子公司均由各部门的领导自由进行。通常的做法，都是到了年度要分奖金了，部门领导才会对自己的下属做一个笼统的排序。

进行到第二年时，大家已经丧失了第一次时的热情。第三年、第四年进行考核时，员工考虑前两年考核的结果出来后，业绩差或好的领导并没有任何区别，自己还得在他手下干活，领导来找他谈话，他也只能敷衍了事。被考核者认为年年都是那套考核方式，没有新意，失去积极性，只不过是领导布置的事情，不得不应付。

6.4.1　绩效考核的含义

绩效考核是现代组织不可或缺的管理工具，通常也称为业绩考评或"考绩"，是指按照一定的标准，采用科学的方法，对企业员工的品德、工作绩效、能力和态度进行综合的检查和评定，以确定其工作业绩和潜力的管理方法。

绩效考核是企业人事管理的重要内容，更是企业管理强有力的手段之一。有效的绩效考核，不仅能确定每位员工对组织的贡献或不足，更可在整体上对人力资源的管理提供决定性的评估资料，从而可以改善组织的反馈机能，提高员工的工作绩效，更可激励士气，也可作为公平合理地酬赏员工的依据。

6.4.2　绩效考核的原则

1．公平原则

公平是确立和推行人员考绩制度的前提。不公平，就不可能发挥考绩应有的作用。

2．结果公开原则

考绩的结论应对本人公开，这是保证考绩民主的重要手段。这样做，一方面可以使被考核者了解自己的优点和缺点、长处和短处，从而使考核成绩好的人再接再厉，继续保持先进；也可以使考核成绩不好的人心悦诚服、奋起上进。另一方面还有助于防止考绩中可能出现的偏见以及种种误差，以保证考核的公平与合理。

3．客观考评的原则

人事考评应当根据明确规定的考评标准，针对客观考评资料进行评价，尽量避免掺入主观性和感情色彩。

4．反馈的原则

考评的结果（评语）一定要反馈给被考评者本人，否则就起不到考评的教育作用。在反馈考评结果的同时，应当向被考评者就评语进行说明解释，肯定成绩和进步，说明不足之处，提供今后努力的参考意见等。

5．结合奖惩原则

依据考绩的结果，应根据工作成绩的大小、好坏，有赏有罚，有升有降，而且这种赏罚、升降不仅与精神激励相联系，而且还必须通过工资、奖金等方式同物质利益相联系，这样，才能达到考绩的真正目的。

6.4.3 绩效考核的主要方法

1．图尺度考核法

这是最简单和运用最普遍的绩效考核技术之一，一般采用图尺度表填写打分的形式进行。

2．交替排序法

这是一种较为常用的排序考核法。其原理是：在群体中挑选出最好的或者最差的绩效表现者，较之于对其绩效进行绝对考核要简单易行得多。因此，交替排序的操作方法就是分别挑选、排列"最好的"与"最差的"，然后挑选出"第二好的"与"第二差的"，这样依次进行，直到将所有的被考核人员排列完全为止，从而以优劣排序作为绩效考核的结果。交替排序在操作时也可以使用绩效排序表。

3．配对比较法

这是一种更为细致的通过排序来考核绩效水平的方法，它的特点是每一个考核要素都要进行人员间的两两比较和排序，使得在每一个考核要素下，每一个人都和其他所有人进行了比较，所有被考核者在每一个要素下都获得了充分的排序。

4．强制分布法

这是在考核进行之前就设定好绩效水平的分布比例，然后将员工的考核结果安排到分布结构里去。

5．关键事件法

这是一种通过员工的关键行为和行为结果来对其绩效水平进行绩效考核的方法，一般由主管人员将其下属员工在工作中表现出来的非常优秀的行为事件或者非常糟糕的行为事件记录下来，然后在考核时点上（每季度，或者每半年）与该员工进行一次面谈，根据记录共同讨论来对其绩效水平作出考核。

6．行为锚定等级考核法

这是基于对被考核者的工作行为进行观察、考核，从而评定绩效水平的方法。

7．目标管理法

目标管理法是现代更多采用的方法，管理者通常很强调利润、销售额和成本这些能带来成果的结果指标。在目标管理法下，每个员工都确定有若干具体的指标，这些指标是其工作成功开展的关键目标，它们的完成情况可以作为评价员工的依据。

6.4.4　绩效考核指标的设定

1．以战略为导向的指标设计

绩效考核的导向性是通过绩效指标来实现的，绩效考核能否实现导向战略，实际上就是由战略导向的绩效指标设计来决定的。作为衡量各职位工作绩效的指标，关键绩效指标所体现的衡量内容最终取决于公司的战略目标。当关键绩效指标构成公司战略目标的有效组成部分或支持体系时，它所衡量的职位便以实现公司战略目标的相关部分作为自身的主要职责；如果 KPI 与公司战略目标脱离，则它所衡量的职位的努力方向也将与公司战略目标的实现产生分歧。

KPI 来自于对公司战略目标的分解，其第二层含义在于，KPI 是对公司战略目标的进一步细化和发展。公司战略目标是长期的、指导性的、概括性的，而各职位的关键绩效指标内容丰富，针对职位而设置，着眼于考核当年的工作绩效、具有可衡量性。因此，关键绩效指标是对真正驱动公司战略目标实现的具体因素的发掘，是公司战略对每个职位工作绩效要求的具体体现。

关键绩效指标随公司战略目标的发展演变而调整。当公司战略侧重点转移时，关键绩效指标必须予以修正以反映公司战略新的内容。

2．以工作分析为基础的指标设计

工作分析是一切人力资源管理工作的基础，是设计绩效考核指标的基础依据。根据考核目的，对被考核对象的岗位工作内容、性质以及完成这些工作所具备的条件等进行研究和分析，从而了解被考核者在该岗位工作所应达到的目标、采取的工作方式等，初步确定绩效考核的各项要素。

3．综合业务流程进行绩效考核指标设计

以战略为导向，以工作分析为基础的指标设计方法，也许很多企业都在应用。但它们在设计指标的时候，可能会忽视一个非常重要的过程，即综合工作流程来设计考核指标。绩效考核指标必须从流程中去把握。根据被考核对象在流程中扮演的角色、责任以及同上游、下游之间的关系，来确定其衡量工作的绩效指标。此外，如果流程存在问题，还应对流程进行优化或重组。

在设计 KPI 的过程中，如果把握好了以上 3 点，绩效考核指标也就不会存在太大的问题了。总之一句话：不求最好，只求合适。

6.5　绩效沟通与反馈

6.5.1　绩效沟通

绩效沟通是绩效管理的核心，是指考核者与被考核者就绩效考评反映出的问题以及考核机制本身存在的问题展开实质性的面谈，并着力于寻求应对之策，服务于后一阶段企业与员工绩效改善和提高的一种管理方法。绩效沟通在整个人力资源管理中占据着相当重要的地位。可以说如果企业的绩效管理缺乏了有效的绩效沟通，那么企业的绩效管理就不能称之为绩效管理，至少在某种程度上讲是不完整的绩效管理。通过妥善有效的绩效沟通将有助于及时了解企业内外部管理上存在的问题，并可为之采取应对之策，防患于未然，降低企业的管理风险。同时也有助于帮助员工优化后一阶段的工作绩效，提高工作满意度，从中推动企业整体战略目标的达成，而且和谐的企业文化的构建、优秀的人力资源品牌也离不开妥善有效的绩效沟通的助推作用。

要想让绩效沟通顺利进行，必须进行几方面的准备。首先通过培训、宣传，让主管和员工们认识到绩效沟通的重要性和好处；同时，让人们学会绩效沟通的方法；然后从制度上建立系统的沟通制度，让员工尤其是主管有责任有义务进行沟通。这样，人员对沟通的态度也会发生显著变化，从原来的抵触到愿意沟通了。

绩效沟通主要体现在 4 个方面：目标制订沟通、绩效实施沟通、绩效反馈沟通、绩效改进沟通。4 个方面相互配合、层层递进，共同构成了企业的沟通系统。

6.5.2　绩效沟通过程

沟通在绩效管理中起着决定性的作用。在某种程度上，沟通是绩效管理的本质与核心，它贯穿于绩效管理循环的始终——制订绩效计划与目标要沟通，帮助员工实现目标要沟通，年终评估要沟通，分析原因寻求进步要沟通。总之，绩效管理的过程就是员工和经理持续不断沟通，以提升绩效的过程。离开了沟通，企业的绩效管理将流于形式。

也即是说，沟通是无处不在的，它存在于绩效管理的全过程：

（1）绩效理念沟通；

（2）绩效目标沟通；

（3）绩效过程沟通；

（4）绩效结果沟通。

许多管理活动失败的原因都是因为沟通出现了问题，绩效管理就是致力于管理沟通的改善，全面提高管理者的沟通意识，提高管理的沟通技巧，进而改善企业的管理水平和管理者的管理素质。

6.5.3　绩效沟通的方法

绩效沟通的方法可分为正式方法与非正式方法两类。

1．正式沟通

正式沟通是事先计划和安排好的，如定期的书面报告、面谈、有经理参加的定期小组或团队会等。

（1）定期的书面报告。员工可以通过文字的形式向上司报告工作进展、反映发现的问题，主要有：周报、月报、季报、年报。当员工与上司不在同一地点办公或经常在外地工作的人员可通过电子邮件进行传送。书面报告可培养员工理性、系统地考虑问题，提高逻辑思维和书面表达能力。但应注意采用简化书面报告的文字，只保留必要的报告内容，避免烦琐。

（2）一对一正式面谈。正式面谈对于及早发现问题、找到和推行解决问题的方法是非常有效的；可以使管理者和员工进行比较深入的探讨，可以讨论不易公开的观点；使员工有一种被尊重的感觉，有利于建立管理者和员工之间的融洽关系。但面谈的重点应放在具体的工作任务和标准上，鼓励员工多谈自己的想法，以一种开放、坦诚的方式进行谈话和交流。

（3）定期的会议沟通。会议沟通可以满足团队交流的需要；定期参加会议的人员相互之间能掌握工作进展情况；通过会议沟通，员工往往能从上司口中获取公司战略或价值导向的信息。但应注意明确会议重点；注意会议的频率，避免召开不必要的会议。

2．非正式沟通

非正式沟通是未经计划的，其沟通途径是通过组织内的各种社会关系。其形式如非正式的会议、闲聊、走动式交谈、吃饭时进行的交谈等。

非正式沟通的好处是形式多样、灵活，不需要刻意准备；沟通及时，问题发生后，马上就可以进行简短的交谈，从而使问题很快得到解决；容易拉近主管与员工之间的距离。

6.5.4　绩效沟通的重要性

如何进行绩效管理一方面被描述成管理者圣经，被热情宣扬和提倡，一方面又被管理者抛弃和回避，视为"鸡肋"的工具在有效沟通中如何发挥作用呢？

1．要有对员工利益和成长负责任的理念和态度

对员工的成长负责，就是以人为本，每一位管理人员的绩效沟通都应以此为起点，不计一城一池之得失——核心目的不是员工上个考核周期内做得怎么样，而是把员工当成企业的资源，根据公司和人力资源部的委托进行有效管理、培育、增值；不是单纯地代表企业权益对所有人进行核查、质询、评价，而是把他们当成有效资源进行深度发掘和培育，最后达到增值的目的。

2．沟通的目的要明确，就是反馈、激励、辅导

在绩效沟通过程中，员工成为沟通的主体。员工的能力、态度、情绪、业绩成为沟通的主导内容。管理者需要对员工的主要工作及其表现有比较全面的了解、客观的评价，能够恰如其分地评价下属的工作表现，发现其情绪的变化、能力的优缺，真实地进行反馈，适当地进行激励和辅导。这是管理者在进行绩效沟通之前就要明确的。只有在日常的管理过程中做足功夫，才能在绩效沟通过程中有内容可言。不要把主要精力放在业绩判断上，似乎绩效沟通只是为了辨别清楚下属的业绩水平。这样的绩效沟通往往演变成一场争论，最后不欢而散。所以，有效的绩效沟通——功夫在诗外。

3．沟通的内容要全面

有效的绩效沟通包括4个层面的内容：

① 目标任务、标准、工作流程；

② 结果、绩效、员工能力；

③ 职业生涯设计、潜力发挥；

④ 个人和组织利益、生活目标、感情因素。

绩效沟通是信息双向流动的过程，管理者首先针对的是工作任务、流程，对事不对人，客观准确地分析、反馈、评价，以利于今后工作的完善、提升。管理者不仅仅要清楚员工个人的工作和绩效、职业生涯等职业要素，还要了解员工的想法、思想动态、日常管理中的问题和员工的意见、抱怨等非职业要素。

企业通过双向互动的绩效沟通过程，不回避、不走过场、不搞形式主义、不做表面文章，绩效管理将不再是个难题，它会变得更加自然和睦，成为助推企业整体经营业绩提升和构建企业有序竞争氛围的人才资源管理工具。

第三部分 课题实践页

1. 选择题

（1）（ ）是指记录和观察在某些工作领域内，员工在完成工作任务过程中有效或无效的工作行为导致的成功或失败的结果。

    A. 关键事件法　　　　　　　　　　B. 行为观察法

    C. 行为观察量表法　　　　　　　　D. 行为定点量表法

（2）工作绩效一般是指员工的劳动行为表现及其（ ）。

    A. 工作表现　　　　　　　　　　　B. 工作成果

    C. 工作成绩　　　　　　　　　　　D. 工作效果

（3）绩效的优劣受多种因素的影响，（ ）是员工的主观性影响因素。

    A. 激励、环境　　B. 激励、技能　　C. 个性、动机　　D. 技能、环境

（4）在考核过程中，主管与下属之间就评估所做的讨论叫（ ）。

    A. 公开评估　　B. 评估面谈　　C. 评估讨论　　D. 评估讲座

（5）（ ）是企业根据岗位工作说明书，对员工的工作业绩，包括工作行为和工作效果，进行全面系统考察与评估的过程。

    A. 行为考核　　B. 绩效考核　　C. 人事考核　　D. 能力考核

（6）为保证绩效面谈信息反馈的有效性，最好的方式是（ ）。

    A. 进行"一对一"的反馈面谈

    B. 组成一个面谈小组来进行面谈

    C. 在小组其他成员在场的情况下面谈

    D. 针对部门的共同问题，进行小组或部门的讨论

（7）在制订绩效管理方案时，应根据（ ）合理地进行方案设计，并对绩效管理方案进行可行性分析。

    A. 绩效管理目标　　B. 绩效管理方法　　C. 绩效管理程序　　D. 绩效管理对象

（8）工作要项指出"什么"该做，（ ）指出的是该"如何"做。这个标准乃是判断绩效的基础，通常在工作规范或专门的考核条例中予以说明。

    A. 评估考核　　B. 工作分析　　C. 评估面谈　　D. 绩效标准

（9）主管对绩效结果进行反馈时，应努力做到（ ）。

    A. 给员工发言的机会　　　　　　B. 集中于关键事项

    C. 运用反馈技巧，因人而异　　　D. 纠正被考核者的不良态度

    E. 具有针对性

（10）绩效目标应该是（ ）。

A. 可量化的　　　　B. 可测量的　　　　C. 过程描述性的　　　D. 长期与短期并存

E. 由主管制订的

（11）行为导向型的评价方法主要有（　　　）。

A. 行为观察法　　　　　　　　　　　　B. 行为锚定等级评价法

C. 关键事件法　　　　　　　　　　　　D. 直接指标法

E. 目标管理法

（12）绩效管理系统设计的基本原则有（　　　）。

A. 公开与开放原则　　　　　　　　　　B. 反馈与修改原则

C. 定期化与制度化原则　　　　　　　　D. 可靠性与正确性原则

E. 可行性与实用性原则

2．简答题

（1）什么是绩效管理?绩效管理有哪些办法?

（2）谈谈您认为应该如何开展绩效辅导?

（3）绩效考核有哪些步骤?

（4）请分析如何进行绩效反馈?

3．讨论题

1997 年 10 月 10 日,《华尔街杂志》刊登了一条消息说,"摩托罗拉公司竟然不顾德国人工成本昂贵这个众所周知的事实,选择在德国设立一个生产移动电话的工厂,实在令人惊讶"。你认为这种说法对不对? 为什么对或为什么不对?

4．操作题

罗伯新近被任命为某州立大学行政事务副校长,上任伊始他就面临着严重的问题。3 周前,校长就告诉他,他首先要做的事情之一就是改进该校的秘书和勤杂人员的工作绩效评估系统。该校绩效评价系统的主要问题是：工作绩效评价结果与年底的工资晋级联系在一起。但是,大多数管理者对秘书和勤杂人员的工作绩效进行评价时,却往往不注意保持评价的精确性,主要采用了加权选择量表方法。管理者经常将其下属的秘书和勤杂人员都简单地评为"优秀"。而这样做的结果是学校所有的辅助雇员每年都得到最高等级的工资晋级。

但是目前学校的预算已经不具备在下一个年度为每一位事务工作人员都提升一级最高工资的能力了。此外,大学的校长也认为,对每一位秘书人员和勤杂人员提供有效的工作绩效的工作绩效反馈这种惯例并不是一种正常的情况。因此,他希望罗伯能够对原有的工作绩效评价系统进行重新审查。罗伯向每一位行政管理人员下发一份备忘录,要求大家只能将其手下一半人的工作绩效评为优秀。这份备忘录立刻得到行政管理人员和秘书勤杂人员的广泛抵制——管理人员害怕其手下人会到私营企业找更赚钱的工作;秘书人员认为新的工作绩效评价系统不公正,它剥夺了每一位秘书都能获得最高工资晋升的机会。

罗伯在这种情况下,找到了该校工商管理学院的几位绩效评价方面的专家讨论这个问题。罗伯首先说到了他发现的问题：现有的工作绩效评价系统早在 10 年前，即该校刚成立时便建立起来了，而当时的工作绩效评价表格是由秘书委员会设计的。这种每年一次的工作绩效评价制度几乎一开始就陷入困境。因为，管理者对工作绩效标准的解释大相径庭，同时他们在填写表格以及对下属进行监督时的负责程度也相差很大。问题还不仅仅如此，这种绩效评价方法的弊端在第一年年底就已经变得显而易见，每一位秘书的工资提升实际上是直接与工作绩效评价联系在一起的。由于该校支付给秘书的工资比私营企业的低，因此，第一年一些没有拿到优秀即没有得到最高工资晋升的秘书一怒而去。从那时起，很多行政管理人员为了降低离职率，就开始将下属的工作绩效评定为优秀。以确保他们能得到最高一级的工资晋升。

几位专家中有两位答应考虑这一问题，并在两周后提出如下建议。

（1）原有的评价表格基本上起不到说明作用。比如，优秀和工作质量本身的含义是不清楚的。结果导致大多数管理者对每一项评价指标的理解不清楚、也有歧义。他建议换一种表格。

（2）同时，他还建议罗伯撤销其前一个备忘录，因为强制性地要求将秘书中的一半划为优秀是不公正的。并且，在考核时最好使用排序法。

（3）要想使得所有的管理人员认真对待工作绩效评价，就必须停止将工作绩效评价结果与工资晋升联系在一起。至于工资晋升，则应不仅仅以工作绩效评价为基础，还要考虑其他的一些因素，这样，管理人员在对其手下的工作绩效进行评价时，就不会再犹豫是否要诚实地对下属人员的实际工作绩效做出评价了。

【思考题】

（1）该学校产生绩效考核方面问题的主要原因是什么？

（2）为什么专家建议使用排序法？

（3）学校每年的工资晋升该怎样进行？

5．案例讨论

某著名的跨国公司，在世界 66 个国家拥有 233000 名员工和 340 多个办事机构，其业务范围包括电子、机械、航空、通信、商业、化学、金融和汽车等领域。该公司在中国各地投资兴建了几十家生产和销售公司，由于各个公司运营时间都不长，内部管理制度建设还不完善，因此在绩效考核中采用了设计和实施相对都比较简单的强制分布评价方法。生产人员和管理人员都是每个月进行一次绩效考核，考核的结果对员工的奖金分配和日后的晋升都有重要的影响。但是这家公司的最高层很快就发现这种绩效考核方法存在着很多问题，但是，又无法确定问题的具体表现及其产生的原因，于是他们请了北京的一家咨询公司对企业的员工绩效考核进行诊断和改进。

咨询公司的调查人员在实验性的调查中发现，该企业在中国的各个分公司都要求在员工的绩效考核中将员工划分为 5 个等级。其中，A 代表最高水平，E 则代表最低水平。按照规定，每次绩效考核中要保证员工总体的 4%～5%得到 A 等评价，20%的员工得到 B 等评价，4%～5%得到 D 等或 E 等评价，余下的大多数员工得到 C 等评价。员工绩效考核的依据是工作态度占 30%，绩效占 40%～50%，遵纪守法和其他方面的权重占 20%～30%。被调查的员工认为在绩效评价过程中存在轮流坐庄的现象，并受员工负责评价工作的主管的人际关系的影响，使评价结果与员工的工作绩效之间联系不够紧密，因此对他们来说，绩效考核虽然有一定的激励作用，但是不太强烈。而且，评价的对象强调员工个人，而不考虑各个部门之间绩效的差别。因此，在一个整体绩效一般的部门工作，即便工作能力一般的员工也可以得到比较高的评价（A 或者 B），而在一个整体绩效好的部门，即使员工工作非常努力，也很难得到 A 或者 B。员工还指出，他们认为绩效考核是一个非常重要的问题，这不仅是因为考核结果将影响到自己的奖金数量，更主要的是员工需要得到一个对自己工作成绩客观公正的评价。员工认为绩效评价的标准比较模糊、不明确，在销售公司中，销售人员的抱怨是自己的销售绩效不理想在很多情况下都是由于市场不景气、自己所负责销售的产品在市场上的竞争力不高造成的，这些因素都是自己通过努力无法克服的，但是，在评价中却被评为 C 甚至 D，所以觉得目前这种绩效考核方法很不合理。

【思考题】

请以小组为单位，组织讨论该公司绩效考核存在哪些问题？

6．实训题

（1）实训目的：结合自己实际工作的经验与体会，通过调研，尝试制订绩效管理方案。

（2）实训方式：实地走访相关企业，收集并整理该企业的绩效管理资料，撰写绩效管理方案。

（3）实训对象：本地区的某家企业。

（4）实训内容：

① 该企业各方面的分析和考察，如绩效计划制订情况，考核辅导与绩效面谈，绩效考核、绩效沟通与反馈等；

② 绩效管理方案的制订。

（5）实训步骤。

① 学生分组。

② 分组进行前期调研，收集和整理相关资料：

a．调查、收集和整理涉及企业绩效管理的各种内外部信息；

b．了解该企业的绩效管理文化——为制订绩效管理方案做准备；

c．选取同行业的一些标杆企业进行调研，了解其在绩效管理方面的成熟做法，为公司的相关决策提供参考。

课题七 薪酬管理

知识目标	技能目标	建议学时
➤ 了解岗位评价的含义，掌握岗位评价的常用方法 ➤ 了解薪酬调查的含义，掌握薪酬调查的主要内容 ➤ 掌握薪酬结构设计的方法 ➤ 了解公司及员工薪酬结构调整的含义，掌握薪酬体系调整的方法	➤ 能进行企业岗位的评价 ➤ 能运用各种方法进行薪酬的调查和分析 ➤ 能利用各种方法进行企业薪酬结构的设计 ➤ 能根据企业实际情况调整薪酬体系	6 学时

第一部分 案例与分析

案例 1：朗讯的薪酬管理

以贝尔实验室为依托的朗讯公司是国际知名的通信技术公司，一直注重发展宽带和移动因特网基础设施，以及通信软件、半导体和光电子设备等。富有特色的薪酬体系是朗讯成功的重要基石。

朗讯的薪酬结构由两部分构成，如图 7-1 所示。

保障性薪酬主要和员工的岗位相关联；业绩薪酬则和员工的工作成效紧密挂钩，也是朗讯薪酬的主体。

图 7-1 朗讯薪酬结构

在朗讯，薪酬管理最有特色的一点是，所有员工的薪酬都与朗讯全球的业绩有关。朗讯为此设立了一个专项奖——LU、CENTAWARD，也称全球业绩奖。朗讯销售人员的待遇中有一部分专门属于销售业绩的奖金，业务部门根据个人的销售业绩，每一季度发放一次。

薪酬结构中浮动工资部分要根据岗位来确定。浮动部分的考核要与硬指标联系在一起。朗讯的加薪政策是透明的。每年的 12 月 1 日是加薪日，公司加薪的总体方案出台后，人力总监会和各地负责薪酬管理的经理进行交流，告诉员工当年薪酬的总体情况，市场调查的结果是什么，今年的变化是什么，加薪的时间进度是什么。

朗讯的这种薪酬政策有两大考虑，一是保持公司薪酬在市场上的竞争力；二是考虑到人力成本。综合这些考虑之后，人力资源部会根据市场情况给公司提出一个薪酬的原则性建议，指导所有的劳资工作。人力资源部将各种调查汇总后会告诉业务部门总体的市场情况，在这种情况下，每个部门有一个预算，主管在预算允许的情况下对员工的待遇做出调整决定。

问题：请简要分析朗讯的薪酬制度。

（资料来源：据上海贝尔公司网站资料改编，http://www.alcatel-sbell.com.cn）

案例分析

从上述案例可知，朗讯公司的薪酬制度设计体现在以下两个方面。

（1）公司的薪酬制度设计是合理的。在设计薪酬制度时，公司不仅考虑自身情况，而且考虑了市场竞争力和人力成本因素。

（2）公司的加薪政策是透明的。加薪前，人力资源总监通报当年薪酬总体情况，市场调查的结果及加薪的时间进度。主管根据公司加薪方案，与员工进行有效沟通。

案例2：某集团公司薪酬管理存在的问题

吴旭通过一番努力，被某集团公司录用。吴旭知道这个工作来之不易，其销售才能也能得到充分发挥，因此工作得十分努力，每天都拜访好几家新客户，甚至在每天回家以后都花大量时间在报纸上收集客户信息。

一个月过去了，吴旭的工作状态越来越差，做事越来越打不起精神，在公司工作了近两个月之后，吴旭向公司提出了辞职申请。吴旭是本次招聘的新员工中的佼佼者，在公司的表现也很突出，为什么刚刚开始上手就要提出辞职呢？人力资源部经理决定要搞清楚是什么原因。

原来，吴旭在进公司之前了解到，在公司，不论是新业务员，还是老业务员，底薪和提成都一视同仁，提成均按销售额的5%，相比其他几家应聘的公司，公司的薪酬制度还是比较有竞争优势并且比较公平的。吴旭的销售能力出类拔萃，也归功于公司的品牌颇有影响，因此，吴旭相信自己能够干得很开心，获得高报酬。但很快，吴旭发现，尽管自己每天不停地打电话、跑客户，自己的销售业绩却跟不上来。第一个月工资发下来，老员工比吴旭多出十几倍。

吴旭发现，原来公司的两部客户咨询电话都放在两位老员工的办公桌上，每当有客户咨询电话，都被两位老员工据为己有。吴旭认为，客户资源是公司的，现在都被两位老员工据为己有，十分不合理。

公司也知道这样做不公平，也打算改变现状，留住新员工，但又怕两位老员工跳槽，影响公司业绩。对此公司也很头疼。但是，这种状况不改变，公司就不可能留住新人。

请问：公司的薪酬管理主要存在哪些问题？

案例分析

从上述案例可知，公司的销售人员在薪酬管理上主要存在如下问题。

（1）缺乏有效的人才培养机制。销售人员不分等级和层次，新员工没有试用期和培养期，不利于新员工的成长。

（2）缺乏优秀员工的晋升通道。优秀员工由于得不到晋升，新老员工同台竞争，势必挫伤新员工的积极性。

（3）缺乏高效的团队合作氛围。工资收入与员工销售业绩直接挂钩，不利于销售团队的培养和公司的稳定发展。

第二部分　课题学习引导

7.1　薪酬管理概述

薪酬管理是现代人力资源管理的重要内容之一。良好的薪酬制度可以帮助企业更有效地吸引、保留和激励员工，从而起到增强企业竞争优势的作用；同时，薪酬又是一个非常敏感的话题，它与组织员工的利益密切相关。在现代市场经济中，薪酬管理已成为世界各国企业人力资源管理的重要环节。如何建立有效的薪酬管理制度，已经成为当前留住优秀人才，促进企业发展的重要法宝。

7.1.1　薪酬管理的内涵

1．薪酬的含义及构成

薪酬的本意是补偿、平衡的意思，反映了一个组织对员工付出的知识、技能、努力和时间的补偿。国际劳工组织《1949年保护工资条约》中将工资定义为："工资"一词系指不论名目或计算方式如何，由雇主为受雇者已完成和将要完成的工作及已提供或将要提供的服务，凭书面或口头雇佣合同支付的薪金和收入，所支付的薪金和收入以货币结算并由协议或国家法律或条款予以确定。这里的"工资"系狭义的"工资"概念，主要是指基本工资或标准工资。现实中，广义的"工资"就是我们所指的"薪酬"。

关于薪酬的概念，各国的专家有不同的解释。美国薪酬管理专家乔奇认为：薪酬是指员工从企业得到金钱和各种形式的服务和福利，它作为企业给员工的劳动回报的一部分，是劳动者应得的劳动报酬。随着管理的发展，对薪酬内涵的理解也不断加深。目前，普遍的观点认为，薪酬既包括以货币、实物支付的物质回报，也包括晋升、荣誉称号等精神回报。按照这种理解，广义的薪酬既包括货币化的薪酬，又包括非货币化的薪酬。货币化的薪酬又可分为直接货币收入的薪酬和间接货币收入的薪酬（如表7-1所示），非货币化的薪酬主要指员工对工作本身或对工作在心理与物质环境上的满足感。

表7-1　　　　　　　　　薪酬的构成

薪酬构成	货币化的报酬	直接货币收入	基本工资、奖金、股票期权、补贴等
		间接货币收入	各种福利，包括医疗保险、养老保险、工伤保险、失业保险、生育及子女医疗保险和住房公积金等
	非货币化的报酬		与职务相关的一些特殊待遇，如私人助理秘书、动听的职位头衔、偏爱的办公室装潢、特定停车位、宽裕的午餐时间等

2．薪酬管理及特性

所谓薪酬管理，是指企业根据员工所提供的服务来确定员工应当得到的报酬总额以及报酬结构和报酬形式的一个过程。在这个过程中，企业就薪酬水平、薪酬体系、薪酬结构、薪酬构成以及特殊员工群体的薪酬做出决策。好的薪酬管理，能起到激励员工的作用，同时能合理控制人工成本。薪酬管理比起人力资源管理中的其他工作而言，有一定的特殊性，具体表现在3个方面。

（1）敏感性。薪酬管理是人力资源管理中最敏感的部分，与企业每一位员工的切身利益紧密相关。特别是在人们的生存质量还不是很高的情况下，薪酬是员工生活水平高低的直接影响因素。另外，薪酬是员工在企业工作能力和水平的直接体现，员工往往通过薪酬水平来衡量自己在企业中的地位。所以薪酬问题对每一位员工都会很敏感。

（2）特权性。薪酬管理是员工参与最少的人力资源管理项目，它几乎是企业老板的一个特权。企业管理者认为员工参与薪酬管理会使企业管理增加矛盾，并影响投资者的利益，所以，员工对于公司薪酬管理的过程几乎一无所知。

（3）特殊性。由于敏感性和特权性，所以每个公司的薪酬管理差别会很大。另外，由于薪酬管理本身就有很多不同的管理类型，如岗位工资型，技能工资型，资历工资型，绩效工资型，等等，所以，不同公司的薪酬管理几乎没有参考性。

7.1.2 薪酬制度的类型

1. 岗位工资制

岗位等级工资制，简称岗位工资制，它是等级工资制的一种形式，是根据工作职务或岗位对任职人员在知识、技能和体力等方面的要求及劳动环境因素来确定员工的工作报酬。它是按照员工在生产中的工作岗位确定工资等级和工资标准的一种工资制度，是劳动组织与工资组织密切结合的一种工资制度。岗位工资制有两种形式，一种是一岗一薪制，另一种是一岗数薪制。

2. 能力/技能工资制

能力工资制，也叫技能工资制，是以员工自身综合能力为主要指标反映劳动质量差别、确定职工的工资等级和标准的工资制度。能力工资制就是要找出胜任某一岗位所必需的能力要素，依据这些要素来支付员工的报酬。要找出某一岗位所必需的能力要素，就必须将从事同一岗位的员工进行优、良、中、差等的分类，从中找出成功员工所具备的特点和要素，依据成功员工的特点和要素评价该岗位所有员工，并支付其相应的工资。

3. 绩效工资制

绩效工资制度的前身是计件工资，但它不是简单意义上的工资与产品数量挂钩的工资形式，而是建立在科学的工资标准和管理程序基础上的工资体系。绩效工资的计量基础是员工个人的工作业绩，因此，业绩评价是绩效工资的核心。工作业绩评价手段可以分为正式体系和非正式体系，非正式体系主要是依靠管理人员对员工工作的个人的主观判断；正式体系建立在完整的评价系统之上，强调评价的客观性。企业支付给员工的业绩工资虽然也包括基本工资、奖金和福利等几项主要内容，但各自之间不是独立的，而是有机地结合在一起。

4．市场工资制

市场工资制是根据市场价格确定企业薪酬水平，根据地区及行业人才市场的薪酬调查结果，来确定岗位的具体薪酬水平。至于采取高于、等于或是低于市场水平，要考虑企业的赢利状况及人力资源策略。市场工资制着眼于组织在劳动力市场上的吸引力和竞争力，强调的是按市场上各类人员的价格来表示本组织内各岗位相对价值的大小。

5．年功序列工资制

年功序列工资制是日本企业的传统工资制度，是一种简单而传统的工资制度，其主要内涵是：员工的基本工资随员工本人的年龄和企业工龄的增长而每年增加，而且增加工资有一定的序列，按各企业自行规定的年功工资表次序增加，故称年功序列工资制。实行年功序列工资制的企业按员工入厂的年限对员工分层，入厂在 2 年内的叫新人层，3～5 年的叫一般层，6～9 年的叫中坚层，10～14 年的叫核心层，15 年以上的叫监督层。

5 种基本薪酬模式的比较如表 7-2 所示。

表 7-2　　　　　　　　　　5 种基本薪酬模式的比较

工资类型	付酬因素	特　点	优　点	缺　点
岗位工资制	岗位的价值	对岗不对人，岗变薪变	同岗同酬	灵活性差，鼓励官本位思想
能力/技能工资制	员工所拥有的知识、技能	因人而异，技能/能力提高工资提高	鼓励员工发展广度、深度技能，有利于培养人才	技能评定复杂，能力界定困难
绩效工资制	员工的劳动贡献	与绩效直接挂钩，工资随绩效浮动	激励效果明显，节约人工成本	助长员工短期行为，团队意识差
市场工资制	劳动力供求关系	根据市场、竞争对手定工资	竞争性强，操作简单	缺乏内部公平
年功序列工资制	员工的年龄、工龄和经验	工龄与工资同步增长	稳定性好，员工忠诚度高	缺乏弹性，缺乏激励

7.1.3　薪酬的功能

薪酬是当前调动员工积极性的最基本的措施。薪酬具有分配、保健、激励和凝聚的功能。

1．分配功能

薪酬承担着分配功能，是企业和员工之间的第一次分配，在保证企业利润合理积累的基础上，让员工得到了合理的劳动回报。通过岗位的划分、层级划分、岗位价值评价和绩效评价，让承担不同工作的人、不同工作绩效的人得到不同的薪资回报。在我国，目前的做法是：初次分配重效率、再次分配重公平。

2．保健功能

在市场经济条件下，薪酬收入是绝大多数劳动者的主要收入来源。保健功能是指员工所获得的薪酬收入除了必须满足其本次生存需要的花费之外，还要能提供保障员工为下一次的劳动所花费的"维护"成本的支出。薪酬的保健功能主要体现在：一是满足员工的物质需求，二是满足员工的安全保障需求，三是满足员工的精神和个人地位的需求。

3．激励功能

激励功能是薪酬管理的核心功能，是薪酬管理的最主要目标。一般来说，激励功能有两个层次，即初级激励使人愿意更进一步去工作，把任务完成并做得更好；再次激励具有更加广泛的导向功能，让得到酬劳的人能按企业所希望的方向发展。

4．凝聚功能

企业通过制订公平合理的报酬可以调动员工的积极性和激发员工的创造力，使员工体会到自身的被关心和自我价值的被认可，增加对企业的情感依恋，自觉地与企业同甘共苦，为自身的发展与企业目标的实现而努力工作。

7.1.4 薪酬管理的内容

薪酬管理包括以下4个方面的内容：

1．确定薪酬管理目标

薪酬应该怎样支持企业的战略，又该如何满足员工的需要。根据企业的人力资源战略规划，薪酬管理目标包括3个方面的内容，即建立稳定的员工队伍，吸引高素质的人才；激发员工的工作热情，创造高绩效；努力实现组织目标和员工个人发展目标的协调。

2．选择薪酬政策

薪酬政策，就是企业管理者对企业薪酬管理运行的目标、任务和手段的选择与组合，是企业在员工薪酬上所采取的方针策略。薪酬政策具体包括3个方面：一是企业薪酬成本投入政策；二是根据企业的自身情况选择企业合理的工资制度；三是确定企业的工资结构以及工资水平。

3．制订薪酬计划

薪酬计划，就是企业预计要实施的员工薪酬支付水平、支付结构及薪酬管理重点等内容，是企业薪酬政策的具体化。

4．调整薪酬结构

薪酬结构，就是企业员工之间的各种薪酬比例及其构成。薪酬结构包括企业工资成本在不同员工之间的分配，职务和岗位工资率的确定，员工基本、辅助和浮动工资的比例以及基本工资及奖励工资的调整等。正确划分合理的薪级和薪等，确定合理的级差和等差，对薪酬管理具有重要意义。

7.1.5 战略性薪酬管理

战略性薪酬管理是现代人力资源开发管理体系的重要组成部分，它的核心是作出一系列的战略性薪酬决策，包括薪酬管理的目标是什么？如何达成薪酬的内部一致性？如何达成外部竞争性？如何认可员工的贡献？如何管理薪酬系统？如何提高薪酬成本的有效性，等等。

在当今激烈竞争的情况下，企业需要从战略的层面来看待薪酬以及薪酬管理。战略性薪酬管理是以企业发展战略为依据，根据企业某一阶段的内部、外部总体情况，正确选择薪酬策略、系统设计薪酬体系并实施动态管理，使之促进企业战略目标实现的活动。实施战略性薪酬管理是应对企业外部环境变化的需要，也是适应深化企业改革和加强科学管理的需要。从企业战略层面研究并实施薪酬管理，有利于正确把握建立健全人力资源开发管理体系的方向，充实体系的内容，提升体系的效能。与此同时，人力资源开发管理体系的健全，也有利于薪酬管理制度的改进与完善，更好地发挥薪酬管理的作用。

7.2 岗位评价

案例：D公司的岗位评价

D公司共有80多个岗位，有管理类、技术类、营销类3种岗位类别。D公司在进行了岗位分析，获取岗位信息以后，就着手进行岗位评价，以确定岗位的相对价值。

为合理地确定岗位相对价值，D公司成立了以人力资源部经理为首的岗位评价小组，并邀请了外部专家参与岗位评价过程。在外部专家的建议下，D公司采用了国际通行的岗位评价工具。

岗位评价小组从中选择了约30个岗位作为标杆。为保证岗位分析的公平性，D公司采取了三方评价的方式：上级评价占40%、专家评价占30%、员工个人评价占30%，岗位评价方案下发后，立刻在员工中引起了较大的反应。

岗位评价方案一经出台，立刻在员工中引起轩然大波，员工纷纷将自己岗位的结果与其他岗位进行对比，然后通过正式或非正式渠道向公司反映。岗位评价小组经过仔细审查，发现确实有很多岗位横向对比有很大的出入，在岗位评价的各维度上，各岗位也缺乏可比性，甚至出现在"沟通"维度上，人力资源部文员的得分比营销部主管还要高，这些显失公平的地方，成为本次岗位评价最为薄弱的被攻击环节，直接导致了岗位评价的最终失败。

7.2.1 岗位评价的含义概述

岗位评价是一种系统地测定每一岗位在其组织内部价值结构中所占位置的技术。它以岗位职责和任务在整个工作中的相对重要程度的评价结果为标准，以某具体岗位在正常情况下对任职者的要求进行的系统分析和对照为依据，而不考虑员工的工作能力或在工作中的表现。

岗位等级是根据岗位说明书所明确的每个岗位基本目的、应负职责、所需条件等内容，使用岗位评价方法评价出每个岗位在企业内部组织结构中的相对位置。

7.2.2 岗位评价的特点

1．以生产岗位为评价对象

岗位评价的中心是"事"不是"人"。岗位评价虽然也会涉及员工，但它是以岗位为评价对象，即以岗位所担负的工作任务为对象进行客观评比和估计。岗位的稳定性较强，能与企业的专业分工、劳动组织和劳动定员定额相统一，能促进企业合理地制订劳动定员和劳动定额，从而改善企业管理。由于岗位的工作是由员工具体承担的，虽然岗位评价是以"事"为中心，但它在研究中，又离不开对员工的总体考察和分析。

2．对企业各类具体劳动的抽象化、定量化过程

在岗位评价过程中，根据事先规定的比较系统地全面反映岗位现象本质的岗位评价指标

153

体系,对岗位的主要影响因素逐一进行测定、评比和估价,由此得出各个岗位的量值。这样,各个岗位之间也就有了对比的基础,最后按评定结果,对岗位划分出不同的等级。

3．岗位评价需要运用多种技术和方法

岗位评价是一项技术性强、涉及面广、工作量大的活动。也就是说,这项活动不仅需要大量的人力、物力和财力,而且还要触及许多专业技术知识,牵涉很多的部门和单位。岗位评价需要运用劳动组织、劳动心理、劳动卫生、环境监测、数理统计知识和计算机技术,才能对多个评价因素进行准确的评定或测定,最终做出科学评价。

7.2.3 岗位评价的常用方法

1．排序法

排序法是比较传统的一种岗位评价方法,它首先需要列出企业内的所有岗位,然后按照类似高矮个站队排序的方式,对这些岗位做重要性比较,最后排列出各岗位的相对位置。这种方法的好处是操作简单,容易实行,耗用的时间和资源较少。由于这种方法是根据岗位的"总体情况"而不是根据一系列细分的评价因素而排序的,所以岗位说明书在排序法中并不像在其他方法中那样不可或缺。

但这种方法的弊端也很明显,就是过于主观,不精确,缺少说服力,并且,它只能得出岗位高低顺序,却难以判断两个相邻岗位之间实际差距的大小。通常,这种方法适用于规模较小的公司。

2．因素评分法

目前应用最为广泛、最精确、最复杂的岗位评价方法是因素评分法,又称要素计点法、点值法等。因素评分法采用的是对评价因素进行量化打分的办法,有多种变形。

3．分类法

分类法,又称数据分层法、分组法,是指在同一条件下收集的数据归纳在一起,以便进行比较分析。分类法的应用,主要是一种系统概念,即在于要想把相当复杂的资料进行处理,就得懂得如何把这些资料加以有系统有目的进行分门别类的归纳及统计。

4．岗位评分法

岗位评分法是目前最常用的岗位评价法,被大多数国家所采用,是指对职位的各要素打分,用分数评估职位相对价值,并据以定出工资等级的一种技术方法。这种方法预先选定若干因素,并采用一定分值表示某一因素。然后按事先规定的衡量标准,对现有岗位的每个因素逐一评比、估价、求得分值,经过加权求和,最后得到各个岗位的总分值。

在实际实施中,大多数评分法方案都是先设定参照系,再根据具体情况加以调整来制订的。

7.2.4 岗位评价程序

1．评价时机选择

在没有岗位价值体系的组织中,当组织处于构建以岗位为基础的薪酬体系和建立员工发展通道体系两种状态时,最适宜进行岗位评价工作。在已经建立岗位价值体系的组织中,当组织处于组织机构变化、组织岗位增加和组织岗位职能变动3种状态时,需要再次进行岗位评价工作。

2．评价准备工作

（1）成立评价委员会，用以决策评价过程中的重大问题。

委员会成员组成及工作职责说明如表7-3所示。

表7-3　　　　　　　　　　委员会成员组成及工作职责说明

序号	岗位职责	委员会成员	典型岗位		备　注
			工作阶段	工作职责	
1	委员会主席	副总、人力资源部经理	评价准备	评价工作的组织	
			评价现场	评价过程的监督、协调	
2	评价委员	各部门经理	评价现场	本部门岗位等级的评价	
3	评价监督员	各部门经理	评价现场	评价过程的监督和岗位等级调整建议的提出	各部门经理互为评价员和评价监督员
4	信息提供人	岗位任职者	评价过程	提供岗位说明书和岗位工作信息	出现岗位工作内容不清晰时提供信息

（2）明确待评价岗位，了解岗位工作信息。通过工作分析工作，明确组织结构设置、部门岗位设置和岗位工作信息，包括岗位职责、产出、工作联系、任职要求等内容。

（3）掌握评价的原则。岗位评价的是现在的岗位对企业的相对价值，因此，评价过程中不要考虑现有的薪酬等级。

（4）设施准备及文件资料准备。主要包括管理人员评价因素表、操作工人评价因素表、评价结果记录表、管理人员岗位说明书、操作工人作业说明书等。

（5）理解并熟悉评价工具。理解并熟悉"职能人员岗位评价因素表"中各个因素的内容，包括因素的详细解释和对各个水平的描述。

3．评价操作过程

（1）明确待评价岗位。可依据组织结构设置和部门岗位设置确定评价岗位，例如，需评价岗位少于150个，可以选择全部岗位进行评价；需评价岗位等于或多于150个，可以选择标杆岗位（各部门典型岗位）进行评价，其他岗位采取插值法处理。

（2）评价培训。对企业中层及以上人员参加岗位评价的定义、岗位评价的意义和目的、岗位评价工具介绍、岗位评价操作方法、岗位评价结果及应用等培训。

（3）评价现场操作。企业中层及以上人员参加。在进行评价之前，要熟悉待评价岗位的工作职责、任务等基础信息；评价开始后，要按照因素的顺序，对各因素进行评价。

（4）评价结果信息收集与汇总。收集各部门岗位评价结果分值，汇总并按分值大小排序。如果岗位数量较少，将会出现比较明显的等级趋势。如果岗位数量较多，一般来说，在150～400个岗位，划分等级约在10个左右；岗位数量大于500而小于800，划分等级约在16个以内；岗位数量大于800，则不适合采用本岗位评价工具。每等级内最好保证岗位数量在50个以下。

（5）评价结果确认及调整。评价结果由公司决策层进行最终确认，如发生对评价结果质疑的情况，则由公司决策层与评价委员会共同进行调整。

7.3 薪酬调查

案例：2008年度广东薪酬调查报告

根据《2008 年度广东地区企业薪酬调查报告》资料，2008 年度行业薪酬指数居第一位的是能源电力行业，其次是医疗设备、化学化工、通信，而农林牧渔业平均薪酬在行业薪酬指数中排末位。主要表现在以下几个方面。

（1）地产业薪酬明显下降。

以行业划分比对薪资收入显示，平均薪酬与 2007 年相比，能源、电力行业大幅上升，其中与世界油价攀升、我国经济快速发展、能源紧张等原因有关；而在全球金融危机、世界经济发展放缓，2008 年上半年连续几次加息等因素影响下，通信、贸易、原材料及加工、金融、保险、证券、房地产行业平均薪酬较去年明显下降。

（2）深圳月薪超广州。

调查结果还显示，广州、深圳、佛山以及东莞已成为广东最大增长经济的增长点。在四大城市中，深圳平均月薪最高，其次是广州，珠海有了较大涨幅，排列第三，汕头、惠州最低。排名前三的城市平均月薪在 2500～3000 元，彼此相差不大。

（3）博士生期望薪酬超 6000 元。

男性平均薪酬期望比女性多些，已婚者比未婚者期望高一倍；学历对薪酬期望影响很大，高中、中专和大专平均薪酬期望在 2200 元上下浮动，且差别不大，而本科生、硕士生、博士生均在 3000 元以上，博士生高达 6169 元。

在 38 个职位类别中，经营类、管理类、建筑类、房地产类、能源水利类、地矿冶金类职位薪酬期望最高，最低的是技工类、交通运输类和百货、连锁、零售服务类，期望薪酬在 2000 元左右。由于工作年限不同，薪酬期望差异性较大，3 年、5 年和 10 年是 3 个薪酬期望临界点，10 年以上工作经验对薪酬期望的影响不大。

（4）人才市场招聘减了两成。

因金融危机、新劳动合同法等因素作用，珠三角企业人力需求萎缩，导致广州人力资源市场招聘总数下降两成。南方人才市场负责人盛南方透露，经济危机直接影响企业，最明显的是减少岗位，直接影响人力资源市场。

（资料来源：根据《2008 年度广东地区企业薪酬调查报告》资料改编）

7.3.1 薪酬调查的含义

薪酬调查，就是通过一系列标准、规范和专业的方法，对市场上各岗位进行分类、汇总和统计分析，形成能够客观反映市场薪酬现状的调查报告，为企业提供薪酬设计方面的决策依据及参考。薪酬调查是薪酬设计中的重要组成部分，重点解决的是薪酬的对外竞争力和对内公平性问题，薪酬调查报告能够帮助企业达到个性化和有针对性地设计薪酬的目的。

薪酬调查就如同行军打仗要搞好情报工作一样，在激烈的市场竞争中，企业要想保证吸引优秀的员工，企业工资水平就必须和当地的流行工资额相近，只有做到知己知彼，才能百战百胜，而若要发挥工资的激励作用，首先要搞好薪酬调查工作。

7.3.2 薪酬调查的主要内容

薪酬调查主要有以下几个内容。

（1）了解企业所在同行业的工资水平，是薪酬调查的一项重要内容。

（2）了解本地区的工资水平，不同地区因为生活费用水平、生产发展水平不同，工资水平可能差别较大。

（3）调查工资结构。

7.3.3 薪酬调查的实操原则

薪酬调查就是通过各种正常的手段，来获取相关企业各职务的薪酬水平及相关信息。对薪酬调查的结果进行统计和分析，成为企业的薪酬管理决策的有效依据。在进行薪酬调查时，应把握以下实操原则。

1．在被调查企业自愿的情况下获取薪酬数据

由于薪酬管理政策及薪酬数据在许多企业属于企业的商业秘密，不愿意让其他企业了解。所以在进行薪酬调查时，要由企业人力资源部门与对方人力资源部门，或企业总经理与对方总经理直接进行联系，本着双方互相交流的精神，协商调查事宜。

2．调查的资料要准确

由于很多企业对本企业的薪酬情况都守口如瓶，所以，有些薪酬信息很可能是道听途说得来的。这些信息往往不全面，有些甚至是错误的，准确性较差。另外，在取得某岗位的薪酬水平的同时，要比较一下该岗位的岗位职责是否与本企业的岗位职责完全相同。不要因为岗位名称相同就误以为工作内容和工作能力要求也一定相同。

3．调查的资料要随时更新

随着市场经济的发展和人力资源市场的完善，人力资源的市场变动会越来越频繁。企业的薪酬水平也会随企业的效益和市场中人力资源的供需状况有所变化，所以薪酬调查的资料要随时注意更新，如果一直沿用以前的调查数据，很可能会做出错误的判断。

7.3.4 薪酬调查的实施步骤

实施薪酬调查一般来讲应该分为4个步骤，分别是确定调查目的、确定调查范围、选择调查方式、整理和分析调查数据。

1．确定调查目的

人力资源部门应该首先弄清楚调查的目的和调查结果的用途，再开始制订调查计划。一般而言，调查的结果可以为以下工作提供参考和依据：整体薪酬水平的调整，薪酬结果的调

整，薪酬晋升政策的调整，某具体岗位薪酬水平的调整等。

2．确定调查范围

根据调查的目的，可以确定调查的范围。调查的范围主要确定以下问题：需要对哪些企业进行调查？需要对哪些岗位进行调查？需要调查该岗位的哪些内容？调查的起止时间和控制方式是什么？

3．选择调查方式

确定了调查的目的和调查范围，就可以选择调查的方式。

一般来讲，首先可以考虑企业之间的相互调查。企业的人力资源部门可以与相关企业的人力资源部门进行联系，或者通过行业协会等机构进行联系，促成薪酬调查的展开。若无法获得相关企业的支持，可以考虑委托专业机构进行调查。

具体的调查形式普遍采用的是问卷法和座谈法（也称面谈法）。如果采取问卷法，要提前准备好调查表（如图 7-2 所示）；如果采取座谈法，要提前拟好问题提纲。

4．整理和分析调查数据

在进行完调查之后，要对收集到的数据进行整理和分析。在整理中要注意将不同岗位和不同调查内容的信息进行分类，并且在整理的过程中要注意识别是否有错误的信息。最后，根据调查的目的，有针对性地对数据进行分析，形成最终的调查结果。应注意选取该地区中同行业、类似的企业和性质，特别是生产技术与设备接近的才有可比性。

企业市场薪资调查表

被调查企业名称：＿＿＿＿＿＿＿＿＿　行业：＿＿＿＿＿＿＿＿＿＿＿＿＿＿

地址：＿＿＿＿＿＿＿＿＿＿＿＿＿　表格完成日期：＿＿＿＿＿＿＿＿＿＿

营业内容：＿＿＿＿＿＿＿＿＿＿＿　题目：＿＿＿＿＿＿＿＿＿＿＿＿＿

填表人职称：＿＿＿＿＿＿＿＿＿＿

1. 简述被调查单位的主要产品或服务。

＿＿＿＿＿＿＿＿＿＿＿＿＿＿＿＿＿＿＿＿＿＿＿＿＿＿＿＿＿＿＿＿＿＿＿

＿＿＿＿＿＿＿＿＿＿＿＿＿＿＿＿＿＿＿＿＿＿＿＿＿＿＿＿＿＿＿＿＿＿＿

2. 就业：＿＿＿＿＿＿＿＿＿＿＿＿＿＿＿＿＿＿＿＿＿＿＿＿＿＿＿＿＿＿

员工总数：＿＿＿＿＿＿＿＿＿＿＿＿＿＿＿＿＿＿＿＿＿＿＿＿＿＿＿＿＿

小时工：＿＿＿＿＿＿＿＿＿＿＿＿＿＿＿＿＿＿＿＿＿＿＿＿＿＿＿＿＿＿

纳税薪资收入者：＿＿＿＿＿＿＿＿＿＿＿＿＿＿＿＿＿＿＿＿＿＿＿＿＿

免税薪资收入者：＿＿＿＿＿＿＿＿＿＿＿＿＿＿＿＿＿＿＿＿＿＿＿＿＿

3. 一般性薪资增长和结构调整。

（1）在过去的一年中，企业是否给下列员工增加了薪资？

小时工：＿＿＿＿＿否＿＿＿＿＿有，数额或%＿＿＿＿＿日期＿＿＿＿＿

纳税收入者：＿＿＿＿＿否＿＿＿＿有，数额或%＿＿＿＿日期＿＿＿＿

免税收入者：＿＿＿＿＿否＿＿＿＿有，数额或%＿＿＿＿日期＿＿＿＿

（2）在同一时期，企业是否进行了人员结构的调整？

图 7-2　企业市场薪资调查表举例

小时工：_____否_____有，数额或%_____日期_____

纳税收入者：_____否_____有，数额或%_____日期_____

免税收入者：_____否_____有，数额或%_____日期_____

4. 绩效增长。

（1）在一段时间内，企业有无用于薪资增长的价值增长预算？

小时工：_____否_____有，数额或%_____日期_____

纳税收入者：_____否_____有，数额或%_____日期_____

免税收入者：_____否_____有，数额或%_____日期_____

（2）如果没有，上一时期的薪水增长大约是多少？

小时工：数额：_____

纳税收入者：数额：_____

免税收入者：数额：_____

（3）如果有，大约是多少？

用于绩效　　　　　　用于提升　　　　　　总计

小时工：_____%，_____%，_____%

纳税收入者：_____%，_____%，_____%

免税收入者：_____%，_____%，_____%

（4）当前的预算年是：

从_____到_____时期

5. 是否在工会组织？_____是_____否

如果在，请列出名称：_____

6. 生活费用。

给予生活补贴吗？_____给_____不给

如果给，当前的数额和范围？_____

7. 贵企业是采取成批自动薪资升级的方式吗？_____不是_____是

如果是，批数_____频率_____数额_____

8. 贵公司是否采取逐年加薪制度，或者在一个固定的日期内给员工加薪？

逐年加薪日期　定期加薪日期　不定期日期

小时工：_____ _____ _____

纳税收入者：_____ _____ _____

免税收入者：_____ _____ _____

9. 薪资增长频率。

　　　　　　次数　　　　　　每年　　　　　　其他

小时工：_____%，_____%，_____%

纳税收入者：_____%，_____%，_____%

免税收入者：_____%，_____%，_____%

10. 有无别的资料来帮助我们了解贵企业的薪资数据？

图 7-2　企业市场薪资调查表举例（续）

7.4　薪酬结构设计

案例：钻石人才管理模型的薪酬结构设计

在企业，人才根据其重要性，可分为钻石式人才和石墨式人才两类。

某咨询公司总结多年咨询经验，总结出"钻石人才管理模型"，从薪酬管理、绩效管理、培训和发展、合同管理等多个角度探索有效的企业人才管理模式，让企业中的钻石式人才充分发挥潜力，让石墨式人才迅速转变成钻石式人才。

钻石型薪酬结构由基本工资（A）、月绩效工资（B）、年中奖金（C）、年末奖金（D）、股权（E）、红利（F）组成。其中：

基本工资（A）：是岗位工资和工龄工资之和。这部分工资稳定，每月足额发放。

月绩效工资（B）：建立在月绩效考核的基础上。月绩效工资数额不稳定，根据员工当月绩效确定员工的月绩效工资。

年中奖金（C）：每个岗位等级都有规定的年中奖金标准。年中奖金标准根据按岗位等级从低到高逐级增加。奖优既是对优秀人才所作贡献的回报，保持他们的工作热情，也是对其他员工的鞭策，在企业中形成让"石墨"转化成"钻石"的动力和氛围。

年末奖金（D）：是很多企业按照惯例都会发放的。企业根据年末各项业绩指标的完成情况决定年末奖金额。经过年度绩效考核，完成的业绩达到规定的发放年末奖金的标准时，发放年末奖金，每年数额不稳定。

股权（E）：针对中高层经理人和关键专业人才的长期激励方案。每年末，为业绩优秀的中高层经理和关键专业人才发放股权，一方面是让企业的钻石式人才与企业建立长期的利益和情感联盟；另一方面让其他员工感受到企业对人才的关注，看到自己在企业的发展前景，对全体员工都具有较好的激励作用。

红利（F）：是分配股权后基于企业收益带来的收入，不计入员工的薪酬总额。

（资料来源：根据国家人才在线提供资料改编，http://www.21rcw.com/show_information 27661.html）

案例分析

"钻石型薪酬结构"让薪酬发挥保健作用的同时，最大限度地挖掘了薪酬的激励作用，让员工的付出在薪酬上得到合理回报，同时鼓励员工注重个人成长，不断提升绩效，成为企业的"钻石"。当然，获得以上激励效果的重要前提是公平。没有公平合理的操作过程，无论多美的"钻石"也会被埋没。

7.4.1　薪酬结构设计的目的

科学、合理、公平、公正的薪酬制度与员工的工资收入与责任大小、工作业绩、工作表现、工作能力、总体贡献及公司的整体利益高度相关并成正比。薪酬体系主要有两个目的，一是确保企业合理控制成本；二是帮助企业有效激励员工。

7.4.2 薪酬结构设计的方法

1. 岗位（职位）等级设计

一般来说，利用因素评分法获得的企业内部岗位（职位）评估得分体现了职位的相对重要性；薪酬结构设计就是对建立起来的职位等级进行定价的过程；一个规范的企业薪酬结构设计要从两方面思考：其一是如何形成职位等级，其二就是如何确定薪酬结构。

在获得的企业内部职位（岗位）评估得分后，首先要实现"评估得分"（薪点数）与"职位等级"的对应转化，即获得企业的职位分布层级。

最简单的方法就是假设各职位等级的点数配置（点值差）是一致时，则可以按照平均点数进行切割：

$$W=[（最高点数-最低点数）-（G-1）]\div G$$

式中，W：每个等级中的点数配置；

G：期望的等级数目。

"最高点数"与"最低点数"是指岗位评估分数的最大值与最小值。

通常的做法是结合岗位评估的得分分布以及企业的实际情况来为各职位等级配置点数范围，且点数分配（点值差）常常是随等级的增加而变大，比如在深圳某科技公司公司项目中，34级的点值范围为 111～130，点数分配为 20 分；55级的点值范围为 891～940，点值分配为 50 分。

2. 薪酬结构设计方法

鉴于我们所做的薪酬设计项目中，多数采用了"工作评估"来对企业内部各岗位的相对价值进行评估，下面主要讲述"基准职位定价法"。

基准职位定价法。即利用基准职位的市场薪酬水平和基准职位的工作评价结果，根据企业薪酬政策，调整职位的薪酬水平，建立本企业的薪酬政策线，进而确定薪酬等级。

该设计方法较好地兼顾了薪酬的外部竞争与内部的公平性，适合于应用到比较规范和市场相关性强的企业。

3. 薪酬曲线（薪酬政策线）的设计

薪酬曲线是企业薪酬结构形态的集中表现，它由每个薪酬等级的中位值（每个职位等级的最大值与最小值的平均数）所构成的一条曲线。

当采取基准职位定价法时，薪酬曲线按以下办法绘制：将每个职位的内部等级或平分点属于该职位的市场薪酬水平画在同一坐标图上，根据企业内部薪酬政策（即跟随策略、滞后策略、领先策略）来调整企业各职位的薪酬水平，然后将各职位等级的中位值的中点连接起来形成薪酬曲线。

当采用设定工资调整法时，采用先设定最高与最低等级的中位值，然后以此为标杆，再设定其他职位等级中位值的办法，将中位点连接，可得到薪酬曲线。

上述各种方法常用的工具是 SPSS（统计分析软件）或 Excel。

7.4.3 薪酬结构设计步骤

薪酬结构设计存在两维定义，一个维度是纵向的等级关系确定，包括了薪酬等级数目、薪酬级差、等级区间的划分与薪酬区间设计等内容，另一个维度是横向的薪酬种类组合关系确定，即不同薪酬形式之间的比例关系设计。

1．薪酬等级数目的设计

在确定薪酬等级数目时，一般来说，岗位价值评估所获得的职位层级可以直接等于薪酬等级。但常需要考虑企业的规模、性质与组织结构（规模大、纵向等级结构明显的企业，薪酬等级相对较多）、职位系列内工作的复杂程度差别（当同一职位系列内工作的复杂程度差别较大时，薪酬等级数目相对较多）、薪酬级差（当薪酬总额一定时，薪酬等级与薪酬级差成反比，级差越大，薪酬等级数目越少）以及行业特征等因素，并对职位层级作相应调整来获得薪酬等级。

一般中小企业的薪酬等级多在 7～10 级，国内专业人力资源咨询公司，如太和顾问，则将薪酬等级划分为 20～25 级不等。

目前，企业的薪酬等级结构出现宽带化趋势，即薪酬等级数目减少，每个薪酬等级之间的薪酬幅度拉宽，同一薪酬等级内的薪酬差距拉大。

2．薪酬等级级差的设计

在设计等级级差前，一般先要确定最高与最低薪酬等级的中位值。

在设计最高与最低薪酬等级中位值时，除了需要参考职位评估的结果外，常需考虑以下几个方面，如最高与最低等级工作复杂程度的差别、当地政府规定的最低工资标准、市场上可比的薪酬水平、企业支付能力以及企业的发展阶段等。

表示薪酬等级级差的重要指标为级差百分比，其值等于两等级薪酬中位值差的额除下一级的薪酬中位值。

常用等级级差有等比级差、累进级差、不规则级差等，以下办法是获得等比级差的方法之一。

在确定了薪酬等级最高中位值与最低中位值后，就用以下公式来求得各职位等级的"薪酬系数"（薪酬系数是某一级薪酬等级中位值与最低薪酬等级中位值之间的倍数），进而确定各等级的级差：

$$\ln \beta_i = (i - n) \div \ln A$$

式中，β_i：对应于第 i 级职位的薪酬系数；

i：薪酬等级数（职位等级数），$i \geqslant n$；

n：最低的薪酬等级数；

A：薪酬常量；

当获得了某公司最高与最低薪酬等级的中位值后，代入上式，可以求出 A 值的大小。对该公司来讲，A 值是一个常量。

再利用上述公式，可求得各等级的中位值。将各等级中位值中点相连接，就获得了"薪酬曲线"，该曲线上各中位点的斜率等于 β_i。

通过上述公式计算的结果将是一条"J"形曲线，该种薪酬曲线的好处是更注重对高层人员的激励，更注重高层管理和决策行为的价值，且总薪资成本相对较低。

3．薪酬区间的设计

在确定了每个薪酬等级的中位值后，需要确定该等级变动范围的最高与最低值。

衡量薪酬区间变动的指标是薪酬变动比率，其值由下式计算得出：

薪酬变动比率 =（最高薪酬值 – 最低薪酬值）÷最低薪酬值×100%

一般来说，薪酬等级越高，薪酬变动比率就越大。因为较低的职位等级对企业的价值贡献较少，企业对其技能、经验要求相对较低，同时具备更多的发展空间；而高职位等级的晋升难度加大，需要通过较大的薪酬变动来认可该类职位等级员工的贡献。

对于处于较低的薪酬等级，其薪酬变动比率常在 20%～50%，而适合于高层管理者或专家的薪酬等级，其薪酬变动比率常在 50%～100%。

4．薪酬区间内部结构的设计

薪酬区间的内部结构一般分为两种类型，一种为开放的薪酬范围，其主要限定最低、中位及最高值，员工的薪酬水平可以处于等级范围中的任何位置。

另一种类型是除了最低、中位及最高值外，限定了一系列的"薪阶"，也常称为某一职等所对应的"薪级"、"薪档"等。例如，在深圳某科技公司项目中，设计薪阶为 7 档；在深圳某公司项目中，对应于不同的薪酬等级，内部薪级从 6 级到 11 级不等。

位于该薪酬等级的任职者处于内部哪个"薪阶"较为合适呢？这时就需要测评任职者的"岗位胜任度"。依据测评结果（相应的分数），将任职者归入相应的"薪阶"等级（至于岗位胜任度的评估因素设计，此处不再展开说明）。

5．薪酬区间重叠度的设计

在同一薪酬结构中，相邻薪酬等级间的薪酬区间一般存在交叉重叠现象，用"薪酬重叠度"来表示薪酬等级的重叠程度，计算公式如下：

薪酬重叠度 =（下一级高位薪酬 – 上一级低位薪酬）÷下一级薪酬幅度×100%

设计薪酬重叠度的假设前提是：在下一个薪酬等级上技能较强、绩效突出的员工对企业的贡献比在其上一个薪酬等级低位的员工（比如新晋级员工）对企业的贡献相对更大。

一些 HR 专家认为，重叠度一般不宜超过 50%。实际设计时，常在 30%左右，例如，深圳某项目薪酬重叠度在 20%～50%，而深圳某科技公司项目薪酬重叠度在 30%～40%。

6．薪酬组合模式的确定

薪酬组合是指基本薪酬、可变薪酬与福利薪酬之间的比例关系，也称为"工资结构"。

某公司的一个薪酬咨询项目中设计的薪酬激励体系包括固定收入、年度奖励和长期激励收入 3 个部分，即：

总收入 = 固定收入+变动收入 =（福利+工资）+（年度绩效奖励+长期激励）。

7.5 薪酬体系调整

案例：如何调整某公司薪酬体系

某销售公司成立于 2002 年，是其所属集团为了整合营销渠道而新设立的销售公司，80%的员工属于销售人员，他们来自其集团原有的 4 个分公司，因此基本上还拿着原来公司的工资。由于当初北方两家分公司效益比南方两家好很多，于是北方的销售人员一直拿着比业内平均水平高得多的薪水；而南方的销售人员则相反，到手的薪水比起同地区、同行业的销售人员足足要少30%左右。干着同样的活儿，别人拿的薪水却超出自己好大一截，谁会乐意？

其实，针对这些问题，公司也在想办法。2005年6月，该公司发布了新的薪酬体系方案，出台了"老人老办法，新人新办法"，公司指望通过逐步到位的薪酬调整，慢慢解决这个问题，实现薪酬调整的"软着陆"。

这次薪酬改革，主要是针对销售部和市场部。首先，公司将销售部和市场部的总体薪酬水平调高了10%左右。与此同时，销售人员的固定工资由原来的80%下调到了70%，市场部的也由原来的90%下调到了80%。对于这个变化，两个部门的人都很不服气。因为浮动工资的发放取决于销售指标的达成，而销售指标是年初就定下来的，定得相当高。到了年中，突然告诉他们固定工资比例下降、浮动工资比例上涨，当然没人乐意了。况且原来工资水平有落差的问题在这次方案中也没有得到解决，大家的怨气就更重了。

其次，公司在绩效考核体系设置了一些关键指标，并给各个指标设定了相应的权重。比如，对销售人员销售额中品类结构配比的考核权重由原来的5%提高到了10%。但是看起来，这个调整似乎还是提不起销售人员对于销售"新品"的兴趣，经过仔细核算公司的考核指标，他们自己设计了"抓大放小"的对策。这可苦了市场部推广新品的品牌经理，因为依据公司的考核体系，他们也需要对自己负责的新品销售额负责。于是，市场部人员对公司考核体系更是牢骚满腹。

除了销售部和市场部问题重重以外，这次薪酬调整没有涉及的职能部门也是怨声载道。由于该公司是一个销售主导型的公司，原本这些职能部门的员工就觉得低人一等。现在倒好，薪酬调整又没自己的份儿，失落是显而易见的。如今，财务部和人力资源部的很多员工都打起了"出走"的算盘。

面对如此多的问题，公司的总裁有点无所适从。到底是这次薪酬体系的调整有问题，还是执行过程中有什么偏差？要不要继续把新的薪酬体系推行下去呢？他到底应该怎么办？

我们从以下几个方面分析。

(1) 首先要了解政策出台的目的：薪酬改革首先重点是为了解决市场部和销售部的薪酬不均的问题。从销售部和市场部对于薪酬的反应来看，薪酬改革前期沟通和准备工作不到位！薪酬改革对部分人的利益会带来负面影响，是不可避免的。但是在制订薪酬改革方案时，要考虑到改革方案能够得到对象群体的50%以上人员或核心人员的理解和认可（如果沟通时预测到个别核心人员会因此离职，那么公司人力资源部门就要事先做好准备：培养或找人作后备）。只有这样才能保证解决问题，并且不会因此带来损害性的震动。

(2) 针对南北薪酬差距的问题所提出的解决方案本身是否有效？调高薪酬，同时增加浮动工资的比例，从人力资源专业方案的角度讲，是没有什么问题的，但问题就出在调整的时机或者说调整的配套方案的问题上，两个部门的人都很不认同。浮动工资的发放取决于销售指标的达成，而销售指标是年初就定下来的，定得相当高。是否可以考虑调整时间的更改（在年底总结和制订下年目标时实施）或者是进行销售指标（随市场情况变化）的调整。

(3) 新的考核体系没有引起销售人员对新产品的兴趣，同时还给市场部的新产品推广带来负面影响。作为人力资源是否应该考虑根源问题：考核和激励该怎样协调？如果公司近1~

2 年内的主要策略是推广新品，那么是否可以考虑高报酬直接奖励新品推广或者从结构上直接设立或安排人员做新品推广？如果公司近期目标是扩大原有产品的销量，则策略又不同。

（4）作为一个公司，每个部分的改革都应该考虑到整体的影响。俗话说"一着不慎，满盘皆输"就是此理，同时也是告诉每个部门或每个经理人，做事要顾全大局，有整体观念。薪酬是很敏感的话题，薪酬改革必定会带来影响，只是影响大小的问题，如果调动的幅度很大，我们就要顾及平衡的问题了。

（5）薪酬设计要考虑到内部的公平性和整体利益的平衡。从案例来看，薪酬调整只是调整的市场部和销售部，而对于财务和人力资源部等后勤服务支持部门却没有设计到，这样就会造成新的不公平。

（6）薪酬调整的总的原则是整体薪酬水平的提高，不能让员工有明升暗降的感觉。这次调整虽然总体薪酬水平提高了 10%，但提高了相应项目的权重，员工认为那 10% 是水中月镜中花，可望而不可即，认为公司实际上在明升暗降。

（7）对于考核项目以及权重的调整，事先需进行充分的沟通，听取被考核者的意见和反馈，因为考核的目的是调动被考核者的积极性，只有这样才能发挥出被考核者的积极性。

（8）薪酬调整要注意公司利润及支付能力的测算，在测算的支付能力之内，尽可能地从调动员工积极性的角度考虑，最终达到员工和公司的双赢，若公司单赢则会造成员工的离职，员工的单赢则不能保证公司的正常利润，最终使公司无以为继。只有双赢才能保证公司健康、持续、稳定发展。

企业薪酬体系运行一段时间以后，往往需要对其现有的薪酬体系进行调整，以适应企业的发展。一般来讲，企业薪酬体系调整包括薪酬体系本身的调整和相对应于员工薪酬的调整。

（资料来源：中国人力资源开发网，2006 年 12 月 21 日）

7.5.1 薪酬体系调整的依据

薪酬体系的调整首先要考虑"三公"，即内部的公平性、外部的公平性和人员与岗位的公平性，然后再考虑以下 3 个要素。

（1）人才市场的定位。人才市场的定位是公司对核心人才的需求层次的定位。在充分考虑企业的产业特点、技术研究、经营方式以及参与市场人才竞争等因素后，明确企业在国内同类行业中人才市场定位，以建立薪酬外部竞争力。

（2）吸引人才、激发潜能的薪酬水平。依据人才的市场定位，企业为了留住、吸引及激励人才，企业须针对同类行业的市场薪酬数据确定市场薪酬曲线的分位线。

（3）经济承受能力。企业薪酬调整策略要以企业的经济承受力为基础。因此，企业在对每个岗位薪酬级别与福利等确定以后，要对薪酬总量进行测算，以满足在提供有竞争力薪酬的同时，能有充足的资金支撑公司的经营发展。

7.5.2 薪酬体系调整的内容

1．薪酬水平的调整

薪酬水平的调整，是指薪酬结构、等级要素、构成要素等不变，调整薪酬结构上每一等级或每一要素的数额。

在薪酬水平的调整中，除了贯彻薪酬调整指导思想之外，还要处理好以下几点。

（1）选择调整战略和新的政策。

企业总体薪酬水平的主要作用是处理与外部市场的关系，实现一种能够保持外部竞争力的薪酬水平。为了贯彻新的薪酬政策而进行的薪酬调整，反映了企业决策层是否将薪酬作为与外部竞争和内部激励的一个有效手段。

公司也可实行领先薪酬水平对策，将薪酬水平提高到同行业或同地区市场上整个薪酬调整期内都可以维持的优势水平。在制定领先的薪酬水平政策时，可以暂时不考虑企业当前的财务状况，不要单纯把薪酬作为一种人工成本投入，而要作为一种战略投资或者说风险投资进行设计。具体为，如果企业调薪的期限是每隔一年；预计当前市场薪酬年增长率为10%；那么企业薪酬增长率就必须高于10%，在下一个调整期到来之前，薪酬水平仍然不落后于市场水平。

（2）重视经验曲线规律。

对不同岗位和员工进行有区别的调整政策。经验曲线是指随着时间的增加，某个人对某个岗位或某项工作的熟悉程度、经验积累乃至感情的加深，从而有利于员工改进工作方法，提高工作效率，更好、更合理地完成本职工作。但是这种经验不是永远增加的，随着时间推移，经验的积累也将越来越慢，直至停止。经验曲线在不同性质的工作之间的作用程度和积累效应是不同的，一般而言，技术含量高的工作经验曲线的积累效应大，反之则小。例如，从事技术工作的员工，随着年限的延长和经验的积累，其研究和开发能力会逐步提高。反之，越是简单、易做的工作，其经验积累得越快，并且这种经验也将很快达到顶峰，不再继续增加。但如果工作本身难度很高，需要较强的创新精神，那么这种经验的积累速度将是十分缓慢并且是长期的，这种经验只要稍微增加就可以促进员工能力和工作效率的大幅度提高。

因此，薪酬增加应该尊重经验曲线规律的作用，主要体现在经验曲线效应较强的工作，随时间的推移，从事这些工作的人员的薪酬需要上涨，而且在曲线上升期间，薪酬不仅应该增加，而且应该按照递增的比例增加；到经验曲线下降或者不起作用之时，可以适当地降低薪酬增长幅度或者采取其他激励方式。对于经验曲线效应不强的简单工作，例如，熟练工和后勤人员等，其技能与工作经验之间的相关性不强，薪酬调整可以不过多考虑经验与增资之间的关系。

2．薪酬结构的调整

薪酬结构的调整包括纵向结构和横向结构两个领域。其中，纵向结构是指薪酬的等级结构。

（1）增加薪酬等级。

增加薪酬等级的主要目的是为了将岗位之间的差别细化，从而更加明确按岗位付薪的原则。等级薪酬制是与以岗位为基础的管理制度相联的，是一种比较传统和正规的管理模式。薪酬等级增加的方法很多，关键是选择在哪个层次上或哪类岗位上增加等级，例如，是增加高层次，还是中、低层次的岗位，是增加管理人员的等级层次，还是一般员工层次，增加以后，各层次、各类岗位之间还需要重新匹配，调整薪酬结构关系等，这些都要慎重考虑。

（2）减少薪酬等级。

减少薪酬等级就是将等级结构"矮化"，是薪酬管理的一种流行趋势。目前倾向于将薪酬等级线延长；将薪酬类别减少，由原有的十几个减少至三五个；在每种类别，包含着更多的薪酬等级和薪酬标准；各类别之间薪酬标准交叉。薪酬等级减少的直接结果是薪酬等级"矮化"，即合并和压缩等级结构，其优点在于：第一，使企业在员工薪酬管理上具有更大的灵活性；第二，适用于一些非专业化的、无明显专业区域的工作岗位和组织的需要；第三，有利于增强员工的创造性和全面发展，抑制员工仅为获取高一等级的薪酬而努力工作的倾向。

（3）调整不同等级的人员规模和薪酬比例。

公司可以在薪酬等级结构不变的前提下，定期对每个等级的人员数量进行调整，即调整不同薪酬等级中的人员规模和比例，实质是通过岗位和职位等级人员的变动进行薪资调整的。

例如，通过对高、中、低不同层次的人员进行缩减或增加，可以达到3个目的：一是，降低薪酬成本；二是增强企业内部的公平性；三是加大晋升和报酬激励。具体做法有以下几种。

① 降低高薪人员的比例。

主要是为了采取紧缩政策，降低企业的薪酬成本。因为一个高级管理人员的收入往往是低级和中级员工的数倍，甚至是数十倍。降低高薪人员的比例实际是控制薪酬成本，核心是减少高级员工，降低其薪酬和福利待遇，可以收到较好的效果。

② 提高高薪人员比例。

企业为了适应经营方向和技术调整，增加高级管理人才或专业技术人才而采取的政策。如在激烈的市场竞争中，一些采取经营者年薪制的企业，之所以不惜花重金雇佣高级经理人员是因为企业的竞争力主要取决于，一是高级管理人员具有长期的战略眼光，二是高级管理班子具有稳定性。这两个因素是制订高级人员薪酬计划和实行年薪制的主要依据。

③ 调整低层员工的薪酬比例。

一般是通过变化员工的薪酬要素降低员工的薪酬水平，例如，压低浮动薪酬，升高奖励标准，使得员工在一般情况下，只能获得基本薪酬，很难获得奖金和浮动薪酬；或者在薪酬水平不变或增加幅度不大的情况下，延长工作时间，减少带薪休假，提高工时利用率等。

3．薪酬要素构成的调整

横向结构是指各薪酬要素的组合。横向薪酬结构调整的重点是考虑是否增加新的薪酬要素。在薪酬构成的不同部分中，不同的薪酬要素分别起着不同的作用，其中，基本薪酬和福利薪酬主要承担适应劳动力市场的外部竞争力的功能；而浮动薪酬则主要通过薪酬内部的一致性达到降低成本与刺激业绩的目的。

薪酬要素结构的调整可以有两种方式，一是在薪酬水平不变的情况下，重新配置固定薪酬与浮动薪酬之间的比例；二是通过薪酬水平变动的机会，增加某一部分薪酬的比例。相比之下，后一种方式比较灵活，引起的波动也小。员工薪酬要素结构的调整需要与企业薪酬管理制度和模式改革结合在一起，使薪酬要素结构调整符合新模式的需要。

7.5.3 员工薪酬调整

1．效益调整（普调）

效益调整是当企业效益好，赢利增加时，对全员进行的普遍加薪，但以浮动式，非永久性为佳，即当企业效益下滑时，全员性的报酬下调也应成为必然。但需注意的是，报酬调整往往具有"不可逆性"。

2．业绩性调整

奖励性调整是为了奖励员工做出的优良工作绩效，鼓励员工继续努力，再接再厉，更上一层楼。业绩性调整也就是论功行赏，表 7-4 和表 7-5 是某一特定岗位的薪酬调整整表。

表 7-4　　　　　　　　　　某一特定岗位的薪酬调整指导表（1）

现有薪酬	在该岗位薪酬等级中的位置（占平均值的百分比）									
	80%以下		80%～90%		90%～100%		100%～115%		115～130%	
业绩	周期（月）	幅度（%）	周期（月）	幅度（%）	周期（月）	幅度（%）	周期（月）	幅度（%）	周期（月）	幅度（%）
优异	6～12	10～12	9～12	8～11	9～15	6～9	12～18	3～7	24	5
良好	12～15	8～10	15～18	6～9	15～18	3～7	18～24	5	*	*

注：*表示超出 24 个月，即两年，不列入本轮薪酬调整范围。

表 7-5　　　　　　　　　　某一特定岗位的薪酬调整指导表（2）

业绩表现	工资增长额（占岗位工资的百分率）		员工考核强制分等百分率
	员工工资水平在该系列的位置		
	低于系列平均工资	等于或高于系列平均工资	
优异	10～13	9～11	5%
良好	7～9	6～8	20%
合格	0	0	70%
差	-6～8	-7～9	5%

若参照表 7-5 所示的方式以年度进行，更利于操作。

3．职位晋升（技术等级晋升）

职位晋升对企业选择人才、激励员工具有重要作用。

4．岗位调换

岗位调换后，相应的薪酬标准要进行调整。

5．试用期满调薪

员工试用期满后，要按照岗位工资标准进行调薪。

6．工龄调整

工龄调整要体现对企业贡献积累的原则，鼓励员工长期为企业服务，增强员工对企业的归属感，提高企业的凝聚力。

7．特殊调整

特殊调整指企业根据内外环境及特殊目的而对某类员工进行的报酬调整。如实行年薪制的企业，每年年末应对下一年度经营者的年薪重新审定和调整，企业应根据市场因素适时调整企业内优秀人才的报酬以留住人才等。

第三部分 课题实践页

1. 选择题

（1）关于薪酬的级差和薪酬结构，表述错误的是（   ）。

    A. 高级别岗位之间的薪酬级差应大一些

    B. 分层式薪酬等级类型中薪酬级差要大一些

    C. 宽泛式薪酬等级类型中每等级的薪酬浮动幅度要大一些

    D. 高薪酬等级的薪酬浮动幅度要大于低薪酬等级的薪酬浮动程度

（2）内部公平主要是指（   ）。

A. 员工薪酬与市场水平大体相当

B. 员工薪酬在分配程序上的公正合理

C. 员工的薪酬与自己所在部门的绩效相当

D. 与其他岗位相比，员工的薪酬与其所在岗位工作价值大体相当

（3）补贴的特点是（   ）。

A. 高差异，低刚性   B. 高差异，高刚性

C. 低差异，低刚性   D. 低差异，高刚性

（4）以绩效为导向的薪酬结构不适合（   ）人员。

A. 员工的行为难以监督与控制   B. 任务饱满，有超额工作的必要

C. 根据工作能力和潜力来确定薪酬的   D. 大型企业的高层管理

（5）以能力为导向的薪酬结构的优点是（   ）。

A. 企业的薪酬成本低

B. 企业的成本管理低

C. 重视员工的工作绩效及能力的实际发挥程度

D. 有利于员工提高技术、能力

（6）薪酬管理与企业发展的关系是（   ）。

A. 互相对立   B. 互相矛盾   C. 互相联系   D. 相辅相成

（7）一般企业在确定员工浮动工资时，主要依据员工的（   ）。

A. 工龄   B. 绩效   C. 学历   D. 岗位

（8）薪点工资的薪酬结构属于（   ）。

A. 组合薪酬结构   B. 薪酬档次

C. 以能力为导向的薪酬结构   D. 以绩效为导向的薪酬结构

（9）关于薪酬等级，表达正确的是（   ）。

A. 薪酬等级往往与岗位等级相对应

B. 薪酬等级之间的薪酬标准是可以重叠的

C. 在宽泛式薪酬等级类型中，每等级的薪酬浮动幅度一般要小一些

D. 分层式薪酬等级类型常出现在不成熟的、业务灵活性强的企业中

E.在岗位不变动的情况下，薪酬的变动范围一般不超出薪酬等级的上、下限

（10）有效的薪酬管理应遵循的原则是（　　　）。

A. 对内具有竞争力　　　　　　　B. 对外具有竞争力

C. 对内具有公正性　　　　　　　D. 对外具有公正性

E. 对员工具有激励性

（11）企业薪酬调查时应选择（　　　）。

A. 其他待业中有相似岗位或工作的企业

B. 经营策略、信誉、报酬水平和工作环境均合乎一般标准的企业

C. 属于同行业竞争对手的企业

D. 本地区在同一劳动力市场上招聘员工的企业

E. 各种行业或者不同规模的任何企业

（12）薪酬制度的设计要点有（　　　）。

A. 薪酬水平与薪酬设计　　　　　B. 薪酬等级设计

C. 固定薪酬设计　　　　　　　　D. 浮动薪酬设计

E. 福利设计

（13）薪酬结构一般包括（　　　）。

A. 固定薪酬　　　　　　　　　　B. 浮动薪酬

C. 特殊津贴　　　　　　　　　　D. 技能薪酬

E. 职务职能薪酬

2．问答题

（1）什么是岗位评价？岗位评价有哪些办法？

（2）如何开展薪酬调查和薪酬结构设计？

（3）薪酬试运行后，如何对薪酬结构进行调整？

3．操作题

XX 公司的薪酬设计

XX 公司目前是中国目前最重要的中央空调和机房空调产品生产销售厂商之一。目前有员工 300 余人，在全国有 17 个办事处，我们可以根据上面理论介绍来试着替他们做一份薪酬设计。

第一步是制订薪酬策略，由于对该公司的具体情况我们并不了解，所以我们不清楚他们的经营哲学、企业文化和核心价值观，所以我们在这方面也不宜过多评论。但是任何一项薪酬策略都有它的原则。所以我们不妨假设 XX 公司薪酬设计的原则是对内具有公平性，对外具有竞争力，这样我们后面的分析就有方向了。

第二步是职务分析和工作评价。通过职务调查和职务分析，把职务本身的内容、特点以及履行职务时所必需的知识、能力条件等各项要素确定下来，写入职务说明书，进行职务评价时据此划分职务等级。评价职务的相对价值的职务评价法大多采用点数法，

即依据评价要素确定其点数，然后加以汇总，再根据总点数确定职务等级。我们可以根据员工的工作岗位、教育背景、发展潜力、工作年限、工作绩效、特定的人力资源稀缺性等来确定。

　　我们也不太清楚该公司具体职务是怎么划分的，那我们不妨按照我们自己的理解来界定一下：因为是生产和销售空调的企业，所以我把他们的工作人员分为技能类和管理类两种：技能类的职工大概包括普通工人、熟练工人、技工、技师、工程师、生产厂长、总工程师；而管理类的职工可分为文员、班组长、车间主任、业务主管、副经理、部门经理、副总经理、总经理和董事长。工作评价的重要性上面已有论述，而评价方法一般有排列法、分级法、综合评分法、因素比较。我们就用因素比较法对 XX 公司进行工作评价。

　　下面我们用一个表格（见表 7-6）来让大家更加形象地理解这个方法。

表 7-6　　　　　　　　　　　　工作分类评价

薪点	评　价　因　素	学　历	技　能	体　力	责　任	特殊知识
700	总工程师、董事长					
600	总经理					
500	工程师					
400	部门经理、技师、技工					
300	技工、工人					
200	班组长、业务主管、技工					
100	文员、工人、车间主任					
50	班组长、工人					

　　第三步是进行薪酬调查。理论已论述，我们谈谈具体操作吧。数据来源及渠道是我们最应该解决的问题。首先，我们可以查阅国家及地区统计部门、劳动人事机构、工会等公开发布的资料，图书及档案馆中年鉴等统计工具书，人才交流市场与组织，各种咨询中介机构等；其次，可以通过抽样采访或散发专门问卷进行收集。但因为我国目前许多企业不愿公开这些情况，我们不妨通过新招聘的职工和前来应聘的人员，来获得其他企业的奖酬状况。当然各企业发布的招聘广告和招聘信息中有时也披露其奖酬和福利政策，这也不失为来源之一。

　　第四步是进行薪资结构设计，我们要利用薪资结构线来表示。因为 XX 公司是生产销售型企业，而且前面也说到他们在全国建立了 17 个办事处，由于不同地区基本生活费用、业余文化生活、生活便捷程度方面的差异，所以不同地区应该有不同水平的薪酬，即使其他条件相同，不同地区同一薪点的薪酬客观上也存在着差异，所以由不同薪点的若干薪酬构成的薪酬曲线就不止一条，而是可能有几条。即使薪点同为 1500，在 CD 线上，相应的薪酬有 2500 的，也有 3500 的。

　　第五步是薪资分级和定薪，到这时候方案就快要出来了，薪酬的计量基准一般有薪等和薪点，相对而言，薪点更具有科学性。由于 XX 公司规模并不是很大（员工 300 余人）。我们把 XX 公司的薪点设为 30 个。列表如表 7-7 所示。

表 7-7 薪点表

序　号	薪　点	序　号	薪　点	序　号	薪　点
1	450	11	1450	21	2450
2	550	12	1550	22	2550
3	650	13	1650	23	2650
4	750	14	1750	24	2750
5	850	15	1850	25	2850
6	950	16	1950	26	2950
7	1050	17	2050	27	3050
8	1150	18	2150	28	3150
9	1250	19	2250	29	3250
10	1350	20	2350	30	3350

员工的薪酬由基本工资、职务工资、工龄工资、绩效工资组成，相应薪点如表 7-8 所示，因绩效工资不好用图表表示，我们在后面会用文字来说明。

表 7-8 薪点表

序　号	职　务	基本工资	工龄工资	职务工资
1	总经理董事长	350	工龄涨一年加 50	2500
2	副总经理	350	工龄涨一年加 50	2000
3	总工程师部门经理	350	工龄涨一年加 50	1700
4	生产厂长副经理	350	工龄涨一年加 50	1400
5	工程师业务主管	350	工龄涨一年加 50	1100
6	技师车间主任	350	工龄涨一年加 50	900
7	技工班组长	350	工龄涨一年加 50	700
8	文员熟练工人	350	工龄涨一年加 50	550
9	普通工人	350	工龄涨一年加 50	400

绩效工资是针对 XX 公司的薪酬分配不明晰、内部不公平而提出的，在前面的假设前提上我们规划如下：对于一线工人，只要月产品合格率达到 95% 以上，每月给予 10 个薪点的奖励。连续一年年终给予 50 个薪点奖励。

对于一线工人，只要月产品合格率达到 95% 以上，每月给予 10 个薪点的奖励。连续一年年终给予 50 个薪点奖励。

对于一般管理人员，连续一年无事故年终给予 50 个薪点的奖励。

对于营销人员，销售额每达到 10000 元给予 20 个薪点的奖励。

对于中级技术人员，参与研究开发新产品成功者给予 400 个薪点的奖励。

对于高级技术人员，指导研发新产品成功者给予 1000 个薪点的奖励。

对于中级管理人员，由上层管理者进行评价给予相应奖励。

对于高级管理人员，由全体员工进行不记名评价再给予相应奖励。

　　我们设定 XX 公司的薪酬系数为 2，则职工相应的薪酬总额就是他们的薪点总数乘以薪酬系数。假设一个员工的薪点为 1000，那么他的薪酬总额就是 2000 元。

　　第六步是薪资制度的控制与管理，薪酬制度一经建立，就应严格执行，发挥其应有的功能。在确定薪酬调整比例时，要对总体薪酬水平做出准确的预算。我们可以在人力资源部建好薪酬台账借助数学和统计学进行预算。在制订和实施薪酬体系过程中，我们还有必要和员工进行及时的沟通和有效的宣传，要让员工满意。这样的薪酬政策充分体现了公平性，有助于消除员工之间的猜疑，增强其工作热情，也有利于 XX 公司内部的团结，从而创造一个和谐满意的工作环境。

4．实训题

　　（1）实训目的：通过企业薪酬结构调查，了解企业薪酬结构设计程序，选择一个行业企业，制订企业薪酬方案。

　　（2）实训方式：实地调研方式，制订某企业薪酬方案。

　　（3）实训内容。

　　① 调查行业企业薪酬管理情况；

　　② 全面了解行业企业的岗位评价、薪酬调查程序、薪酬结构设计及薪酬结构调整情况；

　　③ 制订某企业薪酬方案。

　　（4）实训步骤。

　　① 学生分组。

　　② 分组进行前期调研，收集和整理相关资料。

　　a．调查、收集和整理行业企业薪酬管理资料；

　　b．了解企业在薪酬管理中的岗位评价、薪酬调查程序、薪酬结构设计及薪酬结构调整情况。

　　③ 进行薪酬管理方案制订。

　　利用本课题所学到的薪酬结构设计的思路与方法，根据薪酬体系设计思路，完成某企业薪酬结构设计，形成一份完整的薪酬管理方案。

课题八　员工激励

知识目标	技能目标	建议学时
➤ 了解员工激励的含义 ➤ 掌握内容型理论的内容与激励方法 ➤ 掌握过程型理论的内容与激励方法 ➤ 掌握激励方法的实际操作	➤ 能运用内容型理论激励员工 ➤ 能运用过程型理论激励员工 ➤ 能运用综合型理论激励员工 ➤ 能选用适合的方法激励员工	6 学时

第一部分　案例与分析

案例1：西门子中国本土化员工的激励

西门子（中国）公司在开发本土化人才的战略中充分运用多种激励方式激励本土员工，为其在中国的良好运营奠定了坚实的基础。

西门子中国本土化的员工激励主要包括以下几个方面。

首先，西门子为员工提供富有挑战性的工作机会，既可以保持本公司的技术领先性，员工也得到了锻炼，公司的凝聚力也得到了增强。西门子的人力资源部门致力于根据员工兴趣与特长为员工设计工作岗位，帮助企业员工实现自身的价值，适当增加压力，使其工作更具挑战性，激发员工的潜力。当员工觉得现有工作已不再具有挑战性时，管理者可以通过工作轮换的方式把他轮换到同一水平、技术相近的另一个更具挑战性的岗位上去，并在工作中积极引导员工开拓创新。这样，由工作轮换所带来的丰富的工作内容，富有挑战感，从而提高员工的工作积极性和对企业的忠诚度。

其次，西门子采用业绩、市场导向的薪酬制度。西门子全球总部人事副总裁说："我们西门子这么大的公司能在中国大地上凝聚在一起，其中一个重要的原因就是诱人的薪酬。"西门子公司经过严密的薪酬福利调查、遵循随行就市的原则制订员工薪酬，制订本土员工薪酬，使公司的薪酬具有市场竞争力，确保其薪酬水平与员工创造的价值相应，甚至不能低于意欲挖角的竞争对手的出价。公司严格根据员工业绩表现"按劳取酬"，"不能致功，虽有贤名，不予之赏"。他们坚信只有支付了具有绝对竞争力的薪酬，核心人才才可能不被竞争对手挖走。

再次，卓越领导为员工提供愉快和谐的工作环境。西门子认为：企业要想从根本上具备留住优秀人才的优势，必须要有一个非常好的领导机制和愉快和谐的工作环境，他们深信一个企业中的领导层的素质已经成了一个企业最具有竞争力的因素。西门子公司的管理者大多具备技术背景或具有超脱于技术之外的才能。他们具有敏锐的商业嗅觉，并且能在企业内部营造一种冒险和创新的氛围，激发员工的工作热情。此外，西门子公司通过CPD圆桌会议及CPD员工对话等讨论并帮助员工制订职业生涯规划，同时管理阶层积极给员工营造一种宽松和谐的工作环境，如上班穿便装、优良的办公设备、舒适的就餐和体育锻炼空间等。他们深信宽松和谐的工作环境有助于激发员工的创造性，有助于消除员工的工作压力和工作枯燥感。

最后，西门子为员工提供众多的发展机会和量身定做的职业发展规划。西门子认为"公司不仅仅依赖于用高薪留住人才。对于员工，发展机会才是最重要的，为此，公司为本土员工提供了尽可能多的领域及性质各异的发展机会，帮助员工实现职业目标。为了确保每位员工都拥有公平的发展机会，西门子每年对全体员工进行一次员工发展评估，人力资源部门致力于根据员工兴趣与特长为每一位员工设计工作岗位与良好的职业发展前景。员工可不受限制地扩大自己的知识面，在不断学习专业知识的同时，完善自身的气质。西门子雇佣本土员工更多考虑他们的长期规划，给予他们更多的发展机会和空间，希望员工与公司一起成长。

除了共有的激励形式外，西门子（中国）公司还针对不同的部门制订适合本部门的激励措施。例如，在销售部门要使销售人员充分意识到工作业绩突出便有受到奖励的机会。在研发部门，西门子根据研发人员工作性质的不同，激励措施重在给研发人员提供更多的成长空间，如公司常常采取提供高级技术培训、参加高级技术论坛的机会来奖励员工，以激起他们的工作热情。

西门子公平的考核制度保证奖励的公平性。其设计激励制度的基本目的是为了提高本土员工的生产效率，从而获得更有竞争力的优势。为了这个目标，西门子公司在设计奖励制度时以本土员工的需要和公司的经营目标为中心，双方共赢。公司的考核部门根据员工上一年度的出色业绩确定晋资人员名单，并予以及时的奖励。奖励内容包括晋资、奖金和福利待遇。

西门子为员工提供多样的职业晋升途径。公司规定企业内部员工晋升采用行政管理职位系列和专业技术职位系列。有晋升意愿的员工可根据自己的兴趣与特长选择晋升岗位。如可申请行政管理职位的员工包括：高级管理人员、各级经理、市场研究人员、销售人员、财务人员、物资采购人员、质量检验人员、行政管理及支持人员等。

西门子鼓励员工参与企业的管理。西门子公司积极主张吸纳员工对公司发展有利的建议，让员工参与企业的管理和发展规划设计。为此，公司经常组织员工会谈等方式鼓励员工参与决策过程。对员工提出的管理建议，由公司、部门经理或战略研究中心主任直接确认并给予奖励。为保证提议渠道的畅通性，每位员工都可以以书面或E-mail形式直接向战略研究中心提交合理化建议方案。总经理对上述每一个提案有追加奖励权。对于技术（产品）开发类的建议，能被量化评估其价值的，公司将成立专门的创新评估小组，对其价值评估并实施奖励。

案例分析

西门子（中国）公司在开发本土化人才的战略中充分运用多种激励方式激励本土员工。公司的激励有一定的共性，如富有挑战性的工作、业绩与市场导向的薪酬、卓越的领导和愉快和谐的工作环境、众多的发展机会和量身定做的职业发展规划。同时，公司各部门还制订了适合本部门的激励措施，如公平的考核制度、多样的职业晋升途径、鼓励员工参与企业的管理等。

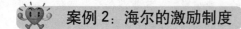 **案例2：海尔的激励制度**

1. 海尔的竞争聘任制

海尔集团的用人制度可用4句话来概括，即"在位要受控，升迁靠竞争，届满要轮换，末位要淘汰"。

"在位要受控"包括两层含义：一是干部主观上应自我控制，自我约束，有自律意识；二是集团建立控制体系，以控制工作方向和目标，避免犯方向性错误。海尔集团对在职干部进行严格的考评，无论是从集团公司到各职能部门，还是从各事业部到各车间，都在最明显处设置考评栏，下分表扬栏和批评栏。对受到表扬和批评的干部分别给予加分（加薪）和减分（减薪）。对在工作中不思进取，受批评不及时改正，或一年内受到3次书面批评的干部，将免去其职务。

"升迁靠竞争"即对干部的选拔实行公开招聘。海尔集团每月由干部处公布一次空岗情况和招聘条件，鼓励厂内外有志者根据自身能力和特长选择岗位参加竞聘，经严格的笔试、面试，挑选出好学上进和有实践经验的人员走上管理岗位。同时，海尔还设立干部人才库，将一些干部后备资源动态地收录库中，一旦哪个岗位空缺，进入人才库的人员将在公开竞聘中得到优先选择的机会。

"届满要轮换"对于任期届满的干部，企业有计划地组织岗位轮换。一方面，干部面对全新的工作环境、工作内容和要求，会产生一种新鲜感和应付挑战的兴奋之情，从而提高工作积极性，以防止干部因长期任职于某部门而思路僵化，缺乏创造力与活力；另一方面，轮岗制对年轻干部还可增加锻炼机会，利于他们全面熟悉业务，取得不同岗位的工作经验，迅速成长为业务技术骨干，为企业发展蓄存更多的人力资源。

"末位要淘汰"就是在一定的时间和范围内，必须有百分之几的人员被淘汰，这在某种意义上说很残酷，但对企业长远发展很有好处。在海尔，无"没有功劳也有苦劳"的说法，无功便是过。可以说，在一定时期一定范围内，按一定比例实行定额淘汰，是海尔内部以竞争保持活力的一大法宝。海尔集团总裁说："在海尔，没有吹吹拍拍、拉势力范围、搞小圈子的现象。管事凭效果，管人凭考核。大家瞄准一个方向，共同努力，产生的合力就非常大。"

2. 重视员工兴趣的激发和培养

海尔的严格管理在我国企业中是有名的，在严格管理中，工作报酬与绩效考核挂钩，用物质利益激发员工的工作动机。引导员工对工作发生兴趣。

海尔不仅有严格管理的一面，还有追求员工自我管理、直觉状态的一面，注意在精神激励上下工夫。主要做法是：让员工在各自的领域真正处于主导地位：尊重人的价值，提高人的素质，发挥人的主观能动性——力求使每个员工的聪明才智都有用武之地，使他们各得其所，各尽所能，并且都是处于自觉的状态中。达到比严格管理更高一层的境界，其实质还是在于充分发挥工作兴趣这一内在动机在人的心理和行为中的积极作用。

一般来说，员工工作兴趣的激发与培养依赖于以下一些因素。

岗位安排：岗位与人的相互匹配有利于员工提高工作兴趣。

目标设置：目标的具体性、挑战性和个人价值性影响人的工作兴趣、水平。目标设置应当遵循具体、难度适中、具有个人价值、可以被个人接受的原则。

激励机制：工作的过程既是实现组织和团体目标的过程，也是实现个人目标的过程，组织目标与员工目标应该成为命运的统一体。

工作设计：工作设计是否得当对激发员工工作兴趣有重要影响。工作丰富化和工作扩大化对提高工作兴趣具有一定的促进作用。

教育培训：人们对世界的探求和对自我发展的追求是工作兴趣的主要来源，教育培训有利于满足人们的这种需求，而且教育培训也有利于员工更好地适应岗位工作的变化，同时利于保持和提高员工和组织在发展目标上的一致性。

（资料来源：www.gz3344.cn/soft/5/19246.html8K）

案例分析

海尔集团非常重视员工激励，建立了相应的员工激励制度，如竞争聘任制、具有激励性的绩效考核制度与薪酬制度等。他们在先进的理念的指导下，采用科学的激励方法，形式多样，有效地调动了员工的工作积极性，使员工爱岗敬业，为集团做出重要的贡献。

第二部分　课题学习引导

8.1　激励概述

8.1.1　激励的含义

从词义上看，激励是激发鼓励的意思，激发就是通过某些刺激使人兴奋起来。激励原本是心理学的概念，是指持续激发人的动机的心理过程。在这一心理过程中，由于某种内部或外部刺激的作用，人就会处于兴奋状态。

管理心理学中的激励含义，主要是指激发人的动机，通过高水平的努力来实现组织目标。换句话说，激励是调动人的积极性的过程。

激励的概念主要包含3个特点：

（1）被激励的人；

（2）动机产生的原因，即需要；

（3）动机的强弱，即努力程度的高低。

8.1.2　激励的作用

激励主要有以下几点作用。

（1）激励可以强化人的动机，从而激发人的工作热情和兴趣，调动人的积极性。

（2）激励可以充分挖掘人的内在潜力，可以吸引组织所需要的人才；同时也可以使在职员工最充分地发挥其技术和才能，变消极为积极，保持工作的有效性和高效率。美国心理学家威廉·詹姆士在研究中发现，一般情况下，人们只需发挥 20%～30%的能力，就可以应付自己的工作。而如果他们的动机被激发出来，其能力可以发挥到 80%～90%。这一研究表明，同一个人在充分激励后所发挥的作用相当于激励前的 3～4 倍。当然，对于不同的人要采取适合其能力的激励手段和方法；

（3）激励可以提高员工的工作绩效。员工的工作绩效不仅取决于个体能力的大小、表现机会，而且还取决于激励的水平，即：工作绩效=能力×激励×机会

员工的能力是取得绩效的基本保证，激励和表现机会能使能力得以充分发挥，从而提高工作绩效，它们之间的关系如图 8-1 所示。

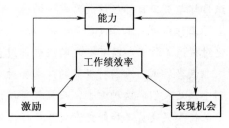

图 8-1　工作绩效与能力、激励、机会的关系

8.1.3　激励过程与因素

激励过程模式及模式的基本组成因素如图 8-2 所示。

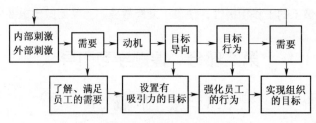

图 8-2　激励过程模式

1．刺激

刺激分内部刺激和外部刺激。内部刺激指的是对机体的反应发生影响的内部刺激条件，如饥饿、口渴、困乏等机体内部的刺激。外部刺激指的是对机体的反应发生影响的外部刺激条件，如环境刺激等。

2．需要

需要指的是刺激作用于人们的大脑所引起的个体缺乏某种东西的状态。例如，饥饿的刺激通过神经系统反映到人脑，就会产生饥饿的感觉和进食的需要；如果闻到了食物的香味，即使没有饥饿的感觉，可能也会产生进食的需要。

3．动机

动机是对需要的一种体验，是与满足个体某些需要有关的活动的动力。它总是指向那些能够满足个体需要的某种事物。如果说人的各种需要是个体行为积极性的源泉和机制，那么动机就是这种源泉和机制的具体体现。

动机是在需要基础上产生的，但需要并不必然产生动机。只有当需要达到一定强度、需要目标确定的情况下，才可能变为动机。因为，当需要处于萌芽状态时，它以不明显的模糊形式反映在人的意识中，产生不安感时，人的需要才会以意向的形式存在；当需要增强到一定程度，而又没能满足时，心理上就产生一种紧张状态，此时意向就转化为愿望。但愿望只反映了内心需要，是人行为的内在驱动力，由于还没有明确的目标，这种驱动力还没有方向，还不是动机。在遇到能满足需要、解除心理紧张的具体目标，并且展现出达到目标的可能性时，这种驱动力就有了方向，以愿望形式出现的需要就变为了动机。所以，动机是内在需要

和外部具体目标建立心理联系时产生的。例如，人饥饿时想进食，就产生了寻找食物的动机。

4．目标导向

目标导向是指要寻找和选择目标。例如，饥饿时有进食的需要，寻找和选择食物就是目标导向。

5．目标行为

目标行为是指直接满足需要的行为，即完成目标、满足需要的过程。如饥饿时寻找和选择食物，进食、吃饱等过程。

6．需要满足

在目标行为过程中，紧张的心理状态会逐渐消除，需要逐渐得到满足。例如，饥饿时随着进食的增多，对食物的需要强度便逐渐降低，直到吃饱，这种需要得到满足。

7．新的刺激

一个需要满足了，又会产生新的需要。这样周而复始地发展下去，从而推动人去从事各种各样的活动，达到一个又一个的目标。

8.1.4　激励的途径与目的

在激励过程中，每一个阶段都有其自身的特点，作为管理者要根据各阶段的特点，来确定激励的途径。例如，在需要阶段，应了解、满足员工的要求，这是今后工作的基础；在目标导向阶段，应给员工设置有吸引力的工作目标；在目标行为阶段，应强化员工的行为，为实现组织目标而努力工作。

激励的目的，实际上涉及了管理的激励职能。在管理过程中，组织会具有满足员工各种需要的实现功能，而每一员工应胜任组织的任务，组织通过实现组织目标，来满足员工的个人需要。所以，激励的目的是从组织目标出发，通过运用各种激励手段、方法，寻找组织与员工个人在目标、行为上的内在一致性，为实现组织目标、满足个人需要而积极行动。

8.2　内容型理论应用

内容型理论是研究"需要"这个激励的基础的理论，它是着重对激励的原因与影响激励作用的因素的具体内容的研究。内容型理论中，比较著名的是马斯洛的需要层次理论、赫茨伯格的双因素理论、奥尔德弗的 ERG 理论、麦克利兰的成就需要理论等。

8.2.1　马斯洛的需要层次理论

马斯洛（A.Maslow）是美国的人本主义心理学家，对动机持整体的看法。他认为人的各种动机是彼此关联的，各种动机间关系的变化又与个体生长发展的社会环境有密切的关系。他强调人的所有行为均由"需要"所引起。1943 年出版著作《人的动机理论》，他初次提出"需要层次理论"，并将需要分成 5 个层次，由低至高地排成一列，如图 8–3 所示。

图 8-3　马斯洛的 5 个需要层次

1．需要层次理论的主要内容

马斯洛的需要层次理论把人的需要分成5个层次，即生理的需要、安全的需要、爱与归属的需要、尊重的需要、自我实现。这些需要层次的主要内容如下。

（1）生理的需要。

生理需要是指为了生存而不可缺少的需要，是所有其他需要的基础，其中，以衣、食、住、行的需要为主。马斯洛认为，生理需要在人类各种需要中占有最强的优势。如果一个人为生理需要控制时，那么，其他的需要就会被放到次要的地位。例如，一个十分饥饿的人，只会对食物产生兴趣，而不会有兴趣去写诗作画。如果同时缺乏食物、安全和爱情，则缺乏食物的饥饿需要占有最大的优势。

（2）安全的需要。

人的生理需要获得基本满足后，注意力就会集中到高一层次的需要上去，产生新的需要，即安全需要。人们希望保护自己的安全，免受外界的伤害、威胁，希望自己的生活和工作稳定、有保障，尽量减少不确定因素，减少风险。马斯洛认为，对健康的成人来说，其安全需要得到充分满足后，他们就不再有任何安全需要来作为他们活动的动机。例如，一个人的人身安全、工作安全、免受失业、年老或受到伤害时的生活保障等需要得到满足时，就会产生新的更高一层的需要。这些安全需要可以通过强健身体、医疗保险、安全设施、失业保险、退休福利等措施来满足。

（3）爱与归属的需要。

上述需要得到满足后，人们就会产生社会性的需要，即爱与归属的需要。爱的需要包括给予和接受爱。归属的需要就是参加一定的组织，归属于某一团队，与人交往、建立友谊，希望得到关心、支持和友爱等。当然爱与归属的需要比生理和安全需要细致得多，不同的人对爱与归属的需要差别也很大，主要与个人的性格、经历、所受的教育、信仰等因素密切相关。马斯洛认为，爱的需要主要是指情感方面的需要，实质上也是一种归属。例如，人作为社会人都希望与别人进行交往，保持一定关系，工作单位不仅仅是工作场所，也是人们进行交往活动、建立友谊，从而获得归属感的场所。

（4）尊重的需要。

一个人的爱与归属感得到满足后，并不满足于作为团队中的一员，通常还会产生自我尊重和尊重别人的需要。尊重的需要主要包括两个方面：一是渴望成就、独立与自由等；二是渴望名誉、地位，即希望受到别人的尊重、受人赏识等。例如，一个人在某一群体中，希望人们承认自己的重要性，对自己的成绩、人品、才能等给予较高的评价，并发挥一定的影响力。这种需要得到满足，可使人们产生自信、价值、能力等方面的感觉。如果这些需要得不到满足，人们便会产生自卑、虚弱和无能等感觉。显然，尊重的需要很少得到完全的满足，但这种需要一旦成为推动力，人们就会具有较持久的积极性。

（5）自我实现的需要。

上述4种需要得到满足后，人还会产生一种最高形态的需要，即自我实现。自我实现就是人们追求自我理想的实现，个人潜能、才赋的充分发挥，做一些自己认为有意义、有价值的事情，是人生追求的最高境界。音乐家要演奏音乐，画家要绘画，诗人要写诗，教师要教书育人，这样才能发挥其才能，使其感受到最大的快乐。马斯洛认为，满足自我实现需要的途径是因人而异的。有人希望成为一名出色的管理者，有人希望成为优秀的建筑师，还有人希望在艺术上有所造诣。同时这也是一种创造性的需要。例如，一个工程师竭力发明一种新仪器，通过对这种挑战性工作的胜任感和在创造性活动中得到的成就感来满足自我实现的需要。

2．需要层次理论的双重性

马斯洛的需要层次理论有其科学性的一面，同时也有一定的局限性。

（1）科学性。

马斯洛的需要层次理论在一定程度上反映了人类行为和心理活动的共同规律，科学性含量较高，是一种激励理论，主要表现在以下几个方面。

① 揭示了人类行为的动力结构，为我们预测和控制人的行为规律提供了科学的依据。

② 提出了人的需要不是单一的，既有生理本能的需要，又有社会性的需要。

③ 提出了人的需要有一定的层次性，需要不是固定不变的，是像阶梯一样由低级向高级发展的，是一般人的共同心理过程。一个层次的需要相对得到满足，就会向高一层次发展，越到上层，满足的百分比就越少。

④ 提出了同一时期内可能有几种需要并存，因为人的行为受多种需要的支配。但人在每个时期会有一个主导需要，人的行动主要受这个主导需要的调节支配。

⑤ 人的低层次需要是有限的，一旦得到满足，便不再是一种激励力量。而高层次需求的满足是无限的，对行为有较持久的激励作用。

（2）局限性。

马斯洛需要层次理论的局限性主要表现在以下几个方面。

① 过分强调需要的层次性。

② 马斯洛以个人的价值、利益为出发点，强调个人的需要，没有考虑个人对社会的责任。

③ 马斯洛认为，自我实现完全是一个自然成熟的心理过程，只需依靠个人改善其认知，认识到自我的内在价值就可以实现，但忽视了社会意识和环境对人需要的影响。

④ 马斯洛认为，只有满足了低一级的需要之后，才能进入下一层次的需要，由低到高，逐级递升，不可逾越。实际上，低层次需要未满足时，高层次需要也是可以发展的。例如，许多先进人物的事例，如大公无私、见义勇为等，他们在社会生活实践中、在一定的教育影响下，可以能动地调节控制自己的需要。

⑤ 马斯洛认为能达到自我实现的人很少，仅占他所调查材料的 10%左右。实际上，随着社会的进步，人的个性越来越全面地得到发展，具有高层次需要的人的比例也与日俱增。

3．需要层次理论在管理上的应用

马斯洛的需要层次理论虽然自问世以来，一直有很大的争议，有一定的局限性，但在世界上流传很广，在许多国家和地区的管理、教育和培训等工作中有一定应用价值，也是企业普遍应用的激励理论之一。

将需要层次理论应用于组织管理中，应注意以下几个问题。

（1）满足员工不同层次水平的需要。

作为管理者需要了解员工目前的需要处于哪一个层次水平，找出相应的激励因素，采取相应的管理措施，来满足员工的需要，以引导和控制其行为，调动积极性，从而实现组织的目标。不同层次的需要，要有其相应的激励因素和组织管理措施（见表8-1）。

表8-1　　　　　　　　　5种需要层次相应的激励因素和组织管理措施

需 要 层 次	激 励 因 素	组织管理措施
自我实现的需要	成就、成长、理想	有创造性的工作； 有挑战性的工作； 工作中的成就； 才能的充分发挥； 理想的实现
尊重的需要	影响力、认可、地位、自尊	享有一定的声望； 职位的提升； 人事考核； 奖励； 表彰； 领导和同事的认可
爱与归属的需要	友谊、爱	和谐的工作团队； 同事的友爱； 管理者的关心与支持； 爱情和家庭
安全的需要	安全、稳定、保障	安全的工作条件； 稳定的收入； 医疗保险； 失业保险； 退休福利
生理的需要	衣、食、住、行	工资； 住房； 交通

（2）满足员工不同个性的需要。

管理者应注意到，不同个性的人选择工作时也会表现出很大的差异性。曾有一项研究发现，具有较高自我实现需要的人常常会选择具有挑战性的工作。具有冒险性和挑战性的工作及工作的成就感对他们有极大的激励作用。相反，一些有较高交往动机和低成就动机的人则尽量回避困难的工作，喜欢竞争性和风险性较弱的工作。作为管理者应设计个性化的激励措施。

（3）员工的需要不是一成不变的。

由于生产力水平的变化，生活水平的提高，员工的主导需求也是不断发展变化的。学者戴维斯（K.Davis）曾就美国的情况进行了估计，如表8-2所示。

表8-2　　　　　　　　　戴维斯对美国工人主导需求变化的估计

主 导 需 求	1935 年（%）	1995 年（%）
生理的需要	35	5
安全的需要	45	15
归属与爱的需要	10	24
尊重的需要	7	30
自我实现的需要	3	26

总之，在组织管理中运用需要层次理论，要具体问题具体分析，针对不同的情况灵活对待，不能简单地根据层次顺序来激励员工，应把员工的需要引向更高层次的需要，这样才能产生持久的激励作用。

案例 妙计调动员工积极性

多尼里玻璃公司是一家位于密执安州霍兰的公司，曾一度发生过财政困难，公司也一度陷入困境。它的一个最大的顾客表示，要么是多尼里公司降低价格，要么是他到别的地方去另找新的汽车玻璃供应商。

有一位生产线上的操作工清楚，只要将他们由5人减至4人就可以节约公司的资金，但他不愿说出，因为他可能因为自己的建议而被解雇。当公司向员工征询意见时，他说，如果公司担保不解雇任何一个人，他就提出自己的建议。公司同意了，而且也对其他提出建议的员工做出同样的担保，公司采纳了一些员工的建议，挽救了财政危机。结果公司不仅获得了巨大的收益，而且每位员工都得到了好处。

为什么员工乐意建议呢？原因在于，公司采取了措施使员工的努力得到管理部门的认可，以及同事和集团的认可。由于为公司做出了贡献，所以自我实现感和被重视感得到满足。当管理部门征求意见时，每个人都有发表意见的机会。而且一旦自己的建议被采纳，就会有一种成就感、兴奋感和新奇经历，自尊心也大大得到满足，员工会感到公司也需要依赖于自己，人人都可以提建议，人人都有了很大的自由感，员工的工作有了保障，安全感得到满足。公司采取的措施是，只要员工为削减费用提出过建议，都可得到提升一级工资的奖励。每个员工每月都可得到一张相当于其工资20%的奖金支票。

公司的这些措施既增加了收入，又满足了员工的所有基本需求和愿望。

8.2.2 赫茨伯格的双因素理论

赫茨伯格是美国的社会心理学家，双因素理论，即保健因素—激励因素理论是他最主要的成就。20世纪50年代末期，赫茨伯格和他在匹兹堡心理学研究所的研究人员，对当地11个共商企业的200名工程师、会计师进行了调查访问。调查访问主要涉及两个问题：一是在工作中，哪些因素能让他们感到满意，并估计这种积极情绪能持续多长时间；二是有哪些因素让他们感到不满意，并估计这种消极情绪会持续多长时间。赫茨伯格以对这些问题的回答为资料，研究哪些因素使人们在工作中能得到快乐和满意，哪些因素会使他们感到不愉快和不满意。他把这些回答加以分类并制成表格，如图8-4所示。

1. 双因素理论的主要内容

（1）保健因素和激励因素。

赫茨伯格把这些影响因素分为两大类，即保健因素和激励因素。

① 保健因素。

调查结果表明，使员工感到不满的大多是属于工作环境或工作关系等方面的，赫茨伯格将这些因素称作保健因素，主要包括公司政策、管理措施、监督、与主管的关系、工作条件、人际关系、薪资、福利待遇和安全等因素。这些因素的满足对员工的效果类似于卫生保健对身体健康所起的作用，能预防疾病，但不能治疗疾病，不能直接提高健康状况。当员工认为这些因素很好时，它只是消除了不满意，并不会产生积极的态度。所以，在工作中，保健因素只起着防止人们对工作产生不满的作用。

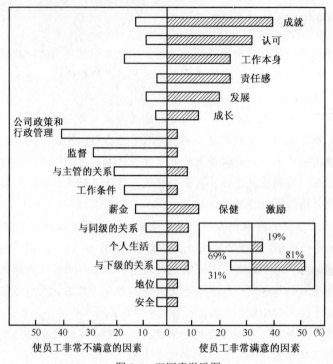

图 8-4　双因素激励图

② 激励因素。

赫茨伯格了解到，使员工感到非常满意的是工作本身的内在因素，它能带来员工积极态度、满意和激励作用，能满足员工个人自我实现的需要，这些因素被称为激励因素，主要包括成就、认可、工作本身、责任、成长和发展的机会等。激励因素就像人们锻炼身体一样，可以改变身体素质，增强人们的健康水平。如果这些因素具备了，就能给人们带来极大的满足，产生激励。

从这个角度出发，赫茨伯格认为，传统的激励，如薪金的激励、人际关系的改善、提供良好而安全的工作条件等能消除员工的不满意情绪，防止问题产生，但这些传统的"激励因素"即使达到最佳程度，也不会产生积极的激励。按照赫茨伯格的观点，管理者应该认识到保健因素是必需的，一旦使不满意消失后，也不能产生更积极的效果，只有"激励因素"才能有效地提高员工的工作效率。

从图 8-4 可以看出，保健因素和激励因素或多或少都有交叉现象，如认可属于激励因素，基本上起积极作用；但如果员工没有得到认可，又可能起消极作用，这时又表现为保健因素。薪资是保健因素，但有时也能产生使员工满意的结果，起积极作用，从而表现为激励因素。

（2）满意与不满意的新观点。

赫茨伯格在提出保健因素和激励因素的基础上，修正了传统的"满意—不满意"的观点，进一步提出了关于满意与不满意的新观点，如图 8-5 所示。

传统观点：

满意 ←──────────────────→ 不满意

赫茨伯格的新观点：

激励因素
满意 ←───────────────→ 没有满意

保健因素
没有不满意 ←───────────────→ 不满意

图 8-5　传统观点与赫茨伯格观点的比较

传统的观点认为，满意与不满意是一个连续体相对的两端，满意的对立面是不满意，消除了不满意因素，员工就会满意。而赫茨伯格在调查研究中发现，"满意"的对立面是"没有满意"，"不满意"的对立面是"没有不满意"，消除工作中的不满意并不一定会带来满意。他认为，使员工感到满意或不满意的因素是不同的。使员工感到不满意的因素通常是由工作环境或条件引起的，即保健因素；而使员工感到满意的因素则常是由工作本身产生的，即激励因素。保健因素的改善只能消除员工的不满意，但不能使员工感到非常满意，也不能激发他们的积极性，促使生产增长，这就形成了既不是满意，又不是不满意的中性状态。而激励因素的改善能够激励员工的工作热情，从而提高生产率，但如果处理不好，也能引起员工的不满，但影响不大。

（3）外在激励与内在激励。

在提出保健因素和激励因素的基础上，赫茨伯格又提出了外在激励与内在激励的观点。外在激励是指本职工作以外的满足，这种满足不是从工作本身当中获得的，而是从工作的成果中间接获得的，如薪资、福利待遇、安全保障等。这些因素与员工承担的工作之间只有间接的联系，所以，它们不能真正强化员工的工作动机，调动积极性；相反，如果处理不当，有失公平，则会挫伤员工的积极性。而内在激励是指本职工作的满足，这种满足是从工作本身中获得的，它们能够真正强化员工的工作动机，激发员工的积极性。

2．双因素理论在管理中的应用

我们可以结合实际情况，从以下两个方面来加以应用。

（1）从保健因素的角度看。

双因素理论诞生在温饱问题已经解决的美国。而我国在很多地区的组织中，工资和奖金不仅仅是保健因素，如果运用得当，也可成为激励因素。这必须与企业经营的好坏、部门及个人的工作绩效结合起来。如果工资、奖金发放方法不当，采用"平均主义""大锅饭"的办法，那么工资和奖金就会是一种"保健因素"，只能消除不满，但不能产生满意，不能调动积极性。因此，企业用于工资和奖金的钱再多，也起不了激励作用。

为员工创造良好的工作外部环境和条件，消除员工的不满情绪和态度。例如，有些大型生产企业改善工作条件，使生产车间光线明亮、空气清新、噪声低，并设有全铺地毯的咖啡屋，结果工人与管理者、工程师的关系得到改善，离职率降低，工人比较满意。

对待不同层次的员工，要采用不同的保健因素和激励因素，对某些人来说，被赫茨伯格列入保健因素的内容，可能会成为他们的激励因素。

（2）从激励因素的角度看。

随着社会、经济的发展，内在激励的重要性越来越显著，许多发达国家的组织管理者积极寻找内在激励的方法，以调动员工的工作积极性，提高劳动生产率。主要有以下几个方面。

① 工作丰富化。

随着科学技术的发展，企业规模的扩大，工作分工越来越细，自动化程度越来越高。为了提高劳动生产率，普遍采用流水线生产，工人只能终日在某一个固定岗位上从事简单和重复的工作。这种乏味的工作容易引起疲劳，使员工感到不满，降低劳动积极性，使离职率升高。为了使员工对工作本身产生兴趣，获得责任感和成就感，一些企业根据双因素理论提出的工作丰富化，改变传统的劳动组织形式，让员工有机会参加制订工作计划和设计工作，得到一定的信息反馈，正确地评价和修正自己的工作行为，从而提高工作绩效。例如，瑞典沃尔沃汽车公司的凯尔玛工厂，原来采用流水线进行生产，每3分钟装配一辆汽车，工人对工作厌倦，而瑞典的法律规定，工人不来上班，工厂必须照付工资，致使工人离职率很高，出勤率很低，工厂的支出很大。为了提高工人的工作兴趣，工厂将传统的汽车流水装配改为由15~29人的装配小组，负责汽车部件或汽车某一个生产过程的全部责任，其中包括物资供应、各个工序的生产、产品的产量和质量等。小组内部的工作分配和岗位轮换也由小组自行负责。结果工人的离职率降低，出勤率提高，从而使产品质量也得到提高，同时减少了不合格零配件的数量。

但不是所有的企业在任何时期采用这种方法都会收到积极的效果。例如，美国通用食品公司托皮卡工厂建立了基层小组，小组的权利很大，可以自行接受成员，自行分配工作和自行决定休息时间，甚至自行调整工资。开始实行时效果很好，工人的工作积极性很高，雇佣人员比同类工厂少35%，而产量却增加了、浪费减少了，停工和缺勤率也降低了。但4年之后，工人的积极性开始向消极的方向变化，决策缓慢，产量、质量都有所下降，损失很大，甚至被迫停业。根据研究者分析，这种办法只对具有强烈成就感的人才有积极的效果。

② 工作扩大化。

由于现代化的社会生产向精细化方向发展，员工的积极性会受到挫伤。工作扩大化是一种与专业分工背道而驰的劳动生产方式，让员工增加工作的种类，同时承担几项工作，扩大工作的内容，以增加对工作的兴趣。例如，美国商业机器公司的埃迪考特工厂，实行工作扩大化的工作方式，激发了工人的情绪，提高了工作积极性，降低了生产成本。

③ 弹性工作时间制。

弹性工作时间制是近年来组织为了方便员工，提高他们的工作情绪而实行的一种制度。这种制度规定：员工一部分时间须按规定准时上班，其余时间可以自行安排。例如，组织的作息时间规定为8:00~18:00，其中10:00~14:00全体员工必须到，其余时间员工可自行安排。实行这种制度的组织生产率得到提高，缺勤和迟到现象显著降低，员工因能自行支配一部分工作时间而感到满意。

（3）从两种因素之间的关系看。

双因素理论注意到了：单纯的物质鼓励是有限的，在管理中应该处理好物质鼓励与精神鼓励的关系，注意区别保健因素和激励因素，前者的满足可以消除不满，后者的满足可以产生满意。

8.2.3 奥尔德弗的 ERG 理论

耶鲁大学的奥尔德弗（Clayton Alderfer）在马斯洛的需要层次理论的基础上，进行了更切实际经验的研究，提出了一种新的需要层次论，即 ERG 理论。奥尔德弗认为，人们有 3 种核心需要，即生存（existence）需要、相互关系（relatedness）需要和成长（growth）需要，所以称之为 ERG 理论。

1. ERG 理论的主要内容

（1）人的 3 种需要。

奥尔德弗用 3 种需要替代了马斯洛的 5 种需要。

① 生存需要。

生存需要与满足人们基本的物质生存需要有关，包括马斯洛提出的生理需要和安全需要这两项，即人在衣、食、住、行等方面的物质需要，以及与维持人的生命直接相关的需要。

② 相互关系需要。

相互关系需要是指人们对于维持重要的人际关系的需要，与马斯洛提出的爱与归属的需要和尊重的需要相对应，即希望与上级、同事、亲人友好相处，相互尊重等。

③ 成长需要。

成长需要是指个人寻求发展的内在需要，包括马斯洛提出的尊重需要的内在部分和自我实现需要所包含的特征。

（2）3 种需要的相互关系（见图 8-6）。

图 8-6　ERG 理论 3 种需要的相互关系

① 需要并存。

ERG 理论认为，人在同一时间可能有不止一种需要起作用，有时 3 种需要可以同时起作用。例如，在生存和相互关系需要没有得到满足的情况下，一个人也可以为成长的需要而工作。

② 需要升级。

马斯洛的需要层次是一个严格的台阶式上升序列，即认为较低层次的需要得到满足后，才能上升到更高层次的需要。而 ERG 理论却并不认为各层次需要必须是逐级上升的，可以是跳跃的。

③ 需要受挫。

马斯洛的需要层次理论是基于"满足—上升"的逻辑，认为一个人的某一层次需要未得到满足时，他可能会停留在这一需要层次上直到获得满足为止。而 ERG 理论不仅是"满足—上升"，还提出了一种"受挫—回归"的观点，认为当一个人在某一更高等级的需要层次受到挫折时，那么作为替代，他的某一低层次的需要会有所增强。例如，一个人的相互关系需要得不到满足，他对更多金钱的欲望或更好的工作条件的愿望可能会更强烈。所以说，高层次的需要受挫会导致向较低层次需要的回归。

2．ERG 理论在管理中的应用

（1）了解员工的真实需要。

奥尔德弗将需要分为 3 类，每个人有各自不同的需要。这种不同的需要会导致他们在工作中有不同的行为表现，影响他们的工作绩效。如对于不同教育、家庭背景和文化环境的人，某类需要的重要程度和产生的驱动力强弱也会是不同的。管理者要想控制下属的工作行为和表现，首先要了解他们的真实需要，其中包括需要的内容、起作用的大小和重要程度等，然后对症下药，才会取得良好的激励效果；同时要通过控制工作绩效，使之成为满足下属需要的东西。

（2）防止"受挫—回归"现象的发生。

管理者应特别注意满足员工较高层次的需要，使员工需要的发展朝向更高层次的方向，避免"受挫—回归"现象的发生。

8.2.4　麦克利兰的成就需要理论

麦克利兰（D.Meclelland）是美国哈佛大学的心理学家，20 世纪 50 年代经过大量的调查研究以后提出了成就需要理论：人的基本需要有 3 种，即归属需要、权利需要、成就需要。这 3 种需要是在生理需要基本得到满足的前提下提出来的，且都与组织管理中的激励工作有着特别的联系。

1．成就需要理论的主要内容

（1）3 种需要。

① 归属需要（亲和需要）。

具有归属需要的人通常喜欢与别人建立友善、亲和的人际关系，并从中得到快乐和满足，尽力避免因受到某一组织的排斥而带来的痛苦。他们比较注重保持一种融洽的社会关系，渴望他人的喜爱和接纳，希望与周围的人保持亲密关系和相互的沟通与理解，充分享受其乐趣，随时愿意安慰和帮助危难中的伙伴，并喜欢与他们保持友善的关系。高归属需要的人通常喜欢合作性而不是竞争性的工作职位。

② 权利需要。

权利是管理成功的基本要素之一，人在不同的发展阶段会有不同的权利需要，一般的发展过程是：依靠他人—相信自己—控制别人—自我隐退。在这个过程中，主要包括个人权利和社会权利等。具有高权利需要的人喜欢承担责任，乐于影响和控制他人，重视自己的地位，倾向于寻求竞争性和领导者地位取向的工作环境。他们常表现出健谈、好争辩、直率、头脑冷静、善于提出问题和要求、喜欢教训别人、乐于演讲等特点。

③ 成就需要。

成就需要者对胜任和成功有强烈的要求。他们追求卓越、争取成功，热衷于接受挑战；常为自己设定有一定难度而又不是高不可攀的目标，并去努力实现；敢于冒风险，又能以现实的态度对待风险，不存侥幸心理，善于分析和估计问题；愿意承担责任；追求的不是报酬本身，而是个人成就；想把事情做得比以前更好、更有效率。

（2）高成就动机者的特点。

麦克利兰通过调查研究提出，高成就动机者有3个主要特点（见图8-7）。

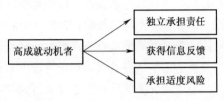

图 8-7 高成就动机者的主要特点

① 独立承担责任。

高成就动机者不满足于随遇而安，总想有所作为。于是他们总是精心选择自己的目标，很少自动接受上级为其选定的目标；不喜欢别人的帮助与忠告，但能提供所需技术、知识的专家除外。目标实现了，他们会要求应得的荣誉；目标没实现，也勇于承担责任。

② 获得信息反馈。

对于高成就动机者来说，要实现的目标非常重要，他们总是希望能尽快知道行为的结果。例如，推销员、律师、医生、企业家等的成就欲高，总是希望工作的结果能及时反馈。

③ 承担适度风险。

高成就动机者喜欢成功与失败的可能性各占50%的事情，这样可使他们的绩效最高。他们不喜欢偶然性高的工作，因为从偶然中获得的成功不能使他们感到任何的成就与满足感。同样，他们也不喜欢成功率高的工作，因为那样不能充分显示出他们的能力。他们喜欢设置需要经过一定努力才能实现的目标。当成功与失败的机会均等时，才是高成就动机者从个人努力中获得成功感和满意感的最佳时机。

2．成就需要理论在管理中的应用

（1）成就动机的形成。

成就动机是指在个人学习、工作、研究等活动中追求成功的内部动机。在心理学中，成就动机主要指个人对自己认为重要或有价值的工作不但愿意做，而且力求达到高标准的内在心理过程。成就动机又是一种社会动机，它的形成和发展受家庭教育方式、文化背景、组织的人文环境等因素的影响。如果个体在工作中认为任务过于容易或过于困难时，都不会产生强烈的成就动机。只有在难易适中的情况下，个人的成就动机最强。所以，要想充分调动员工的积极性，组织要培养人的高成就动机。

（2）高成就动机者的培养。

高成就动机可以通过外界刺激与训练而增强，并影响现实的行为。如何培养高成就欲望者？为此，麦克利兰办了一个训练班，并设计了一套训练成就动机的程序：首先，通过介绍高成就动机者的事迹，来激发受训者的成就动机；其次，通过制订个人成就动机的发展规划，使受训者将已激发出来的成就动机转化为实际行动；再次，通过对与成就动机有关的学科知识的学习，提高受训者的理论水平和认识能力；最后通过组织受训者交流成功与失败、希望与恐惧的经验感受，增强他们争取高成就的信心。经过这样的训练，受训者的成就动机普遍提高。使用这套训练程序，对培训企业家、营销人员等高成就者有一定的效果。

（3）针对不同员工对3种需求的强烈程度实施激励。

管理者在分配工作任务时，要考虑到不同员工的不同需求。例如，高权利需要者喜欢承担责任、影响和控制他人，喜欢竞争性强的工作环境，非常看重自己在组织中的地位；高归属需要者努力寻求友爱，喜欢合作性的而非竞争性的工作环境，渴望高度理解的相互关系；而高成就需要者总是希望在工作中能够承担独立的责任、获得及时的信息反馈和承担适度的风险。满足这些不同的需要，才能充分调动员工的积极性，提高工作绩效。

（4）高成就需要者不一定是优秀的管理者。

麦克利兰的研究表明：对于管理者来说，成就需要比较强烈，但成就需要者并不一定是优秀的管理者，尤其是在规模较大的组织中。同样，大型组织中的优秀管理者也未必都是高成就需要者。实际上，权利需要和归属需要与管理的成功与否密切相关，最优秀的管理者经常是高权利需要、低归属需要的人。

案例　透明式管理法

松下幸之助在只有七八名员工的时候，就开始公开公司的盈亏；他每个月都和公司的会计结算盈亏，然后把结果向员工公开发表。对于松下公开盈亏的做法，刚开始员工们都半信半疑。因为当时没有人这么做，何况大多数的老板都迷迷糊糊的，每个月都不知道自己做了多少生意。因此，他们认为松下不过摆摆谱、做做样子罢了。

不久，员工们发现松下是真诚的，他们都兴奋得不得了，因为他们看到了自己努力工作的成果。同时，员工们还产生了一种可贵的共识：下个月非加倍努力不可。松下公开盈亏的做法，激励了员工的士气，公司的业绩愈来愈高。而且，当松下电器因业务扩大而设立分厂时，松下把分厂负责人视之为事业的经营者，让该分厂独立经营，也采用公开盈亏的做法。分厂的负责人每月向松下报告盈亏时，松下都指示其要向员工们如实公布。此种做法被松下称之为"透明式经营法"，他认为公司的经营应当让员工们知道得清澈、明朗。此种作法的精神延续至今，公司负责人把公司的账目向松下产业工会的负责人公开。工会的负责人看过账目，彻底了解公司的营运状况之后，自然不会对公司提出无理的要求。如此一来，劳资双方当然较易于互相信任而建立和谐的关系。

8.3　过程型理论应用

过程型激励理论不同于内容型激励理论。内容型理论是从满足人的生理和心理需要等方面来激励员工的，但是仅仅用需要的满足并不能解释人们为什么在完成工作目标时选择某种特定的行为方式；而过程型理论则着重研究从行为动机的产生到行为的产生、发展、变化这一过程中的人的心理活动规律，阐述了如何通过心理激励来使员工的行为积极性保持在一个较高的水平上。过程型理论中，最著名的有：弗隆姆的期望理论、亚当斯的公平理论、洛克的目标设置理论和强化理论等。

8.3.1　弗隆姆的期望理论

弗隆姆（Victor Vroom）是美国的心理学家，1964年在《工作与激励》一书中提出了期望理论。期望理论反映了人的行为的心理机制，是分析管理措施、管理目标的激励力的有效工具。尽管有一些批评意见，但大多数的研究都支持了这个理论。

1. 期望理论的主要内容

（1）期望理论公式。

弗隆姆认为，任何时候，一个人从事某一行动的激励力将取决于他的行动全部结果的期望值乘以他预期这种结果将会达到所期望目标的程度；换言之，激励力是一个人某一行动的期望值与他认为将会达到某目标的概率之乘积。用公式可表示为：

M（激励力）=V（目标效价）×E（期望值）

式中，M——激励力。这是指激发出人的内部潜力的强度或受激励的程度大小。实际上就是指被激励的动机强度。

V——目标效价。这是指人对某一目标的重视程度与评价高低。也就是指在实现目标或做出成绩后能得到多大价值的回报。这是一种主观的判断和评价。这种目标效价有正负大小之分。

E——期望值。这是指通过以往的经验，主观估计达到目标的可能性。或者说人经过努力能否实现目标的概率。

因此，为了使员工具有较高激励力，管理者既要提高员工对目标效价的认识，又要帮助员工实现其期望值。如果忽视了目标效价和期望值中的一项，其分值很低，那么工作任务对员工来说就缺乏激励力。

（2）3种关系。

弗隆姆认为，个体选择某种行为，取决于该行为可能给个体带来的结果及这一结果对个体需要的满足程度，即当员工认为个人努力会带来良好的工作绩效时，他就会受到激励付出更大的努力；良好的工作绩效又会带来组织奖励，如加薪、奖金、升职等；而组织奖励又会满足个人的需要和目标。在期望理论公式中，实际上提出了在进行激励时要考虑4个因素，并处理好3方面的关系（见图8-8），这也是调动员工工作积极性的3个条件。

$$个人努力 \xrightarrow{\text{关系1}} 工作绩效 \xrightarrow{\text{关系2}} 组织奖励 \xrightarrow{\text{关系3}} 个人需要（目标）$$

图 8-8 期望理论的 4 个因素和 3 种关系

关系 1：个人努力与工作绩效的关系。人总是希望通过个人努力能够达到预期的目标，如果个人主观认为通过个人努力达到预期目标的概率较高，就会有信心，就能激发出很强的工作动力。但如果他认为目标太高，通过努力也不会有很好的工作绩效，就会失去内在动力，导致工作态度消极。

关系 2：工作绩效与组织奖励的关系。人总是希望取得成绩后能得到组织奖励，这种奖励既包括加薪、多发奖金等物质奖励，也包括表扬、获得成就感、得到同事们的信赖，提高个人威信等精神奖励，还包括晋升、提拔等物质与精神兼而有之的奖励。如果他认为取得工作绩效后能获得合理的奖励，就会产生工作热情，否则就可能没有积极性。

关系 3：组织奖励与满足个人需要的关系。人总是希望自己所获得的奖励能够满足自己某方面的需要。然而由于个体间存在着种种差异，如年龄、性别、资力、社会地位和经济条件等，人们对各种需要得到满足的程度就不同。因此，对于不同的人，采用同一种方法给予奖励，能满足的需要程度不同，能激发出来的工作动力也就不同。作为管理者应采用多样化的奖励方式。

2．期望理论在管理中的应用

在实际工作中，期望理论表现出了它的实用性和有效性，对组织管理者有很大的启发。

（1）提高期望值。

人都有一种希望做出成绩，满足某种需要的心理。如果管理者能有针对性地给员工以期望，就能较好地调动被管理者的积极性。

（2）了解不同期望与不同现实对员工心理的不同影响。

期望是激励中的一个重要因素，个人努力只说明有动机，但期望并不等于现实结果。期望与现实之间存在着以下3种情况。

① 期望大于现实。

期望大于现实就是预期结果大于现实结果。在正强化（奖励）的情况下，期望大于现实会使人因失望而产生消极情绪，导致积极性下降。例如，现实生活中有些领导在调整工资、评定职称时"许愿"，而结果却不令人满意，造成不良的后果。但在负强化（惩罚）的情况下，期望大于现实会收到良好的效果。因为人们做好了最坏的准备，现实却比期望好得多，这会使人们的积极性增强。

② 期望小于现实。

期望小于现实即预期结果小于现实结果。在正强化（奖励）的情况下，期望小于现实有助于积极性的提高。例如，员工对晋级的期望很小，但现实结果却高于他的期望（得到晋级），这会使员工喜出望外，增加激励力。所以在正强化时应注意降低员工的期望值，同时创造条件提高现实值，会收到良好的效果。

③ 期望等于现实。

期望等于现实是期望变为现实。这有利于调动员工的积极性。但是，如果没有进一步的激发，员工的积极性往往只维持在原有的期望值水平上，甚至逐渐减弱。

所以，作为管理者应了解不同期望与不同现实对员工心理的不同影响，正确处理期望与现实之间的关系，才能更好地调动员工的积极性。

（3）创造有利于员工实现目标的条件。

目标是一种期望，不是现实结果。实现目标的过程中，是要有一定的环境条件的。作为管理者应努力为员工创造有利于实现目标的环境条件。同时，也应引导员工作出正确估计，使期望与现实相符。

（4）提高目标效价。

目标效价是一种主观的判断和评价。管理者应向员工说明工作任务的意义，使员工认识到他所从事的工作对于完成组织总体任务的作用，及对于组织生存发展所具有的社会效益和经济效益，从而提高员工的目标效价。

（5）对员工努力的结果应给予奖励。

奖励应包括物质奖励、精神奖励。管理者要对员工的努力结果进行强化，使员工的工作积极性能巩固和保持下去。

（6）注意奖励的公平性。

奖励有一定的激励作用，但必须公平合理，否则非但不能调动员工的积极性，还会挫伤积极性。

（7）注意奖励是否是个人需要。

每个员工都有自己不同的需要，如有的人希望得到晋升的奖励，而有的人希望得到金钱或休假等奖励。有些企业，一律发奖金，其效果并不是很好。所以，管理者应尽力为满足员工不同的需要来进行奖励。

案例　遣将不如激将

1912 年，美国钢铁大王安德鲁·卡耐基（Andew Camegie）以 100 万年薪聘请查理·斯瓦伯（Charles Schwab）为该公司第一任总裁时，全美企业界为之议论纷纷。因为在当时，百万年薪已是全美最高，斯瓦伯对钢铁并不十分内行，卡耐基为何要付那么高的薪水呢？原来卡耐基看上了他善于激励部属的特殊才干。

斯瓦伯上任不久，他管辖下的一家钢铁厂产量落后，他问该厂厂长："这是怎么一回事？为什么你们的产量老是落后呢？"厂长回答："说来惭愧，我好话与丑话都说尽了，甚至拿免职来恐吓他们，没想到工人软硬都不吃，依然懒懒散散。"那时正是日班快下班，即将要由夜班接班之时。斯瓦伯向厂长要了一支粉笔，问日班的领班说："你们今日炼了几吨钢呢？"领班回答："6 吨。"斯瓦伯用粉笔在地上写了一个很大的"6"字，默不做声地离去。夜班工人接班后，看到地上的"6"字，好奇地问是什么意思。日班工人说："总裁今天来过了，问我们今天炼了几吨钢，他听领班说 6 吨，他便在地上写了一个 6 字。"次日早上，斯瓦伯又来工厂，他看到昨天地上的"6"字已经被夜班工人改写为"7"字了。日班工人看到地上的"7"字，知道输给夜班工人，内心很不是滋味，他们决心超过夜班工人，大伙儿加倍努力，结果那一天炼出了 10 吨钢。在日夜班工人不断地竞赛之下，这家工厂的情况逐渐改善。不久之后，其产量竟然跃居公司里所有钢铁厂之冠。斯瓦伯只用一支粉笔，就能鼓舞人们奋发向上的本领，就是他获得全美最高薪的主要原因。

8.3.2　亚当斯的公平理论

亚当斯（J.S.Adams）是美国北卡罗莱纳大学心理学教授，1965 年他根据认知失调理论，在《工人关于工资不公平的内心冲突同其生产率的关系》《工资不公平对工作质量的影响》《社会交换中的不公平》等著作中提出了公平理论。该理论是在社会比较中探讨个人所做的贡献与他所得到的报酬之间的合理性、公平性及其对员工行为积极性影响的一种理论。

1．公平理论的主要内容

（1）公平理论的基本观点。

公平理论指出：公平感是人们的一种基本需要。人不仅有生理平衡的需要，也有心理平衡的需要。当一个人做出了成绩并取得报酬以后，他不仅关心自己所得报酬的绝对值，更关心自己所得报酬的相对值。他要进行种种比较来确定自己所获报酬的合理性与公平性，比较的结果将直接影响今后的工作积极性。一般情况下，员工倾向于将自己的报酬与投入之比和他人的和报酬与投入之比进行比较，来判断其公平性。比较后会出现 3 种不同的反应：公平、报酬过度、报酬不足。当员工认为公平时，则心情舒畅，会继续以同样的积极性去工作；当员工认为不公平时，他们就会感到紧张，产生减少不公平的动机，造成的影响可能是实际表现的或心理上的，内部的或是外部的。

（2）公平心理模式。

人们判断公平性的过程，实际上就是一个比较的过程。

① 用作比较的参照物：自我和他人。

自我：指的是员工自己，将自己在工作中的投入与所得进行比较。

他人：包括同一组织中从事相似工作的其他个体，还包括朋友、邻居及同行。员工通过口头、报刊、杂志等各种渠道获得了有关工资标准、福利待遇、劳动合同等方面的信息，在此基础上将自己的所得与他人的所得进行比较。

② 用作比较的变量：投入和产出，其种类如表 8-3 所示。

表 8-3   投入与产出的种类

投 入	产 出
年龄	额外福利
出勤	工作特权
人际技巧	工作保障
工作努力	工作单调性
技能水平	工作分配
工作经验	晋升
绩效状况	认可
个人外表	责任感
资历	工资
社会地位	资历、福利（奖励旅游：对业绩高、贡献大的人）
技术能力	地位符号
培训状况	工作条件

③ 比较的方法。

一种比较称为横向比较，即将自己获得的"报酬"（产出），与自己的"投入"的比值同他人进行社会比较，会出现 3 种情况，用公式表示如下：

$O_a/I_a = O_b/I_b$，感到公平；

$O_a/I_a > O_b/I_b$，感到不公平；

$O_a/I_a < O_b/I_b$，感到不公平。

公式中，O 表示产出（outcomes），I 表示投入（inputs），a、b 表示两个条件相当的个体。只有相等时，个体才认为公平。

除横向比较之外，人们也经常做纵向比较，即将自己目前获得的"报酬"（产出），与自己的"投入"的比值，同自己过去获得的"报酬"（产出），与自己的"投入"的比值进行比较。同样会有 3 种情况，如下式所示：

$O_a/I_a = O_b/I_b$，感到公平；

$O_a/I_a > O_b/I_b$，感到不公平；

$O_a/I_a < O_b/I_b$，感到不公平。

公式中，O 表示产出（outcomes），I 表示投入（inputs），a、b 表示个体的现在与过去。只有相等时，个体才认为公平。

2. 公平理论在管理中的应用

要求公平是任何社会普遍存在的一种社会心理现象，管理者在待人处世中、工作任务的分配、工作绩效的考核中，特别是工资奖金的评定是否能做到坚持公正合理，既是衡量管理水平高低的一个重要标志，又是能否保持组织安定、人际关系良好、员工积极性能否得到充分发挥的重要因素。所以，管理者在管理过程中在公平问题上应注意以下几个方面。

（1）制订公平合理的报酬分配制度。

对大多数员工来说，激励不仅受到绝对报酬的影响，还受到相对报酬的影响，这种相对报酬是通过投入和产出的比较而获得的一种主观认知。因此，在管理中制订一套公平合理的报酬分配制度，对于保持和调动员工的积极性是十分重要的。公平理论提出了以下几种观点。

① 如果按时间计酬，报酬过高的员工的生产率水平高于报酬公平的员工。为了增加投入以保持公平，按时间计酬会使员工提高生产的数量或质量。

② 如果按产量计酬，报酬过高的员工比报酬公平的员工产量低，但质量高。实行计件工资的员工通过加倍努力来达到公平，这可以带来更高的产量或更高的质量。但产量的增加只能加剧不公平，因为每增加一个单位产品会带来更高的报酬。因此，理想的努力方向应该是提高产品质量，而不是数量。

③ 如果按时间计酬，报酬过低的员工将减低他们产品的数量和质量，他们的努力程度也会降低。而对报酬公平者来说，他们也将降低努力程度，减少产品数量和减低产品质量。

④ 如果按产量计酬，与报酬公平者相比，报酬过低员工的产量高，而质量差。在实行计件工资时，应对那些只顾数量而不管质量的员工，不实行任何奖励，这样可以产生公平。

（2）注意对员工公平心理的疏导。

管理者应引导员工树立正确的公平观：

① 绝对的公平是不存在的；

② 不要盲目攀比，所谓盲目性起源于纯主观的比较，应多听别人的建议，从不同的角度来看待公平与不公平；

③ 不要按酬付劳，这样会在公平上造成恶性循环，使相对公平变成不公平，使不公平变得更加不公平。

8.3.3 洛克的目标设置理论

洛克（E.A.Locke）是美国心理学家兼管理学家，20 世纪 60 年代末提出了目标设置理论。他认为，指向一个目标的工作意向是工作激励的主要源泉。也就是说，明确的目标告诉员工需要做什么以及需要付出多大的努力。

1．目标设置理论的主要内容

（1）目标与动机的关系。

人的行为是由动机引起的，受动机的支配，并且都指向一个目标。目标和动机是两个既有区别又有联系的概念。

① 联系：凡是能引起人去从事某种活动，指引活动去满足一种需要的愿望或意念，称之为这种活动的动机；动机是比目标更为内在、更为隐蔽、更为直接推动人去行动的因素。

② 区别：一是有些行动的动机只有一个，而目标可以有几个局部或阶段性的具体目标；二是同样的动机可以体现在目的不同的行动中。

（2）目标设置的过程。

洛克在科学研究和工作实践中发现，外部刺激如奖金、工作反馈、监督等都是通过目标来影响动机的。另一管理学家休斯认为，成长、成就、责任感都要通过目标的实现来满足个人的需要。目标设置的具体性、挑战性能影响一个人的行为和工作绩效。因而目标的设置显得非常重要。具体的目标设置过程如下：

评价环境条件→评估目标设置→接受目标→努力实现目标→取得绩效→获得报酬→获得满足感

在目标设置的过程中，团队目标的设置、目标的明确性、目标的挑战性、目标责任心、员工的参与、完成目标的反馈等因素都会对其产生影响。

（3）基本结论。

① 明确的目标比笼统的目标更能激发员工的积极性。

② 一旦我们接受了困难的目标，就会比容易的目标带来更高的绩效。

③ 反馈比无反馈带来更高的绩效。

2．目标设置理论在管理中的应用

设置有吸引力的目标要注意以下几点。

① 目标要具体、明确。

目标设置理论认为具体而明确的目标可以提高员工的工作绩效。因员工希望了解自己行为的结果和目标的认知倾向，这种倾向可以减少行为的盲目性，提高行为的自我控制程度。具体而明确的目标可以使员工知道他要完成什么工作，为此需要付出多大的努力。例如，装配工每天的工作任务明确为：装配 5 台合格的仪器，这要比笼统的"努力工作"、"认真工作"等口号更能使员工取得较高的工作绩效。

② 目标要有适当的难度。

目标设置理论认为困难的目标要比容易的目标能带来更高的个人绩效。相对于员工的能力有适当难度，但通过一定的努力又可以实现的目标，能给员工提供一种挑战性，对员工有一定的吸引力，从而使员工在原有的基础上获得更高的工作绩效。例如，我们识记一篇文章，识记第一遍时会感到有一定的难度，有吸引力，但多次重复之后，就会觉得乏味，努力程度自然会下降。

③ 进行反馈。

目标设置理论认为反馈比无反馈带来更高的绩效。及时的、积极的工作情况反馈，可使员工对自己的工作完成情况有清晰的认识，以调整下一步的行为。例如，蒙上眼睛进行射击，放出第一枪后，看不到行为的结果，就不能调整射第二枪时的行为。所以进行反馈的意义在于刺激，从反馈中来矫正今后的工作。管理者应善于与员工进行反馈。

④ 员工参与设置目标。

目标设置理论认为员工参与设置目标有利于目标的实现。但实际上，关于员工参与设置目标是否能带来更高的绩效，答案并不肯定。有些工作，员工参与设置目标有利于目标的实现，并能带来更高的绩效；而有些情况，领导指定的目标会带来更高的绩效。例如，销售工作，销售员的行为及影响销售工作的因素难于控制，销售员参与设置目标，能较客观地评价各种环境因素，并在心理上有对目标更高的承诺感，可以产生最佳的效果。但如秘书工作，则在很大程度上不需要商量，上司如何分派，秘书就如何去做。

⑤ 要有时间限制。

目标设置理论认为，目标要有明确的时间规定，否则效益就会受到影响。例如，生产一批产品，是1周、1个月、还是3个月来完成，这将直接影响工作绩效，影响员工所得的报酬水平。

3．目标管理

目标管理是美国管理学家杜拉克（D.F.Drucker）于1954年在《管理的实践》一书中首先提出来的。目标管理，又称目标管理法，简称 MBO，是一种激励手段，是让员工参与管理的一种形式。实质上是将个人目标与组织目标结合起来，通过目标的激励，调动员工的积极性，从而保证组织目标的实现。

（1）目标管理的主要观点。

杜拉克主张在组织中实行"目标管理和自我控制"。

① 目的和任务转化为具体的目标。

一个组织的目的和任务，必须转化为一个个具体的目标。如果"一个工作领域没有特定的目标，则这个领域必然会被忽视"。例如，"提高产品质量"、"尽可能多地提高生产效率"等目标是不行的，必须把这种愿望转化为具体的目标："产品的合格率控制在 99%"、"本季度生产效率要比上季度提高 10%"等。

② 员工的意见是制订组织目标的基础。

组织的领导者在制订组织目标时，应根据要求、外界环境、本组织的具体情况，并在充分听取广大员工意见的基础上制订组织的总目标。

③ 分目标是实现总目标的基础。

要求组织中的各部门及每个员工根据总目标，分别制订部门和个人的分目标及保证措施，形成组织的全系统、全过程、多层次的管理目标体系，以保证总目标的实现。如果没有配套的分目标来指导员工的工作，则组织规模越大、人员越多，发生冲突和浪费的可能性就越大。

④ 实行自我管理。

在目标管理的实施阶段和成果评价阶段，应充分信任员工，实行权利下放、民主协商，让员工独立自主地完成各自的任务，进行自我控制。

⑤ 目标是衡量员工贡献的依据。

各级管理者只有通过具体的目标对员工进行领导，以目标来衡量每个员工的贡献大小，这样才能保证组织总目标的实现。

（2）目标管理的过程。

目标管理的整个过程分为3个阶段：目标制订、目标实施和目标成果评价，如图8-9所示。

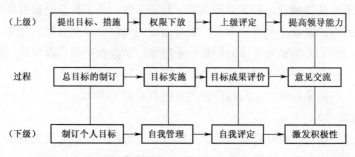

图8-9　目标管理的基本过程和内容

① 目标体系的制订阶段。

目标体系的制订包括总目标的制订和总目标的展开。总目标一般由总方针、定量目标和保证措施组成。总目标的展开是指目标的层层落实。在落实的过程中，上、下级之间应共同协商和调整目标。

组织目标作为一种体系，其制订过程就是一个组织在内外条件下，通过上下协调，制订总目标，并对其进行分解落实的过程。这一过程的实施，是一个从上至下将组织的总目标层层分解展开、直至落实到每一个员工身上，形成自下而上的层层保证，构成一个完整的目标体系，以保证组织总目标的实现，其目标体系如图8-10所示。

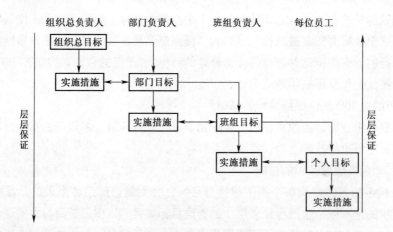

图8-10　目标管理体系

② 目标的实施阶段。

目标的实施工作主要包括以下3个部分。

a. 通过对下级员工的委任与授权，使每个员工都明确在实现目标中自己应负的责任和所拥有的权限，让他们在工作中实行自我管理，独立自主地实现个人目标。

b. 加强与下级的意见交流以及进行必要的指导等，对于下级用什么方法和手段来完成目标，让其自行选择。这样可以极大地发挥各级员工的积极性、主动性、创造性和工作才能，从而提高工作效率，保证目标的全面实现。

c. 各级目标的实施者必须严格按照"目标实施计划表"的要求来进行工作，以控制工作的进程。目的是在整个目标实施阶段，使每一个工作岗位上的员工都能有条不紊地、忙而不乱地开展工作，从而保证完成预期的各项任务。

③ 目标成果的评价阶段。

目标成果评价的主要工作内容有以下两点：

a. 当目标实施活动已按预定要求结束时，就必须按照目标对实际取得的成果作出评价，并使这种评价与奖励挂钩；

b. 把评价结果及时反馈给员工，使其主动总结经验教训。

目标成果评价的具体步骤：自我评定→上级对评定工作的指导→评定小组的综合评定→奖励→总结等。

目标成果评价的主要目的是使员工了解自己的工作状况，为下一周期制订目标和保证措施提供依据；改善领导的工作，鼓舞员工的士气，为更好地实现目标而继续努力。

小故事：挑战目标

是什么让飞人迈克尔·乔丹有不同于其他职业篮球运动员的表现，能多次赢得个人荣誉和球队的胜利呢？乔丹跟其他球员截然不同的原因就是他有着与众不同的目标：只要第一，不要第二。

在他念高中时，一次在篮球上的挫败，激起了他不断向更高的目标挑战的决心。

乔丹高中时被学校篮球队退训，回到家哭了一下午。在沉重的打击下，他原可以就此决定不再打篮球了，可是他没有这么做，反而把这个挫折转化为动力，为自己定下了一个更高的标准、更难达到的目标。在升高二之前的暑假，他得到了校队教练克里夫顿·贺林的帮助，每天清晨六点在教练的指导下进行密集训练。在此期间，乔丹的身高能长到 1.98 米，在一定程度上得益于他因迫切想要早日达成心愿，每日在学校的攀爬架上的勤奋练习。

在"只要第一，不要第二"这一目标的推动下，飞人乔丹一步步成为全州、全美国大学乃至 NBA 职业篮球史上最伟大的球员之一，他的事迹一再改写了篮球比赛的纪录。

8.3.4 强化理论

强化理论与目标设置理论的观点相对。目标设置理论是一种认知的观点，它假设一个人的目标指引他的行为。而强化理论是一种行为主义观点，它认为强化能够塑造行为。该理论是由美国心理学家斯金纳在巴甫洛夫经典条件反射学说的基础上发展而成的。

1．强化理论的主要内容

（1）强化理论的基本观点。

强化理论是以斯金纳的操作条件反射理论为基础的，它着眼于行为的结果。在形成操作条件反射过程中，个体的行为是主动的，个体为了获得某种奖励或回避不好的刺激，主动地选择自己的行为。无论行为的结果是奖还是罚，行为结果作为一个刺激物对个体行为都具有强化作用。操作条件反射也称为工具性条件反射。斯金纳认为，人类的大部分行为都是条件反射，行为取决于行为的结果。人为了达到某一目的而做出行动时，会得到一定的结果。这一结果便强化了先前的行为，使这种行为得以巩固、保持或减弱、消退。

（2）强化的类型。

① 正强化。

正强化是通过积极的行为结果，使员工的某种行为得到巩固和加强。当员工做出了所期望的行为后，应给予物质和精神上的奖励，对其行为加以肯定，从而使这种行为能保持下去，这是一种积极的强化。在组织管理中，如发奖金、对成绩的认可、表扬、改善工作条件以及人际关系、晋升、安排担任挑战性工作、给予学习和成长的机会等都能起到正强化作用。

② 负强化。

负强化是通过消极的行为结果，使员工的某种行为减少和终止。负强化分为以下3类。

a. 回避：是为了避免惩罚，预防不希望的刺激发生，从而促进所希望的行为发生。例如，一些组织中，员工迟到不仅会受到批评，还会扣发奖金，情节严重者还有被开除的可能。所以员工都不敢迟到。这种行为不是积极强化的结果，而是为了避免惩罚，同时促进了组织所希望的行为。

b. 惩罚：是通过某种带有强制性、威胁性的结果，使员工的某种行为得到终止。例如，对不努力工作的员工进行批评、降职、降薪，对违反组织规定的员工进行罚款、甚至开除，以阻止这种行为不再发生。

c. 消退：指撤销对某种行为结果的强化，以表示对该行为的轻视或否定，使这种行为出现的频率逐渐减少，最后消失。一般情况下，员工的行为结果受到正强化后会保持这种行为；行为结果受到惩罚后会回避这种行为，尽量减少这种行为的发生；行为结果既无奖励又无惩罚后，这种行为将会终止。

经过比较研究，结果发现：不同的强化所起的作用也是不一样的。例如，连续强化比间歇强化反应速度快，但一旦停止强化后，其行为将很快消失；间歇强化的效果虽不如连续强化的速度快，但保持时间长。所以，在管理中，不仅要注意强化刺激的内容，还应注意强化的方法和手段。

2．强化理论在组织管理中的应用

（1）针对不同的员工采用不同的强化方式。

员工的年龄、性别、职业和文化背景不同，他们的需要就不同，强化方式也应不同。同一种强化方式对一部分人有效，而对另一部分人则不一定有效。

（2）及时反馈、及时强化。

及时反馈就是通过某种途径，及时将工作结果告诉给员工。无论结果好与坏，对行为都有强化作用。好的结果可以激励员工继续努力；坏的结果则能促使员工分析原因，及时矫正行为。

（3）分阶段制订目标，小步子强化奖励。

在激励员工时，不仅要设置一个总目标，还要根据总目标设置许多分目标。每完成一个分目标都及时给予强化激励，通过不断的激励逐渐增强信心，有易于最终实现总目标。下面举一个例子来说明分阶段、分目标、小步子强化奖励的必要性：在电视里或海洋馆中人们可以看到海豚表演节目：训练员高高举起一个横杆，海豚能一越而过。为了能使海豚有这样出色的表现，训练员在开始训练时，只把横杆置于水中，一旦海豚从横杆上游过，就给予奖励，并逐渐提高横杆的高度，不断进行强化奖励，最终海豚能越出水面高达几米。作为个体的人也有类似情况。但如果目标一次定得太高，个体感到达到目标的可能性很小或不能达到，可能会放弃努力，放弃目标。作为管理者也很难调动员工的积极性。

（4）奖惩结合，以奖为主。

强化理论认为，正强化（奖励）和负强化（惩罚）都有激励作用。在实践中，应以奖励为主，惩罚为辅，两者结合，收到的效果才会更好。

小故事：金香蕉的故事

在美国福克斯波罗公司成立早期，急需一项关系公司性命攸关的技术改造。总裁福克斯为谋求这项技术终日食不知味、寝不安席。

一天深夜，一位研发部的工程师拿着一台实现了此项技术的的原型机闯进总裁的办公室。这台原型机性能高超、使用方便，这是福克斯梦寐以求的东西。总裁看到这个主意非常妙，简直难以置信，就琢磨着怎样给予奖励。他弯下腰把办公桌的大多数抽屉都翻遍了，总算找到了一样东西，于是躬身对那位工程师说："这个给你!"他手上拿的竟是一只香蕉，而这是他当时能拿得出的唯一一奖酬了。自此以后，香蕉演化成小小的"金香蕉"形别针，作为该公司对成就的最高奖赏。

8.4　综合型激励理论应用

综合型激励理论是综合了各种激励理论，吸取了它们的优点，克服了不足之后提出来的，主要有波特和劳勒的综合激励理论、罗宾斯的整合理论等。

8.4.1　波特和劳勒的综合激励理论

波特（L.W.Porter）和劳勒（E.E.Lawler）在期望理论的基础上，探讨了努力、绩效和满足感三者之间的关系，提出了更完善的综合激励模式，较好地说明了整个激励过程，如图8-11所示。

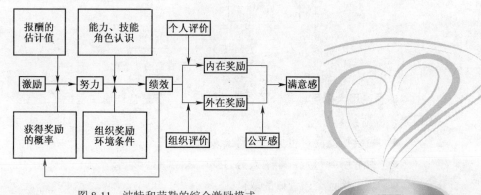

图 8-11　波特和劳勒的综合激励模式

该模式图指出：

（1）人的动机性行为的进程是由激励导致努力，努力导致绩效，绩效导致奖惩，奖惩导致需要的满足；

（2）个人的努力程度不仅依据期望理论，取决于期望值和目标效价，而且随着行为的进程，还受绩效的期望概率和报酬的估计值的影响；

（3）绩效不仅取决于努力程度，还取决于个人的能力、技能和角色认知程度，以及组织的帮助和外部条件；

（4）奖酬即奖励和报酬，包括内在奖酬和外在奖酬。奖酬不仅取决于绩效，还取决于对绩效的评价。绩效的评价包括个人评价和组织评价两个方面；

（5）满意感不仅取决于奖酬，还取决于奖酬是否合理、公平；

（6）获得满足感后，行为并没有结束，它反过来又会借助于对报酬的估计来影响努力的程度。

波特和劳勒的综合激励理论认为，激励并不是一个简单的因果关系。在整个激励过程中，经历了奖酬目标、努力、绩效、奖酬、满意感以及从满意感反馈回努力等多个阶段，整个过程的良性循环受奖酬制度、组织分工、目标设置、管理水平、公平的考核和领导作风等多种因素的综合影响。

8.4.2　罗宾斯的整合理论

罗宾斯（S.P.Robbins）从各种理论的主要观点出发，以期望理论为基础，将关于激励的知识整合起来，得到整合理论如图8-12所示。

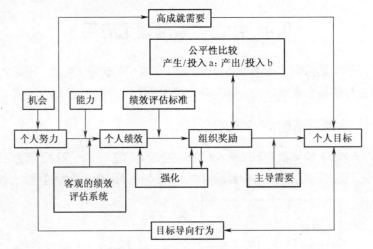

图8-12　罗宾斯的整合理论

该理论最大限度地整合了各种激励理论，在整合理论中包括了各种影响个人努力程度的因素，包括：

● 机会可能促进也可能防碍个人的努力；

● 目标引导行为，即个人努力受个人的目标影响；

● 能力保证个人绩效的取得；

● 绩效评估标准必须被认为是公平的和客观的；

● 激励水平的高低取决于一个人由于高绩效所得到的奖励能够在多大程度上满足与他的个人目标一致的主导需要；

● 高成就需要者不是由于组织对他的绩效评估或组织奖励而受到激励，而是在通过个人努力来实现个人目标中受到激励；

● 组织的奖励会强化个人的绩效；

● 不公平会影响员工付出努力的程度。

案例 发挥人的最大潜能

美国前首富保罗·盖帝（Jean Paul Getty）的财产大约有 80 亿美元，他不但家财万贯，而且也是很会用人的企业家。有一次，盖帝聘用一位名叫乔治·米勒（George Miller）的人管理洛杉矶郊外的一片油田。

米勒是个优秀的管理人才，对石油业很内行，而且勤奋、诚实。可是盖帝每次去察看油田，总会发现一些浪费或错误的情形——员工有闲置浪费的现象；若干工作进度太慢，有的又太快；有些机具太多，有些又太少。此外，盖帝还发现米勒待在办公室的时间太多，而在油田现场的时间太少了。上述这些因素，使得油田的费用上升，利润减少。盖帝确认米勒有才干，但对他的表现不太满意，于是找他来谈话。盖帝说："妙极了！我只不过在油田待一个小时，就发现许多地方可以减少浪费，提高产量，增加利润，而你竟然看不出来。"米勒回答："因为那是您的油田。油田上的一切都跟您有切身的关系，那使您眼光锐利，看出一切的问题。"米勒的回答，令盖帝心头一震，他连续好几天都在想米勒所说的话，最后他决定做一项大胆的尝试。盖帝告诉米勒："我打算把这片油田交给你，从今天起我不付你薪水，而付你油田利润的百分比；油田愈有效率，利润当然愈高，那么你赚的钱也愈多。你看怎么样呢？"米勒考虑了一下，就欣然接受了。从那一天起，一切改观了。由于油田的盈亏与米勒的收入有切身的关系，他遣散了多余的工人，把机具的数量控制得恰到好处，另外又想出更好的作业方法，使工作进度适宜，减少了人力与物力的浪费。而且，以往他每周至少要有两天在办公室，如今一个月才去一两次。

60 天后，盖帝又去察看油田。他详细检查作业的情况，已经找不出任何毛病。结果，油田的费用减少，而产量与利润都大增。盖帝运用人性关切自己的原理，使米勒发挥潜能，最后两人均蒙其利。

第三部分 课题实践页

1. **选择题**

（1）当某种行为出现后，给予某种带有强制性、威胁性的不利后果，以期减少这种行为出现的可能性或消除该行为，这种强化方式是（ ）。

A. 惩罚   B. 正强化

C. 自然消退   D. 消极强化

（2）某公司年终奖励时，发给受奖员工每人一台电风扇，结果许多员工很不满意，认为公司花钱给他们买了个没用又占地方的东西。造成这种现象的原因是（ ）。

A. 公司没有做到奖罚分明 B. 奖励不够及时

C. 公司没有做到奖人所需、形式多变 D. 员工太挑剔

（3）以下做法中，属于自然消退强化方法的有（　　　）。

A. 员工出现失误时，给予记过处分

B. 对爱打小报告者采取冷漠态度，使之因自讨没趣而放弃这种不良行为

C. 对喜欢奉承拍马屁者，冷脸相待 D. 对请客送礼者，拒之门外

（4）双因素理论认为，企业中影响人的积极性的因素，可按其激励功能的不同，分为（　　　）。

A. 激励因素 B. 心理因素 C. 保健因素 D. 社会因素

（5）麦克利兰成就需要理论的核心概念是（　　　）。

A. 权力需要 B. 合群需要 C. 自我实现需要 D. 成就需要

（6）在弗洛姆的期望理论里，（　　　）主要是指某种结果实现的可能性。

A. 期望 B. 效价 C. 工具性 D. 公平指数

（7）在双因素理论中，下列不属于保健因素的是（　　　）。

A. 职务保障 B. 工资待遇 C. 工作职务上的责任感 D. 工作条件

（8）以下哪一个不属于有效激励行为的内容（　　　）。

A. 保健激励 B. 成就激励 C. 控制激励 D. 责任激励

2. 问答题

（1）简述内容型理论的基本内容。

（2）分析内容型理论的相同点和不同点。

（3）简述过程型理论的基本内容。

3. 操作题

他们到底想要什么

一家以房地产为主要经营项目的公司，成立之初的经营状况不尽如人意，尽管公司在一些黄金地段都有自己的楼盘，但由于价格过高，人们都对此采取观望的态度，导致公司的效益未能达到预期的目的。公司的高层主管分析问题的现状之后，把问题的根源归结到员工的营销能力上。因为在现有的员工中，接受过大学以上高等教育的只占 1/10 左右。所以公司指派市场营销部经理王波面向各高校毕业生招聘新员工，打算以市场营销部为试点来提升公司的营销能力，要是证明此举有效的话，将会在公司各个部门推广。

王波丝毫不敢怠慢，接到通知后马上来到几所国内著名的大学，和所有市场营销专业毕业班的学生进行了交谈，其中小张和小刘的能力给王波留下了深刻的印象。他们表现了极强的专业能力，同时两人也有到公司工作的意向，双方一拍即合。王波代表公司和两人签订了试用合同，当年的 7 月份，小张、小刘毕业后马上到公司上班。

开始时一切顺利，两人凭着丰富的专业知识和努力的工作态度赢得了客户的信赖，销售业绩节节上升，同时也赢得了公司管理层的赏识。管理层决定拨款 20 万元给予两人奖励，

具体的奖励工作由王波来完成。王波接到上级主管的指示和奖励款后，考虑再三，王波觉得刚毕业，应该正是缺钱的时候，何不就用现金对他们进行直接奖励？于是，第二天王波在部门会议上当众给了小张和小刘每人 10 万元的奖励，并表达了他希望两人继续努力，使部门的销售业绩更上一层楼。

可两个月后，两人的销售业绩却一降再降。王波找到两人和他们进行了一次面谈。面谈时王波提到了近两个月来两人的销售业绩滑坡，同时表达了自己的不解：为什么有了奖励却业绩没有提高。两人想了许久，告诉王波说："我们刚毕业，还很年轻，我们到此工作的目标并非仅仅为了钱。"王波似乎明白了什么，鼓励他两人努力干，公司会给他们想要的东西。面谈后，两人的工作有了明显改善，他们更积极地工作，销量不断攀升。又是一个月末，在公司例行的评优活动中，两人的工作再次得到上级主管的认可，于是公司决定再次对两人进行奖励。这一次王波向公司领导提出一个建议，不再给他们现金奖励，而是改为给他们升迁，让两个人做自己的副手，打算通过给予良好职业发展机会的方式来奖励两人。公司采纳了王波的建议。一个星期后，公司便把小张和小刘升职为市场营销部副经理并且表示要是两人业绩出色的话，还会有升职的机会。实际情况却没有王波想象的那么简单，两人的业绩虽然没有像上回那样下降，但也没有出现明显上升的迹象。

王波找来几个平时和小张、小刘接触比较密切的员工询问了情况，试图找到问题的原因。从谈话中王波了解到两人答应来公司工作真正目标不是想开始自己的职业生涯，而是想在实际工作中积累一些经验，把所学的知识在工作中加以实践，打算两三年后继续深造，将来去一些著名的大企业工作。

工作两年后，小张和小刘不约而同地向王波递交了辞呈，理由是在这个公司工作没有目标，没有上进的动力，不利于自己今后的发展。由于两人之前的业绩很突出，王波不愿意失去这样优秀员工，于是王波向公司高层领导者提出建议，由公司负责两人的学费和一部分生活费，送两人去国外的商学院学习，毕业后两人再回公司任职。王波想通过这种方式留住两人，但公司高层管理者告诉王波，公司以前没有为个别员工的学习负责的先例。所以两人要么继续留住公司好好工作，要么就只能批准两人的辞呈了。

【思考题】

（1）为什么前两次对小张、小刘的激励都产生了的效果？

（2）公司在员工激励的问题上有什么缺陷？

（3）面对小张和小刘的辞职，王波该如何做出决策？

4．案例讨论

雅芳薪酬福利与激励

雅芳是生产与销售护肤品、彩妆品、身体护理品与护发品等产品的知名企业，该企业认为：要想吸引、保留和激励高绩效员工，充分发挥员工的工作积极性，就必须要给予有竞争力的薪酬福利。

公司依据国家和政府政策，结合公司环境的变化，不断调整薪酬福利，使薪酬具有市场竞争力，同时公司也给员工提供了优厚的福利保障，如全球公务出差保险、医疗福利、假期、社会保险、购物折扣等。

全球公务出差保险。这是全球雅芳员工享有的一项福利，全部保险费由雅芳支付，员工为雅芳公务出差时自动受保。如员工在公务期间发生意外事故，此保险计划将根据员工的受伤或损失程度为员工的家人提供最高不超过 5 年年薪的公务出差保险补偿。

医疗福利。雅芳会按政府要求及外部环境变化，及时调整员工医疗政策以确保雅芳员工的医疗福利。

假期。假期包括法定节假日、公司年假、探亲假、病假、婚丧产假等。

社会保险。社会保险包括退休养老保险、工伤、生育、失业保险等。

购物折扣。全体雅芳员工在购买供个人和家庭使用的雅芳产品时可享有低于顾客价的优惠。

此外，雅芳还会分享新婚员工的快乐，为生育第一个孩子的员工发放适当的贺金；遇到员工生日，部门同事也会为其庆祝。

【思考题】

（1）你认为雅芳使用了何种激励理论来调动员工的工作积极性？

（2）为什么雅芳的方法能够有效地激励员工的工作？

（3）你认为这种激励制度可能给公司管理当局带来什么问题？

5．实训题——情景模拟

主题：唐僧挽留沙和尚

人数：不限

地点：室内

时间：30 分钟

步骤如下。

（1）教师为学生讲述下面这个故事。

唐僧师徒 4 人从西天回到中土后，带来了许多西方科学的管理理念，于是他们开办了一家管理咨询公司。唐僧任董事长兼总经理，孙悟空负责诊断和能力培训，猪八戒负责业务拓展和客户关系，沙和尚负责财务管理和后勤保障。大家各司其职，业绩也是突飞猛进。沙和尚月薪上万，日子过得有滋有味。

有一天，在一家海鲜城吃饭的时候，沙和尚碰到了这家海鲜城的老板鲤鱼精。鲤鱼精当年在流沙河还是沙和尚的小弟，如今已经是大老板了，身价上千万，座驾是天庭汽车制造的"风火轮"，由于原来沙和尚有恩于他，他愿意让出 20% 的股份给沙和尚，跟他一起干。

沙和尚回到家里，却翻来覆去睡不着觉。回想起这几十年来的经历，取经途中记不清自己吃了多少苦。现在虽然取经成功，总算熬成了金领，可是跟许多富人相比，还是相差太远了。

钱少也就算了，更可气的是，这些年来任劳任怨、忍气吞声，却没有得到任何的重视。取经途中师傅、师兄们就没把自己当回事儿。可现在，孙悟空每年都要出国几次，美其名曰参观学习；猪八戒天天住高级酒店，在夜总会消费，却每天叫喊喝坏了胃。而自己含辛茹苦，兢兢业业，却没有任何的额外报酬。沙僧越想越生气，半夜爬起来，连夜写了一份辞呈，当晚就用电子邮件发出去了。

唐僧第二天看到了辞呈，非常惊讶，心想为什么老实的沙和尚突然就要辞职了。沙僧为人忠厚老实，不是能够打打杀杀的将才，但自己咨询公司里大大小小的后勤、财务工作都是他在一直负责，离了他又怎么能行？

于是，唐僧急忙把沙和尚召到自己的办公室问："悟净，怎么突然想起辞职来了？"

沙和尚憋了半天，才把朋友要他入股的事情说了。

唐僧一愣："悟净，海鲜店虽然也有些赚头，但到底是个小生意。你看现在公司的单子越来越多，生意越来越好。难道师父还会亏待你？是不是嫌工资低？"

沙和尚反问道："师父，取经路上我追随你多年，吃了那么多的苦，难道是为了钱吗？"

唐僧想了想，又说："那一定是为师做错了什么了？"

沙和尚被猜中了心事，低着头没有说话。

唐僧心里明白了："悟净，我知道你为人忠厚老实，或许没有你大师兄的能力，也不像你二师兄那样能说会道，可是这些年风风雨雨，你也为企业做了许多事，吃了很多苦；为师以前可能对你关心不够，在这里我向你道歉……"

师徒二人推心置腹地聊了许久，沙和尚的心里感到极大的宽慰。他收回了辞呈，明确表态要协助师父做好这家公司。唐僧为他每月增加了两千元的辛苦补助。

送走了沙和尚，唐僧坐在椅子上沉思了许久，心里暗暗地懊恼自己始终没有意识到需要对下属尊重和重视。

（2）教师组织学生就故事展开讨论。

【思考题】

（1）唐僧在与沙和尚感情沟通的同时为什么还要给沙和尚每月两千元的辛苦补助？

（2）如何才能了解下属的真实需求？

（3）作为企业管理者，你如何对下属进行情感激励？

课题九　劳动法律关系管理

知识目标	技能目标	建议学时
➤ 掌握劳动法律关系的概念、三要素 ➤ 掌握劳动合同的种类和基本内容 ➤ 掌握劳动合同的订立、解除和终止 ➤ 了解劳动安全技术规程和劳动卫生规程 ➤ 了解劳动争议解决的途径及程序	➤ 能够办理劳动合同签订、续订、变更、解除和终止的手续 ➤ 能够正确合理地进行劳动合同的管理 ➤ 能够依法进行劳动安全卫生管理 ➤ 能够依法正确处理劳动争议	6 学时

第一部分　案例与分析

案例 1：存在事实劳动关系，合同能够随便解除吗？

小王在广东某贸易公司工作。2009 年 1 月，他发现自己的劳动合同即将到期，于是，要求公司人事部与自己续签新劳动合同。人事经理说："公司领导层正在调整，等新的领导确定后再说吧。"半个月过去了，小王的合同已经过期，公司还没有跟他续订合同。又过了一个多月，公司新的领导确定上任了。由于 2008 年世界金融危机的影响，公司的新任领导决定大幅裁员。小王收到了公司发出的终止劳动合同通知书。小王办完离职手续后，找到人事部，要求公司向自己支付经济补偿金，没想到却遭到了人事经理的拒绝。"你的劳动合同是到期终止，不是中途解除，所以，没有经济补偿金。"人事经理这样解释道。"可是，我的合同是一个月前到期的，你们当时没有终止呀。"小王觉得有点儿委屈。"不管怎么说，合同到期后，公司没再跟你续，就可以随时跟你终止劳动关系。"人事经理态度很强硬。小王不服，难道劳动合同过期后，公司不立即终止也不续订，以后就可以想让我什么时候走，就让我什么时候走了？甚至连补偿金也可以不给？

问题：小王与贸易公司的劳动合同届满后是否还存在劳动关系？该案中贸易公司解除劳动关系是否应该给予劳动者经济补偿？

案例分析

现实中，用人单位与劳动者建立劳动关系，但不按劳动法的规定订立劳动合同的情况时有发生。本案中小王与贸易公司合同届满后一个多月，公司既没有终止劳动关系又没有续订劳动合同，双方当事人处在存有劳动关系但没有劳动合同的状态，在法律上，属于形成了事实劳动关系。本案例中的贸易公司以领导调整为理由，拖延续订劳动合同，这在法律上不属于有正当理由，仍然属于无故拖延不订。所以，此时，贸易公司已经不能采用终止劳动合同的办法结束与小王之间的劳动关系了。即使小王同意公司的提议，了断双方的劳动关系，也只能属于双方协商解除劳动关系。根据劳动合同法第四十六条的规定，贸易公司向小王提出解除劳动合同并与小王协商一致解除劳动合同的，贸易公司应当向小王支付解除劳动关系的经济补偿金。

案例 2：经济性裁员与实务操作分析

柳某、王某系江苏某服装公司的市场销售人员，两人均于 2004 年 6 月入职，公司每年均与两人签订了劳动合同，2008 年 6 月，公司又与两人分别签订了期限为两年的劳动合同，即合同期限至 2010 年 6 月止。合同中约定月工资为 4000 元，实行不定时工作制，无加班工资。两人作息时间均是早上 8：30 到公司报到，报到之后离开公司前往市场，此期间自行安排休息时间，下午无需回公司报到，每周休息一天。2008 年 12 月，由于金融危机的发生，公司用工成本迅速提升，加上原材料涨价等因素影响，公司生产经营发生了严重困难需进行裁员，经过了内部审批程序和工会的审核，并向劳动部门进行了报告；2009 年 1 月 28 日公司电话通知包含柳某、王某在内的 30 名营销人员前来领取离职通知单，并告知他们自 2 月 28 日后无需再来公司上班，2 月份工资照发。柳某、王某两人接到公司电话通知后拒绝前来领取离职通知单，也不接受公司的补偿协议，而是提起了劳动仲裁，分别要求公司支付违法解除劳动合同的赔偿金和经济补偿金，补发前七个月的加班工资。

问题：（1）服装公司解除与柳某、王某两人的劳动合同违法吗？

（2）公司解除与柳某、王某两人的劳动合同是否需要支付赔偿金和补偿金？

（3）柳某、王某两人要求公司补发 7 个月的加班工资能否得到支持？

案例分析

本案是企业经济性裁员而引发的劳动争议，要正确地解决本案的纠纷，应当对如下的 3 个问题有充分的了解。

1. 裁员的法律适用

（1）裁员的程序要求，如人数要求，用人单位裁员前需不需要说明，是否需要向劳动行政部门报告。总之，需要判断该公司的裁员程序是否符合要求。本案公司裁员 30 人，2008 年 12 月获得工会的审核，2009 年 1 月 28 日提前 30 日通知，且向劳动部门报告了，因此裁员程序符合《劳动合同法》第四十一条的规定。

（2）裁员需具备的条件，如是否有证据证明符合裁员条件。本案中公司称裁员的理由是其生产经营发生严重困难需要提供相应证据证明，否则就不属于经济性裁员，如不属于经济性裁员，则公司与柳某、王某解除劳动合同就属于违法解除。

（3）哪些人员可以优先留用，哪些人员不能裁减。本案中判断公司是否违法解除劳动合同还要看柳某、王某是否属于劳动合同法规定的应当优先留用的人员或不能裁减的人员。

2．赔偿金和经济补偿

（1）违法解除劳动合同的赔偿金能否与经济补偿金同时适用？

本案中柳某、王某提出公司需支付违法解除劳动合同的赔偿金外，还要求公司支付经济补偿，赔偿金和经济补偿能否同时适用？根据《劳动合同法》第八十七条的规定，支付了赔偿金的不再支付经济补偿金。

（2）违法解除劳动合同赔偿金的计算。

根据《劳动合同法》及《劳动合同法实施条例》的规定，用人单位违反法律规定解除或者终止劳动合同的，应当以经济补偿标准的两倍向劳动者支付赔偿金，而经济补偿标准为按劳动者在该单位工作的年限每满一年支付一个月的工资，六个月以上不满一年的按一年计算，不满六个月的，支付半个月的工资。

3．加班工资

司法实践中，劳动者主张加班工资通常实行举证责任倒置，劳动者主张加班工资，用人单位否认有加班的，用人单位应对劳动者未加班的事实负举证责任。用人单位如不能证明的往往会承担不利后果。本案中公司主张实行不定时工作制，应当举证证明已经获得劳动行政部门的审批，否则，合同约定实行不定时工作制也是无效的。

本案中如果服装公司能够举证证明生产经营发生严重困难，柳某、王某不属于优先留用人员或不能裁减人员，则公司裁员程序不存在法律上的问题，公司解除与柳某、王某的劳动合同不违法，无需支付申诉人赔偿金，只需按照两人的工作年限支付经济补偿。关于两人提出的加班工资请求，如公司不能举证证明已经获得劳动行政部门的审批，则公司应当按照两人的请求支付 7 个月的加班工资。

第二部分　课题学习引导

9.1　劳动法律关系概述

9.1.1　劳动法律关系的含义和特征

劳动法律关系是指劳动法律规范在调整劳动关系过程中所形成的，劳动者（雇员）与用人单位（雇主）之间的权利义务关系，即人们在实现现实的劳动过程中所发生的权利义务关系。如果没有国家意志的干预，劳动关系就完全根据当事人双方的意志形成，是纯粹的双方的行为。但是，在现代市场经济制度下，国家意志介入到劳动关系之中，劳动关系的性质就发生了变化。当劳动关系受到法律确认、调整和保护时，劳动关系也就转变为劳动法律关系，用人单位（雇主）、劳动者（雇员）双方有明确的权利与义务。这种受到国家法律规范调整和保护的用人单位与劳动者之间以权利义务为内容的劳动关系即为劳动法律关系，它与劳动关系的区别在于劳动法律关系体现国家意志。劳动法律关系有如下特征。

（1）劳动法律关系是法律对人们的劳动行为及其相互关系进行调整而形成的在当事人之间以权利义务为内容的一种社会关系。

（2）劳动法律关系主体双方具有平等性和隶属性。

（3）劳动法律关系是一种双务关系，雇主、雇员在劳动法律关系之中既是权利主体，又是义务主体。

（4）劳动法律关系是以国家强制力作为保障手段的社会关系。

9.1.2 劳动法律关系的要素

劳动法律关系的要素是指构成劳动法律关系的必要条件。劳动法律关系由主体、内容和客体 3 要素构成。

1. 劳动法律关系主体

劳动法律关系的主体是劳动法律关系的参加者，是劳动权利和义务的承担者。劳动法律关系的主体包括劳动者和用人单位。劳动者的组织（工会、职工代表大会）是集体劳动法律关系的主体。

（1）劳动者。

劳动者泛指具有劳动能力并实际参加社会劳动，以自己的劳动收入为生活资料主要来源的人。劳动者的必备条件是劳动权利能力和劳动行为能力。劳动权利能力是依法能够享有劳动权利和承担劳动义务的资格。劳动行为能力是法律认可的劳动者行使劳动权利和履行劳动义务的资格。在我国，劳动权利能力和劳动行为能力的起始时间为公民年满 16 周岁。

（2）用人单位。

用人单位是指具有用人权利能力和用人行为能力，运用劳动力组织生产劳动，且向劳动者支付工资等劳动报酬的单位。用人单位的用人权利能力和用人行为能力，自其依法成立之时产生，自其依法撤销之时消灭。目前适用《劳动法》的用人单位包括：企业、个体经济组织、国家机关、事业组织、社会团体。其中，企业是指我国境内的所有企业，包括：法人企业和非法人企业，国有企业和非国有企业，内资企业和外资企业；个体经济组织是指经工商登记注册、并招用雇工的个体工商户；国家机关、事业组织和社会团体是指通过劳动合同与其他工作人员建立劳动关系的单位。

2. 劳动法律关系的内容

劳动法律关系的内容，是指劳动法律关系双方依法享有的权利和承担的义务。它是劳动法律关系的基本要素，也是劳动法律关系的核心和实质。

（1）劳动者的权利与义务。

劳动者与用人单位建立了劳动关系后，成为用人单位的一名职工，有资格依法享有劳动权利和承担劳动义务。劳动者的权利包括：参加劳动的权利，获得劳动报酬的权利，休息的权利，获得劳动安全卫生保护的权利，享受社会保险的权利和接受职业教育的权利。劳动者的义务主要包括：劳动者应当完成劳动任务，提高职业技能，执行劳动安全卫生规程，遵守劳动纪律和职业道德。

（2）用人单位的权利与义务。

用人单位的权利主要包括：录用职工方面的权利，劳动组织方面的权利，劳动报酬分配方面的权利，制定劳动纪律方面的权利，决定劳动法律关系存续方面的权利。用人单位的义

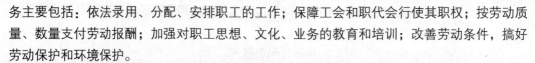

务主要包括：依法录用、分配、安排职工的工作；保障工会和职代会行使其职权；按劳动质量、数量支付劳动报酬；加强对职工思想、文化、业务的教育和培训；改善劳动条件，搞好劳动保护和环境保护。

3．劳动法律关系的客体

劳动法律关系客体：是指劳动法律关系主体双方的权利义务共同指向的对象。主体双方的权利义务必须共同指向同一对象，才能形成劳动法律关系。客体是构成劳动法律关系不可缺少的重要因素。劳动法律关系的客体只能是劳动者的劳动行为。对于劳动者来说，通过劳动者的劳动行为实现劳动权利和劳动义务，从而为本人及其家庭成员获得生活保障，为国家和社会创造财富；对于用人单位来说，通过组织劳动者进行劳动行为，发展生产，提高劳动生产率，提高劳动者的生活水平，推动社会经济的发展。

9.2 劳动合同的签订、续订、变更、解除和终止

9.2.1 劳动合同

1．劳动合同的概念

根据《劳动法》第十六条的规定，劳动合同是指劳动者与用人单位确立劳动关系、明确双方权利和义务的协议。劳动合同既是建立劳动关系的凭证，也是处理劳动争议的重要依据。劳动合同的签订，在法律上确立了劳动者与用人单位之间的劳动关系，双方的有关权利、义务也通过书面合同的形式确立下来，并使之特定化、具体化。劳动者依据劳动合同在用人单位内担任一定的职务或工种的工作，遵守劳动法律法规和用人单位的规章制度，并完成劳动合同约定的生产（工作）任务；用人单位则依据劳动合同的约定，履行劳动义务，并按照劳动者的劳动数量和质量支付劳动报酬。

2．劳动合同的分类

我们常根据劳动合同的期限来划分劳动合同的种类。《劳动合同法》第十二条规定："劳动合同分为固定期限劳动合同、无固定期限劳动合同和以完成一定工作任务为期限的劳动合同。"与此相适应，劳动合同可分为以下3种分类。

（1）固定期限劳动合同。是指用人单位与劳动者约定合同终止时间的劳动合同。具体是指劳动合同双方当事人在劳动合同中明确规定了合同效力的起始和终止的时间。劳动合同期限届满，劳动关系即告终止。如果双方协商一致，还可以续订劳动合同，延长期限。固定期限的劳动合同可以是较短时间的，如半年、一年、两年，也可以是较长时间的，如五年、十年，甚至更长时间。不管时间长短，劳动合同的起始和终止日期都是固定的。具体期限由当事人双方根据工作需要和实际情况确定。

固定期限的劳动合同适用范围广，应变能力强，既能保持劳动关系的相对稳定，又能促进劳动力的合理流动，使资源配置合理化、效益化，是实践中运用较多的一种劳动合同。对于那些常年性工作，要求保持连续性、稳定性的工作，技术性强的工作，适宜签订较为长期的固定期限劳动合同。对于一般性、季节性、临时性、用工灵活、职业危害较大的工作岗位，适宜签订较为短期的固定期限劳动合同。

（2）无固定期限的劳动合同。是指用人单位与劳动约定无确定终止时间的劳动合同。在这类劳动合同中，双方当事人应当约定劳动合同终止的条件。这里所说的无确定终止时间，是指劳动合同没有一个确切的终止时间，劳动合同的期限长短不能确定，但并不是没有终止时间。只要没有出现法律规定的或者双方约定的合同终止的条件，双方当事人就要继续履行劳动合同规定的义务。一旦出现了法律规定的情形，无固定期限劳动合同也同样能够解除。

（3）以完成一定的工作任务为期限的劳动合同。是指用人单位与劳动者约定以某项工作的完成为合同期限的劳动合同。该项工作开始的时间，就是劳动合同履行的起始时间；该项工作的完成，也意味着劳动合同的终止。因此，这类合同与有固定期限的劳动合同有相同之处，但在表现形式上有所不同。

3．劳动合同的基本内容

劳动合同的内容，是指双方当事人在劳动合同中必须明确的各自的权利义务及其他问题。劳动合同的内容，可以分为法定条款和协商条款两部分，前者是指劳动合同必须具备的由法律、法规直接规定的内容；后者是指不需由法律、法规直接规定，而是由双方当事人自愿协商确定的合同内容。

根据《劳动合同法》第十七条的规定，劳动合同的法定条款包括以下9项：

（1）用人单位的名称、住所和法定代表人或者主要负责人；

（2）劳动者的姓名、住址和居民身份证或者其他有效身份证件号码；

（3）劳动合同期限；

（4）工作内容和工作地点；

（5）工作时间和休息休假；

（6）劳动报酬；

（7）社会保险；

（8）劳动保护、劳动条件和职业危害防护；

（9）法律、法规规定应当纳入劳动合同的其他事项。

劳动合同除前款规定的必备条款外，用人单位与劳动者可以约定试用期、培训、保守秘密、补充保险和福利待遇等其他事项。

小贴士

北京市劳动合同范本（2008）

编号：

劳 动 合 同 书

（固定期限）

根据《中华人民共和国劳动法》、《中华人民共和国劳动合同法》和有关法律、法规，甲乙双方经平等自愿、协商一致签订本合同，共同遵守本合同所列条款。

一、劳动合同双方当事人基本情况

第一条 甲方_____法定代表人（主要负责人）或委托代理人_____

注册地址_____经营地址_____

第二条　乙方＿＿＿＿＿＿性别＿＿＿＿户籍类型（非农业、农业）＿＿＿＿＿＿

居民身份证号码＿＿＿＿＿＿＿或者其他有效证件名称＿＿＿＿＿＿证件号码＿＿＿

在甲方工作起始时间＿＿＿＿＿年＿＿＿＿＿月＿＿＿日

家庭住址＿＿＿＿＿＿＿＿＿＿＿＿＿＿＿＿＿＿＿邮政编码＿＿＿＿＿＿＿＿＿

在京居住地址＿＿＿＿＿＿＿＿＿＿＿＿＿＿＿＿＿邮政编码＿＿＿＿＿＿＿＿

户口所在地＿＿＿＿＿省（市）＿＿＿＿区（县）＿＿＿街道（乡镇）＿＿＿＿＿

二、劳动合同期限

第三条　本合同为固定期限劳动合同。

本合同于＿＿＿＿年＿＿月＿＿日生效，其中试用期至＿＿＿＿年＿＿＿月＿＿＿日止。本合同于＿＿＿年＿＿＿月＿＿＿日终止。

三、工作内容和工作地点

第四条　乙方同意根据甲方工作需要，担任＿＿＿＿＿＿＿岗位（工种）工作。

第五条　根据甲方的岗位（工种）作业特点，乙方的工作区域或工作地点为＿＿＿＿＿＿＿。

第六条　乙方工作应达到＿＿＿＿＿＿＿＿＿＿＿＿＿＿＿＿＿＿标准。

四、工作时间和休息休假

第七条　甲方安排乙方执行＿＿＿＿＿＿＿＿＿＿工时制度。

执行标准工时制度的，乙方每天工作时间不超过 8 小时，每周工作不超过 40 小时。每周休息日为＿＿＿＿＿＿＿。

甲方安排乙方执行综合计算工时工作制度或者不定时工作制度的，应当事先取得劳动行政部门特殊工时制度的行政许可决定。

第八条　甲方对乙方实行的休假制度有＿＿＿＿＿＿＿＿＿＿＿＿＿＿＿＿＿＿＿＿。

五、劳动报酬

第九条　甲方每月＿＿＿日前以货币形式支付乙方工资，月工资为＿＿＿＿＿＿元或按＿＿＿执行。

乙方在试用期期间的工资为＿＿＿＿＿＿＿＿＿＿＿＿元。

甲乙双方对工资的其他约定＿＿＿＿＿＿＿＿＿＿＿＿＿＿＿＿＿＿＿＿＿＿　。

第十条　甲方生产工作任务不足使乙方待工的，甲方支付乙方的月生活费为＿＿＿＿＿元或按执行。

六、社会保险及其他保险福利待遇

第十一条　甲乙双方按国家和北京市的规定参加社会保险。甲方为乙方办理有关社会保险手续，并承担相应社会保险义务。

第十二条　乙方患病或非因工负伤的医疗待遇按国家、北京市有关规定执行。甲方按＿＿＿＿＿＿＿＿＿＿＿＿＿＿＿＿＿＿＿＿＿＿＿＿＿支付乙方病假工资。

第十三条　乙方患职业病或因工负伤的待遇按国家和北京市的有关规定执行。

第十四条　甲方为乙方提供以下福利待遇＿＿＿＿＿＿＿＿＿＿＿＿＿＿＿＿＿＿。

七、劳动保护、劳动条件和职业危害防护

第十五条　甲方根据生产岗位的需要，按照国家有关劳动安全、卫生的规定为乙方配备必要的安全防护措施，发放必要的劳动保护用品。

第十六条 甲方根据国家有关法律、法规，建立安全生产制度；乙方应当严格遵守甲方的劳动安全制度，严禁违章作业，防止劳动过程中的事故，减少职业危害。

第十七条 甲方应当建立、健全职业病防治责任制度，加强对职业病防治的管理，提高职业病防治水平。

八、劳动合同的解除、终止和经济补偿

第十八条 甲乙双方解除、终止、续订劳动合同应当依照《中华人民共和国劳动合同法》和国家及北京市有关规定执行。

第十九条 甲方应当在解除或者终止本合同时，为乙方出具解除或者终止劳动合同的证明，并在十五日内为乙方办理档案和社会保险关系转移手续。

第二十条 乙方应当按照双方约定，办理工作交接。应当支付经济补偿的，在办结工作交接时支付。

九、当事人约定的其他内容

第二十一条 甲乙双方约定本合同增加以下内容：

_____。

十、劳动争议处理及其他

第二十二条 双方因履行本合同发生争议，当事人可以向甲方劳动争议调解委员会申请调解；调解不成的，可以向劳动争议仲裁委员会申请仲裁。

当事人一方也可以直接向劳动争议仲裁委员会申请仲裁。

第二十三条 本合同的附件如下_____。

第二十四条 本合同未尽事宜或与今后国家、北京市有关规定相悖的，按有关规定执行。

第二十五条 本合同一式两份，甲乙双方各执一份。

甲方（公　　章）　　　　　　　　　　乙方（签字或盖章）

法定代表人（主要负责人）或委托代理人

（签字或盖章）

签订日期：　　　年　　月　　日

9.2.2 劳动合同签订、续订与变更

1. 签订、变更劳动合同应遵循的原则

我国《劳动法》规定，订立和变更劳动合同应当遵循以下原则。

（1）平等自愿原则。平等是指当事人双方在签订劳动合同时的地位平等，没有任何隶属关系。自愿是指订立劳动合同完全出于当事人自己的意志，任何一方不得将自己的意志强加给对方，也不允许第三者干涉劳动合同的订立。

（2）协商一致原则。协商一致是指合同的双方当事人对合同的条款，只有在双方充分表达自己意志的基础上，经过平等协商，取得一致意见的情况下，劳动合同才能成立。

（3）合法原则。合法就是指劳动合同应当遵循国家的法律、法规，不得有违反之情节。这里的法律、法规是指全国人民代表大会及其常务委员会颁布的法律，以及国务院颁布的行

政法规。合法原则的基本内容是指合同双方当事人必须具备合法的资格，劳动合同的内容必须符合法律的规定，劳动合同订立的形式和程序也必须合法。

2．劳动合同的订立

劳动合同的订立是指用人单位和具有一定劳动能力的劳动者之间依法就劳动合同的内容和条款取得一致意见，从而确立劳动关系和明确相互权利义务的法律行为。订立劳动合同要经过以下程序。

（1）用人单位提出订立劳动合同的要约。用人单位根据自己的用工需求和员工录用条件，按照审批权限的规定，确定招工简章，并通过适当的形式予以公布。由于用人单位是提出订约提议的一方，也称"要约方"。劳动合同的另一方当事人，即接受提议的一方，也称"受约方"。在招工结束之前，"受约方"是不确定的，需要通过"招收录用"程序来确定。

（2）协商。用人单位依据招工简章和草拟的合同文本，与经过招聘程序（体检、考核）拟应聘的求职者即"受约方"就用人单位草拟的劳动合同的条款和内容进行协商，求职者作为受约方，对用人单位提供的劳动合同条款如果没有任何异议，全部接受，也就是做出了承诺；如果受约方，对合同草案提出了修改意见或要求增加新内容，应视为对原要约的拒绝，并向招工单位提出新的要约，双方再通过要约—新要约—再要约……直至承诺，达成一致的意见。

（3）劳动合同的签订。劳动合同经双方当事人协商一致，经确认后，用人单位和求职者双方签字、盖章，合同即告成立。建立劳动关系，应当订立书面劳动合同。已建立劳动关系，未同时订立书面劳动合同的，应当自用工之日起一个月内订立书面劳动合同。用人单位与劳动者在用工前订立劳动合同的，劳动关系自用工之日起建立。

案例　发出聘用通知后拒绝录取，用人单位被判赔偿

刚刚大学毕业两年的黄小姐原在一家建筑公司工作。2008 年 10 月 1 日，她接到广州某培训中心以电子邮件形式发出的《聘用通知书》。通知书上详细告知报到的日期、地址及电话和联系人，并概括列明黄小姐的职位、部门、试用期及月薪等具体条款，另在"报到须知"中载明"根据您目前的情况，我们希望您尽快办妥您现公司的所有辞职手续"。陆小姐仔细阅读了《聘用通知书》上的所有内容后非常高兴，第二天就向原公司提出辞职，并当日办理了离职手续，原公司也出具了《退工证明》。然而万万没想到，正准备第二天去新单位报到的她却接到了培训中心撤销录用的电话通知。黄小姐非常惊讶并且异常气愤。第二天，黄小姐仍然按录取通知书规定的时间报到，培训中心拒绝为她办理录用手续。次日，黄小姐再次报到仍被拒绝。

原来的单位已辞职，新录用的单位又突然变封，一时落入失业境地的黄小姐决定要讨个说法。2008 年 11 月 28 日，她向当地劳动争议仲裁委员会申请仲裁，经审查，根据法律有关规定，因录用单位系民办非企业组织，非仲裁的适合主体，仲裁委作出不予受理的决定。无奈，黄小姐于 2008 年 12 月 29 日一纸诉状将培训中心告上法院，要求赔偿其 3 个月的经济损失计 35000 余元。

黄小姐认为，被告培训中心发出的聘用通知书是一种不可撤销的要约，基于此要约她解除了与原公司的劳动合同，培训中心应承担经济损失。

培训中心则认为，原被告双方发生的是劳动关系纠纷，不能直接启动民事诉讼程序；录

用单位虽向黄小姐发出了聘用通知，但录用单位撤销要约的通知先于黄小姐同意的承诺，撤销行为应视为有效。另外，劳动者辞职依法应提前 30 日通知用人单位，按黄小姐在原单位开具的退工单的时间看，她在一个月前就向原公司提出解除劳动关系，故不能认为不录用黄小姐而致其遭受到经济损失，不同意黄小姐的诉请。

法院经审理查明后认为，双方间争议的法律性质为劳动合同纠纷，黄小姐于诉讼前已申请劳动仲裁，向法院起诉符合法律规定；聘用通知书的法律性质为要约，被告公司虽于黄小姐做出承诺的前一天通知撤销录用，但按合同法规定要约不得撤销有两种情形：（1）要约人确定了承诺期限或者以其他形式明示要约不可撤销；（2）受要约人有理由认为要约是不可撤销的，并已经为履行合同做了准备工作。本案《聘用通知书》上所述情节与法律规定的要约不得撤销的两种情形相符，故录用单位撤销录用的行为无效。根据法律规定，用人单位与劳动者协商解除劳动合同的不受一个月提前通知期的限制，法律并不否认此种情形下劳动合同解除的效力。培训中心不录用黄小姐的行为有违法定诚信义务，造成黄小姐一定时间的失业状态，应承担缔约过失责任，赔偿黄小姐因此遭受的经济损失。

（资料来源：顾建国，人民法院报）

3．劳动合同的续订和变更

（1）劳动合同的续订。劳动合同期满，经双方协商一致，可以续订劳动合同。续订劳动合同不得约定试用期。依据《劳动合同法》的规定，劳动者在同一用人单位工作满 10 年，双方同意续订劳动合同的，劳动者提出订立无固定期限的劳动合同的，用人单位应当与之订立无固定期限的劳动合同。

小贴士

续订（终止）劳动合同意向通知书

××同志：

你与本企业签订的劳动合同将于＿＿＿年＿＿＿月＿＿＿日届满，企业拟与你续订（终止）劳动合同，请将下面回执填好，并与＿＿＿＿月＿＿＿日前送交人力资源部（劳动科）。

经办人：＿＿＿＿（签字）＿＿＿年＿＿＿月＿＿＿日

回　　执

于＿＿＿年＿＿＿＿月＿＿＿日收到《续订（终止）劳动合同意向通知书》。同意（不同意）

企业意见：

姓名：＿＿＿＿（签字）＿＿＿年＿＿＿月＿＿＿日

（2）劳动合同的变更。是指劳动合同双方当事人就已经订立的合同的内容达成修改和补充的法律行为。变更必须是原合同内容的部分而非全部，劳动合同的未变更部分继续有效。

劳动合同的变更必须符合以下条件：一是订立劳动合同所依据的法律、法规和规章制度发生变化；二是订立劳动合同所依据的客观情况发生重大变化，致使劳动合同无法履行，应变更相关的内容。客观情况包括：发生不可抗力（如水灾、地震、战争）等因素或企业事故、企业调整生产任务、劳动者个人情况发生变化要求调整工作岗位或职务等。

提出劳动合同变更的一方应提前书面通知对方，并要平等协商一致方能变更合同。变更劳动合同，应当采用书面形式。

劳动合同变更书

经甲乙双方协商一致，对本合同做以下变更：

_____

_____。

甲方（公章）   乙方（签字或盖章）

法定代表人（主要负责人）或委托代理人

（签字或盖章）

_____年____月____日

9.2.3　劳动合同的解除和终止

1．劳动合同的协议解除

劳动合同的解除是指劳动合同订立后，尚未全部履行以前，由于一定事由的出现，提前中止劳动关系的法律行为。根据《劳动合同法》的规定，用人单位和劳动者协商一致，可以解除劳动合同。

2．用人单位单方解除劳动合同

（1）劳动者有下列情形，用人单位可随时提出解除合同，且不承担经济补偿：

① 在试用期间被证明不符合录用条件的，此种情况在试用期满后不再适用；

② 严重违反用人单位的规章制度的，可以以开除、除名的形式解除劳动合同；

③ 严重失职，营私舞弊，给用人单位造成重大损害的；

④ 劳动者同时与其他用人单位建立劳动关系，对完成本单位的工作任务造成严重影响，或者经用人单位提出，拒不改正的；

⑤ 以欺诈、胁迫的手段或者乘人之危，使用人单位在违背真实意思的情况下订立或者变更劳动合同，致使劳动合同无效的；

⑥ 劳动者被依法追究刑事责任的。

（2）用人单位提前 30 日以书面形式通知或额外支付劳动者一个月工资后，可以解除劳动合同，并承担经济补偿责任的情形：

① 劳动者患病或者非因工负伤，在规定的医疗期满后不能从事原工作，也不能从事由用人单位另行安排的工作的；

② 劳动者不能胜任工作，经过培训或者调整工作岗位，仍不能胜任工作的；

③ 劳动合同订立时所依据的客观情况发生重大变化，致使劳动合同无法履行，经用人单位与劳动者协商，未能就变更劳动合同内容达成协议的。

上述情形的出现，用人单位解除劳动合同应提前通知，并支付经济补偿，经济补偿按劳动者在本单位工作的年限，每满一年支付一个月工资的标准向劳动者支付。6 个月以上不满一年的，按一年计算；不满 6 个月的，向劳动者支付半个月工资的经济补偿。

（3）经济性裁员的情形。

① 用人单位依照企业破产法规定进行重整的；

② 用人单位生产经营发生严重困难的；

③ 用人单位转产、重大技术革新或者经营方式调整，经变更劳动合同后，仍需裁减人员的；

④ 其他因劳动合同订立时所依据的客观经济情况发生重大变化，致使劳动合同无法履行的。

当上述需要裁减人员的情形出现时，用人单位应提前 30 日向工会或者全体职工说明情况，听取工会或者职工的意见，并向劳动行政部门报告，才可以裁减人员。

3．劳动者单方解除劳动合同

（1）劳动者可随时通知用人单位解除劳动合同的情形：

① 用人单位未按照劳动合同约定提供劳动保护或者劳动条件的；

② 用人单位未及时足额支付劳动报酬的；

③ 用人单位未依法为劳动者缴纳社会保险费的；

④ 用人单位的规章制度违反法律、法规的规定，损害劳动者权益的；

⑤ 用人单位以欺诈、胁迫的手段或者乘人之危，使劳动者在违背真实意思的情况下订立或者变更劳动合同，致使劳动合同无效的；

⑥ 法律、行政法规规定劳动者可以解除劳动合同的其他情形。

用人单位以暴力、威胁或者非法限制人身自由的手段强迫劳动者劳动的，或者用人单位违章指挥、强令冒险作业危及劳动者人身安全的，劳动者可以立即解除劳动合同，不需事先告知用人单位。

（2）劳动者提前30日以书面形式通知用人单位解除劳动合同的情形：

劳动者以辞职的形式解除劳动合同必须提前 30 日以书面形式通知用人单位。劳动者在试用期内提前3日通知用人单位，可以解除劳动合同。劳动者违反法律规定解除劳动合同，给用人单位造成损失的，应当依法赔偿损失。

4．不得解除劳动合同的条件

根据《劳动合同法》的规定，劳动者有下列情形之一的，用人单位不得通知或进行经济性裁员的形式解除劳动合同：

（1）从事接触职业病危害作业的劳动者未进行离岗前职业健康检查，或者疑似职业病病人在诊断或者医学观察期间的；

（2）在本单位患职业病或者因工负伤并被确认丧失或者部分丧失劳动能力的；

（3）患病或者非因工负伤，在规定的医疗期内的；

（4）女职工在孕期、产期、哺乳期的；

（5）在本单位连续工作满15年，且距法定退休年龄不足5年的；

（6）法律、行政法规规定的其他情形。

案例

XX 公司为了提高工作效率，保持员工队伍活力，规定每季度对每名员工进行考核，连续两次考核位于最后一名的，将实行末位淘汰，公司有权解除劳动合同。XX 公司的职工甲某在单位虽然努力工作，也全面完成了自己的任务，但仍连续两次位居末位。为此公司书面通知他要解除劳动合同。

分析：

根据我国《劳动法》第二十六条、《劳动合同法》第四十条规定的用人单位解除劳动合同的情形中，并无"末位淘汰"一项，很显然，"末位淘汰"是不符合劳动法律相关规定的。

9.3　劳动合同的文档管理

9.3.1　劳动合同鉴证

劳动合同鉴证，是指劳动行政管理部门对劳动合同的签订、变更程序及其内容的合法性、真实性、完备性、可行性进行全面审查、核实、确认的法律行为。劳动行政主管部门鼓励和提倡用人单位和劳动者进行劳动合同鉴证。但劳动合同的鉴证不是必须的，是否鉴证与劳动合同的效力无关。在我国，鉴证是对劳动合同确立的劳动关系的合法性的证明，是国家对劳动合同实施有效管理的一种办法。目前，我国除了对私营企业签订劳动合同规定必须鉴证外，对其他劳动关系尚未作出必须鉴证的规定，一般采取自愿原则。但是，为了保证劳动合同的合法有效，劳动合同签订后，应当到当地劳动行政机关办理鉴证劳动合同的手续。

劳动合同的鉴证要经过以下程序。

（1）当事人申请：劳动合同签订后，当事人双方要亲自向劳动合同鉴证机关提出对劳动合同进行鉴证的口头或书面申请。用人单位可以由法定代表人委托受权代理人，如劳资处、科长或其他工作人员，但必须出具委托书，明确授权范围。申请劳动合同鉴证的当事人，应当向鉴证机关提供下述材料：劳动合同书及其副本；营业执照或副本；法定代表人或委托代理人资格证明；被招用工人的身份证或户籍证明；被招用人员的学历证明、体检证明和《劳动手册》；其他有关证明材料。

（2）鉴证机关审核：鉴证机关的鉴证人员按照法定的鉴证内容，对当事人提供的劳动合同书及有关证明材料进行审查、核实。

（3）确认证明：劳动合同鉴证机关经过审查、核实，对于符合法律规定的劳动合同，应予以确认，由鉴证人员在劳动合同书上签名，加盖劳动合同鉴证章，或附上加盖劳动合同鉴证章和鉴证人员签名的鉴证专页。

9.3.2　劳动合同文档管理

1．劳动合同分类管理

按照一定标准将劳动合同划分与归类，实施分类管理。类别划分标准必须符合企业实际，类别划分标志的选择要目的明确，做到方便检索、及时反馈。

2．类别划分方法

（1）按照劳动合同期限进行分类。分为无固定期限、固定期限、以完成一定工作为期限以及处于试用期限的劳动合同。在有固定期限的合同中，还可以进一步划分为距离合同终止日期一年以内和一年以上的合同两类。此种分类的目的在于为正确处理劳动合同的续订、终止、试用期考察、企业人力资源规划以及保障企业的商业秘密等人力资源管理工作服务。

（2）按照工作岗位分类。劳动合同具体地规定了员工所在的工作岗位，而工作岗位可以划分为一般工作岗位和特殊工作岗位。特殊工作岗位需要《特种作业人员操作证》等资格证书检验、专业技术培训等管理工作。此种分类有利于对从事特种作业人员的动态管理工作。

9.3.3　用计算机进行劳动合同管理

运用计算机进行文件管理是劳动合同管理的基本手段。文件管理程序软件变化极为迅速，面对迅速发展变化的计算机软硬件设施，一方面要注意知识更新，另一方面要熟练掌握基本操作、基本文件管理程序。为此，管理者应具备以下知识和操作技能：

（1）电子计算机的基本常识；

（2）文件管理的基本操作和软件的使用；

（3）文字输入应达到一定标准。

此外由于管理自动化的发展，复印机、打印机和传真机等其他现代办公设备也应能熟练操作，并能对设备故障进行判断。

9.4　劳动安全卫生管理

在劳动生产过程中，存在着各种不安全、不卫生因素，如不采取措施加以对劳动者进行保护，就会危害劳动者的生命安全和身体健康，妨碍生产的正常进行。因此，我国严格保护劳动者在履行劳动合同、进行生产劳动过程中的劳动安全卫生权利。为此，我国制定了大量的法律、法规、规程和标准，对用人单位提出了严格的义务性要求，用人单位必须遵照执行，切实保护劳动者的安全卫生权利。

9.4.1　劳动安全技术规程

劳动安全技术规程是指国家为了防止和消除在生产和工作过程中的伤亡事故，保护劳动者的生命安全和防止生产设备遭到破坏而制定的法律规范。劳动安全技术规程主要包括工厂安全技术规程、建筑安装工程安全技术规程和矿山安全技术规程等。

1．工厂安全技术规程

工厂安全技术规程，主要包括以下几个方面的要求。

（1）建筑物和通道的安全要求。建筑物坚固安全，符合防火、防爆的规定，道路平坦通畅，夜间保证照明；标志、信号装置齐全；生产所需的坑、壕、池装置围栏或盖板等。

（2）工作场所的安全要求。机器、工作台布置、原材料、半成品的堆放、工作地点的局部照明、危险物品的生产、储存、使用、装卸都要符合技术要求，科学、合理、方便。

（3）机器设备的安全要求。机器设备的防护保险、信号、加油和储油装置的标志、牌示要齐全。

（4）电器设备的安全要求。电器设备可熔保险、自动开关齐全灵敏，电压符合要求。

（5）动力锅炉和压力容器的安全要求。动力锅炉和压力容器有准确有效的安全阀、压力表、水位表等。

2．建筑安装工程安全技术规程

建筑安装工程安全技术规程，主要包括以下几个方面的要求。

（1）施工现场的安全要求。各种防护装置、标志应齐全可靠，材料存放整齐，临时设施的位置、规格符合标准。

（2）脚手架的安全要求。科学设置脚手架，经批准方可搭设，经验收方可使用，使用期间经常要进行检查。

（3）土石方工程和拆除工程的安全要求。

（4）高处作业的安全要求。高处作业员工应进行身体检查；六级以上强风气候应停止露天作业和高空作业。

（5）防护用品等其他方面的安全要求。

3．矿山安全技术规程

矿山安全技术规程。主要包括以下几个方面的要求。

（1）矿山设计与建设的安全要求。矿山设计和建设必须符合国家矿山安全规程和行业技术规范，要有安全的通风系统、供电系统、提升运输系统、防水、排水系统、防火、灭火系统、防瓦斯系统和防尘系统等有关矿山安全项目。

（2）矿山开采的安全要求。矿山开采必须具备安全生产条件，严格执行不同矿种的安全规程和行业技术规范。使用有特殊安全要求的设备、器材、防护用品、测试仪器应进行定期检查、维修，保证使用安全可靠。

9.4.2 劳动卫生规程

劳动卫生规程是指国家为了保护职工在生产和工作过程中的健康，防止和消除职业病以及各种职业危害而制定的各种法律规范。它主要有《工厂安全卫生规程》《关于防止厂矿企业中矽尘危害的决定》《工业企业设计卫生标准》《工业企业噪声卫生标准》《中华人民共和国职业病防治法》等。其主要内容有以下几个方面。

（1）防止粉尘危害的规定。粉尘是工业生产中对劳动者健康影响非常严重的有害物质。根据《生产性粉尘危害程度分级》标准和相关规定，劳动场所的各种生产性粉尘在空气中的含量不得超过规定的标准，粉尘作业和扬尘点要采取密封除尘措施，使用个人防护用品等。

（2）防止有毒有害物质危害的规定。根据国家《有毒作业分级》标准和相关规定，对密闭、通风、净化装置的安装、维护，有毒、危险物品、废料的专门储藏和处理等作了规定，对劳动者进行保护。

（3）防止噪声和强光的规定。根据《工厂安全卫生规程》和《工业企业噪声卫生标准》等相关规定，强噪声和低噪声要分开作业，并按照标准发放个人防护用品。

（4）防暑降温和防寒取暖的规定。严格执行《低温作业分级》和《冷水作业分级》标准，工作场所在5℃以下、35℃以上应采取取暖或降温措施，并按规定要求提供防冻、防暑劳动保护用品。

（5）通风照明的规定。根据《工厂安全卫生规程》《矿山安全法》等规定，工厂、矿山在通风、照明方面应达到法定的标准。

（6）个人防护用品的规定。生产企业应当根据不同行业工种发放防护用品的标准给劳动者发放防护服、防护手套、防护用鞋、防护帽、防护面具等防护用品。

（7）职业病防治的规定。职业病是指劳动者在职业活动中，因接触粉尘、放射性物质和其他有毒、有害物质等因素而引起的疾病。根据《职业病防治法》的规定，在职业病防治过程中，用人单位要履行健康保障义务、保险等义务，劳动者享有获得职业健康检查、职业病诊疗、康复等职业病防治服务权等基本权利。

小贴士

目前有些用人单位存在片面追求经济效益，忽视安全生产，甚至强令劳动者违章冒险作业的现象，严重危及了劳动者的生命安全和身体健康。我国《劳动法》和《工会法》等有关法律明确规定了劳动者对用人单位管理人员违章指挥、强令冒险作业有权拒绝执行，在危及生命安全时，劳动者有权紧急撤离现场。这是在劳动安全卫生权利受到侵害、生命健康权受到威胁时，法律赋予劳动者的紧急处置权。劳动者拒绝执行用人单位管理人员违章指挥、强令冒险作业的行为不构成违反劳动合同的行为，劳动者不用承担违反劳动合同的法律责任。

根据劳动法及其他有关法律、法规的规定，用人单位必须建立、健全劳动安全卫生制度，严格执行国家的劳动安全卫生规程和标准，规范化、科学化地安排生产作业，对劳动者进行劳动安全卫生教育，积极采取切实有效的劳动安全卫生措施，防止劳动过程中的事故，减少职业危害。用人单位如果没有达到国家规定的安全卫生技术标准要求，职工有权提出异议，并要求用人单位改正、改进。对于危害生命安全和身体健康的劳动条件，劳动者有权对用人单位提出批评，并可以向有关主管部门检举和控告。用人单位不得因为劳动者行使了上述权利，就对劳动者进行打击报复，否则将依法承担法律责任。

9.5 劳动争议的处理

9.5.1 劳动争议的概述

1．劳动争议的概念

劳动争议也称劳动纠纷，是指劳动法律关系双方当事人即劳动者和用人单位，在履行劳动合同过程中，因实现劳动权利和履行劳动义务关系所产生的争议。其中，有的属于既定权利的争议，即因适用劳动法律、法规和劳动合同的既定内容而发生的争议；有的属于确定或变更劳动条件而发生的争议。

劳动争议的当事人是指劳动关系当事人双方——职工和用人单位（包括自然人、法人和具有经营权的用人单位），即劳动法律关系中权利的享有者和义务的承担者。

2．劳动争议的范围

劳动关系内容的广泛性决定着劳动争议范围的广泛性。根据我国《企业劳动争议处理条例》第2条规定，劳动争议的范围是：

（1）因企业开除、除名、辞退职工和职工辞职、自动离职发生的争议；

（2）因执行国家有关工资、保险、福利、劳动保护的规定发生的争议；

（3）因履行劳动合同发生的争议；

（4）法律、法规规定应当依照本条例处理的其他劳动争议。

判断是否属于劳动争议，有两个衡量标准，一是看是否是劳动法意义上的主体，二是看是否属于关于劳动权利和义务的争议。

9.5.2　劳动争议的处理

1．劳动争议的处理原则及其意义

劳动争议的处理原则，是企业劳动争议调解委员会、劳动争议仲裁委员会、人民法院在处理劳动争议时，必须遵循的基本准则。根据我国《企业劳动争议处理条例》第4条规定，处理劳动争议，应遵循下列原则：

（1）着重调解、及时处理原则；

（2）在查清事实的基础上，依法处理原则；

（3）当事人在法律上一律平等原则。

劳动纠纷是现实中较为常见的纠纷。国家机关、企业事业单位、社会团体等用人单位与职工建立劳动关系后，一般都能相互合作，认真履行劳动合同。但由于各种原因，双方之间产生纠纷也是难以避免的事情。劳动纠纷的发生，不仅使正常的劳动关系得不到维护，还会使劳动者的合法利益受到损害，不利于社会的稳定。因此，妥善处理劳动纠纷，对于维护劳动者和用人单位之间和谐的劳动关系，提高双方当事人履行义务的自觉性，维护用人单位正常的生产经营秩序，促进经济建设和和谐社会发展都具有非常重要的意义。

2．劳动争议处理的方式

我国劳动争议的处理主要有和解、调解、仲裁和诉讼4种方式。

（1）劳动争议和解。

劳动争议和解是指劳动争议双方当事人自行协商，就争议的解决达成一致意见的处理方式。和解不受程序的约束，当事人仍有申请调解、仲裁和起诉的权利。和解在争议处理的任何阶段都可进行。

（2）劳动争议调解。

劳动争议调解是指通过第三者从中调和，说服当事人互谅互让，从而解决纠纷的处理方式。根据《中华人民共和国劳动争议调解仲裁法》的规定，发生劳动争议，当事人可以到下列调解组织申请调解：

① 企业劳动争议调解委员会；

② 依法设立的基层人民调解组织；

③ 在乡镇、街道设立的具有劳动争议调解职能的组织。

企业劳动争议调解委员会由职工代表和企业代表组成。职工代表由工会成员担任或者由全体职工推举产生，企业代表由企业负责人指定，企业代表的人数不得超过调解委员会成员的三分之一。企业劳动争议调解委员会主任由工会成员或者双方推举的人员担任。

当事人申请劳动争议调解可以书面申请，也可以口头申请。口头申请的，调解组织应当当场记录申请人基本情况、申请调解的争议事项、理由和时间。

调解劳动争议，应当充分听取双方当事人对事实和理由的陈述，耐心疏导，帮助其达成协

议。经调解达成协议的，应当制作调解协议书。调解协议书由双方当事人签名或者盖章，经调解员签名并加盖调解组织印章后生效，对双方当事人具有约束力，当事人应当履行。自劳动争议调解组织收到调解申请之日起 15 日内未达成调解协议的，当事人可以依法申请仲裁。

达成调解协议后，一方当事人在协议约定期限内不履行调解协议的，另一方当事人可以依法申请仲裁。

（3）劳动争议仲裁。

劳动争议仲裁是指劳动争议仲裁机构对当事人申请解决的劳动争议依法居中裁断的一种争议处理方式。根据《企业劳动争议处理条例》的规定，县、市、市辖区应当设立劳动争议仲裁委员会。劳动争议仲裁委员会由劳动行政部门代表、同级工会代表和用人单位方面的代表组成。劳动争议仲裁委员会主任由劳动行政部门代表担任。劳动争议仲裁委员会组成人员应当是单数。

在我国的劳动争议处理机制中，仲裁程序作为诉讼前的法定必经程序，是处理劳动争议的一种主要方式。

劳动争议由劳动合同履行地或者用人单位所在地的劳动争议仲裁委员会管辖。双方当事人分别向劳动合同履行地和用人单位所在地的劳动争议仲裁委员会申请仲裁的，由劳动合同履行地的劳动争议仲裁委员会管辖。

提出仲裁要求的一方应当自劳动争议发生之日起 60 日内向劳动争议仲裁委员会提出书面申请。仲裁裁决一般应在收到仲裁申请的 60 日内作出。对仲裁裁决无异议的，当事人必须履行。劳动争议当事人对仲裁裁决不服的，可以自收到仲裁裁决书之日起 15 日内向人民法院提起诉讼。一方当事人在法定期限内不起诉又不履行仲裁裁决的，另一方当事人可以申请人民法院强制执行。

（4）劳动争议诉讼。

劳动争议诉讼是劳动争议的当事人对仲裁委员会的仲裁裁决不服，在法定期限内即当事人在收到仲裁裁定书之日起 15 日内向人民法院提起诉讼，通过人民法院的审理和裁判来解决纠纷的一种处理方式。诉讼程序是处理劳动争议的最终程序，人民法院对劳动争议案件经过审理做出的调解书、裁定书和判决书发生法律效力后，当事人应当在规定的期限内履行。一方当事人不履行的，另一方当事人可以申请人民法院强制执行。将诉讼程序置于调解和仲裁之后，一方面便于尽量通过调解和仲裁方式及时妥善解决劳动纠纷，缓和双方当事人的关系；另一方面又因为调解和仲裁不具有法律上的强制力或强制力有限，通过诉讼的途径对劳动争议做出明确、公正的判决，并由国家强制力保证实施，有利于纠纷的最终解决，并切实维护当事人的合法权益。

第三部分　课题实践页

1．选择题

（1）劳动者和用人单位之间的隶属关系形成于（　　）。

A．劳动法律关系建立前　　B．双方协商签订劳动合同过程中

C．劳动法律关系建立后　　D．劳动法律关系终止后

（2）劳动法律关系的客体是（　　）。

A．劳动行为和事件　　B．劳动行为和物

C. 劳动行为   D. 事件

（3）下列条款，属于劳动合同法定条款的有（　　　）。

A. 试用期   B. 保密事项   C. 劳动纪律   D. 竞业限制

（4）用人单位解除劳动合同须提前 30 日以书面形式通知劳动者的情形有（　　　）。

A. 公司职工在试用期内被证明不符合公司录用条件的

B. 某食品厂车间操作工患肝炎医疗期满后，不能从事原工作的，也不能从事单位另行安排的工作

C. 某电视机厂机械维修工不能胜任维修工作，经过培训后仍然不能胜任工作的

D. 职工因违法被追究刑事责任的

（5）根据《工厂安全卫生规程》的规定，室内工作地点的温度经常高于（　　　），应采取降温措施。

A. 30℃   B. 35℃   C. 37℃   D. 38℃

（6）下列争议属于劳动争议的有（　　　）。

A. 铸造车间主任与厂长因履行承包合同发生纠纷

B. 工人马某因购置企业职工宿舍与工人赵某发生纠纷

C. 劳动者之间因互助金分红发生纠纷

D. 劳动者与用人单位因节日加班工资计算方法发生纠纷

2．判断题

（1）在我国，劳动权利能力和劳动行为能力的起始时间为自然人年满 18 周岁。（　　　）

（2）固定期限劳动合同是指用人单位与劳动者约定合同终止时间且合同期限在一年以上的劳动合同。   （　　　）

（3）有关劳动者的试用期、培训、保守秘密和福利待遇等事项是劳动合同的必备条款。

                                              （　　　）

（4）用人单位与劳动者只有订立了劳动合同后，劳动关系才得以建立。   （　　　）

（5）在本单位连续工作满 15 年，且距法定退休年龄不足 5 年的，用人单位不得以通知或进行经济性裁员的形式解除劳动合同。   （　　　）

（6）劳动合同鉴证是劳动行政管理部门对劳动合同的签订、变更程序及其内容的合法性、真实性、完备性、可行性进行全面审查、核实、确认的法律行为。   （　　　）

（7）劳动争议案件当事人可以自由选择仲裁或诉讼。   （　　　）

（8）劳动争议一方或双方当事人不服仲裁裁决的，可以向上一级仲裁委员会申请再审。

                                              （　　　）

3．问答题

（1）劳动法律关系的概念及特征是什么？

（2）订立劳动合同的原则和程序是什么？

（3）根据《劳动合同法》的规定，用人单位不得以通知或进行经济性裁员的形式解除劳

动合同的情形有哪些?

（4）我国劳动安全卫生管理制度包含哪几个方面的内容?

（5）我国劳动争议的处理方式有哪些?

4．操作题

由学生组成调查小组，每组 6~8 人，利用课余时间，选择本地区大、中、小型企业中的 1~2 家就企业劳动关系管理现状（如劳动关系管理的制度安排、合同签订、劳动争议处理以及员工对劳动关系管理的满意度等）进行调查和访问。

要求：

（1）调查访问前，每组需要制订调查访问的提纲。

（2）调查活动可以采用面谈法，也可以采用问卷调查法，调查内容要结合企业劳动关系管理进行。

（3）调查完成后各组要完成一份调查报告，调查报告真实具体，并指出问题、提出建议。

5．案例讨论

某国有企业设立了劳动争议调解委员会，由 5 名调解员组成，其中 2 名是企业方代表，并且由该企业人事处副处长担任调解委员会主任。2008 年 5 月 10 日，职工张某因工作表现不佳被企业扣发了部分工资，张某不服与企业发生争议。企业提出必须先在企业设立的劳动争议调解委员会先行调解。张某不同意调解，劳动争议调解委员会在企业提交申请后宣布维持企业的处理决定。而张某在争议发生后一个月内直接向人民法院提起诉讼。

【思考题】

（1）该企业调解委员会的组成是否合法? 为什么?

（2）该企业调解委员会的做法是否合法? 为什么?

（3）人民法院是否应该受理张某的诉讼? 为什么?

6．实训题

武汉 XX 房地产有限公司是由国外 XX 集团投资 5000 万美元成立的一家中外合资企业。该公司于 2008 年 12 月注册成立，并在发展路选择了办公地址，目前正在筹办中。

张先生是从 XX 集团委派到中国内地的首任武汉 XX 房地产有限公司的总经理。到武汉后，他首先和中方合资者进行了沟通，选定了办公地址，并在最短的时间内召开了武汉 XX 房地产有限公司第一次董事会，通过了公司的组织结构和主要负责人人选。最让张先生高兴的是，公司的第一个楼盘开发计划得到了董事会的一致认可，在董事会结束后可以立即投入开发。

为了配合武汉 XX 房地产有限公司的开发计划，张先生要求人力资源部经理李小姐进行人员招聘工作，最关键的是要和新员工着手签订劳动合同。

要求：

（1）请帮助李小姐拟定一份劳动合同。

（2）请说明该劳动合同的必备条款和注意的事项。

参 考 文 献

[1] 陈维政，等.《人力资源管理》. 北京：高等教育出版社，2002.

[2] 廖泉文.《人事管理实务》. 福建：厦门大学出版社，1995.

[3] 廖泉文.《人力资源管理》. 北京：高等教育出版社，2003.

[4] 廖泉文.《招聘与录用》. 北京：中国人民大学出版社，2002.

[5] 赵曙明.《人力资源管理与开发》. 北京：中国人事出版社，1998.

[6] 朱淑倩.《劳动人事管理理论与实务》. 广州：中山大学出版社，1999.

[7] 赵晓亮，孟治国.《实用员工考核与薪酬管理表格》. 北京：中国致公出版社，2000.

[8] 王荣奎.《成功企业人事管理制度范本》. 北京：中国经济出版社，2001.

[9] 海尔集团公司.《海尔自陈员工培训》. 北京：中外管理，2001.

[10] 余凯成，程文文，陈维政.《人力资源管理》. 大连：大连理工大学出版社，2001.

[11] 罗旭华.《实用人力资源管理技巧》. 北京：经济科学出版社，1998.

[12] 潘海.《员工培训与开发手册》. 北京：企业管理出版社，2001.

[13] 陆恒钧，安鸿章.《现代企业劳动人事管理》. 北京：中国劳动出版社 1992.

[14] 赵曙明.《中国企业人力资源管理》. 南京：南京大学出版社 1995.

[15] 郑绍濂，等.《人力资源开发与管理》. 上海：复旦大学出版社 1995.

[16] 余凯成，陈维政.《人力资源开发与管理》. 北京：企业管理出版社 1997.

[17] 张岩松，等.《人力资源管理案例精选精析》. 北京：中国社会科学出版社，2006.

[18] 秦志华.《人力资源管理》. 北京：中国人民大学出版社，2006.

[19] 彼得·德鲁克.《人力资源管理概论》. 北京：机械工业出版社，2007.

[20] 陈维政，等.《人力资源管理》. 北京：高等教育出版社，2004.

[21] 谌新民.《人力资源管理概论（第3版）》. 北京：清华大学出版社，2005.

[22] 何娟，王勋.《人力资源管理》. 天津：天津大学出版社，2000.

[23] 胡君晨，郑绍濂.《人力资源开发与管理（第三版）》. 上海：复旦大学出版社，2004.

[24] 黄维德.《人力资源管理》. 上海：上海财经大学出版社，2006.

[25] 靳娟.《人力资源管理概论》. 北京：机械工业出版社，2007.

[26] 罗键，等.《人力资源管理概论》. 北京：清华大学出版社，2006.

[27] 彭剑锋.《人力资源管理概论》. 上海：复旦大学出版社，2005.

[28] 魏新，等.《人力资源管理概论》. 广州：华南理工大学出版社，2007.

[29] 吴国存，李新建.《人力资源开发与管理概论》. 天津：南开大学出版社，2001.

[30] 萧鸣政.《人力资源开发与管理——在公共组织中的应用》. 北京：北京大学出版社，

2005.

[31] 谢晋宇.《人力资源开发概论》. 北京：清华大学出版社，2005.

[32] 杨林.《人力资源开发与管理》. 北京：科学出版社，2004.

[33] 姚裕群.《人力资源开发与管理》. 北京：中国人民大学出版社，2003.

[34] 叶龙，史振磊.《人力资源开发与管理》. 北京：清华大学出版社，2006.

[35] 张德.《人力资源开发与管理（第二版）》. 北京：清华大学出版社，2006.

[36] 张德.《人力资源开发与管理案例精选》. 北京：清华大学出版社，2004.

[37] 张一驰.《人力资源管理教程》. 北京：北京大学出版社，1999.

[38] 郑远强.《人力资源管理实际操作技能》. 北京：光明日报出版社，2005.

读者信息反馈表

姓名		身份	□学生 □教师 □其他		
E-mail		电话			
通讯地址				邮编	
购书地点		购书日期			
购书因素	□学校订购　　　□书店推荐　　　　□朋友推荐 □书目宣传　　　□自己搜索　　　　□内容精彩				
学习方式	□学校开课　　　□教学备课　　　　□社会培训 □自学　　　　　□获取资料				
对本书的看法	（内容、版式有哪些长处和不足，定价是否合理）				
对本书的建议	（本书需要调整哪些内容）				
您的期望	（您对本系列教材还有什么期望）				

回函方式

地址：北京市崇文区夕照寺街 14 号人民邮电出版社 517 室（收）

邮编：100061

电话：010-67132746/67129258

邮箱：wuhan@ptpress.com.cn

（此表格电子文件可在网站 http://www.ycbook.com.cn 上 "资源下载" 栏目中下载）